Zauberei
MIT FARBEN

DuMont's Ideenbuch:

Zauberei
MIT FARBEN

Wie verschönere ich mein Zuhause

Jocasta Innes

DuMont Buchverlag Köln

CIP-Kurztitelaufnahme der Deutschen Bibliothek

Innes, Jocasta:
DuMont's Ideenbuch: Zauberei mit Farben; wie verschönere ich mein Zuhause / Jocasta Innes. [Aus d. Engl. von Bettina Gruber]. – Köln: DuMont, 1987.
Einheitssacht.: Paint magic ‹dt.›
ISBN 3-7701-2167-8

Aus dem Englischen von Bettina Gruber

Satz des deutschen Textes: Froitzheim Satzbetriebe, Bonn

Printed in Italy ISBN 3-7701-2167-8

INHALT

Vorwort

Farbe und Muster sind seit jeher klassische Bestandteile der Innendekoration; aber auch sie unterliegen den Launen und Veränderungen der jeweiligen Mode. In den wenigen Jahren seit Erscheinen der ersten Auflage dieses Buches haben sich die unterschiedlichsten Wandoberflächen in ihrer Beliebtheit den Rang abgelaufen. Nach einer ersten, ungestümen und experimentierfreudigen Phase, in der die Farben nur so an der Wand hinunterregneten und das Wort ›gebrochen‹ schon einen Doppelsinn zu entwickeln begann, hat sich die ›Farb-Bewegung‹ beruhigt und klare Tendenzen entwickelt. Es entstanden eindeutig neue Vorlieben und Trends, die mit der Kombination vieler neuer Produkte und Techniken neue Wege in der Raumgestaltung anzeigen.

Die dekorative Malerei scheint sich heute in zwei unterschiedliche Richtungen zu bewegen: Die eine tendiert zur zurückhaltenden und sparsamen Gestaltung, wie man sie bei schwedischen Räumen des 18. Jahrhunderts findet; diesen Stil nennt man nach dem König dieser Epoche ›gustavianisch‹. Die andere hingegen orientiert sich am Farbenreichtum und den verschwenderischen Mustern des hochviktorianischen polychromen Stils, der von William Burges, den Präraphaeliten und William Morris entwickelt wurde.

Der Charme des gustavianischen Stils liegt in seiner erfrischenden Klarheit und Einfachheit. Blasse, kühle, aber keineswegs kalte oder eisige Blautöne schmücken die Räume. In einem typisch gustavianischen Zimmer sind diese Farben unabdingbar mit vielen meist gebrochenen Weißtönen auf Möbeln und einfachen weißen Musselingardinen kombiniert. Das ist sicherlich keine zufällige Farbzusammenstellung: In einem Land, in dem der Winter lange, dunkle Monate mit sich bringt, erinnert eine solche Farbigkeit an einen sommerlichen Himmel. Hin und wieder tauchen auf Stoffen, Flickenteppichen und handbemalten Folkloreobjekten leuchtende Farbakzente auf, erdfarbene, gelbe und rötliche Ockertöne, ein tiefes Schwarzblau oder ein strahlendes Rot. Dieser gustavianische Stil mit seinen einfachen, gebleichten Holzfußböden, den durchscheinenden Gardinen und den hellbemalten Möbeln ist leicht nachzuahmen, und er paßt ebenso gut zu Stadtwohnungen wie zu Landhäusern. Man braucht nur wenige Zutaten, und sie müssen nicht einmal teuer sein – obwohl ein oder zwei schöne und kostbare Gegenstände, wie ein goldgerahmter Spiegel, ein bemalter Kerzenleuchter oder zwei hübsche Stühle mit Rohrgeflechtsitzen, dem Raum optisch mehr Gewicht verleihen.

Der polychrome Stil ist etwas für Experimentierfreudige, da er mutigen Umgang mit Farben, Mustern und Malerei erfordert. Es gibt keinen besseren Leitfaden zum Erfolg als die alten, meist von Hand kolorierten Bildtafeln, die für Maler und Dekorateure der jeweiligen Zeit gedruckt wurden. Einige noch existierende Räume, wie zum Beispiel William Burges' Castell Couch, und spezielle viktorianische Kirchen sind fabelhafte Anschauungsobjekte, um zu studieren, welche Farben und Muster sich gut miteinander kombinieren lassen – und hin und wieder auch, welche nicht. Es ist die generelle Tendenz dieses Stils, alle Flächen farbig zu gestalten, die Decken und die Wände sowie Holzwerk und Wandflächen mit

Links: Eleganz und Einfachheit sind die typischen Merkmale des gustavianischen Stils in diesem schwedischen Interieur aus dem 18. Jahrhundert: verblichene blaue und ockerfarbige, delikat gemusterte Wände mit Trompe-l'œil-Täfelung; gebleichte Holzdielen, eine ›Himmel‹-Decke und bemalte Stühle mit einfachen, rotweiß-karierten Bezügen.

üppiger und kunstvoller Schablonenmalerei in einzelne Abschnitte zu unterteilen. In einem typischen Raum könnte man zum Beispiel marmorierte Fußleisten und Deckensimse finden, dazu verschwenderische Schablonenmalereien auf der unteren Wandfläche und einen kunstvollen Deckenfries. Oft werden die Wandflächen in nur einer leuchtenden Farbe gestrichen und mit einer Sammlung von Gemälden, Drucken und gerahmten Fotografien geschmückt.

Dieser prunkvolle Stil, der sich grundlegend vom schlichten gustavianischen unterscheidet, erlaubt eine Vielzahl spezieller Effekte, und er kann sehr hilfreich dabei sein, architektonische Mängel und Schwachpunkte zu kaschieren. Auch hier können natürlich einige sorgfältig ausgewählte Objekte den Stil betonen, aber im Grunde besteht er hauptsächlich aus überraschenden Farbkombinationen und der Vielfalt von Mustern und Oberflächen.

Immer wenn Leidenschaften und Moden sich selbst erschöpfen, setzt ein langsamer Verfeinerungsprozeß ein. Die naheliegenderen und einfacheren Effekte, wie zum Beispiel Stoffwickeloberflächen (die so populär wurden, daß Tapetenhersteller sie sofort kopierten), sind inzwischen oft von kühneren dekorativen Gestaltungsmöglichkeiten abgelöst worden, etwa der Schablonenmalerei, dem Marmorieren und lockerer Pinsellasur; gleichzeitig entwickelte sich eine Neigung zu viel subtileren und einfacheren Farben und Oberflächen.

Die allgemeine Tendenz zu gemalten Oberflächen scheint sich mehr und mehr auszubreiten und immer neue Anhänger zu finden. Farbe spielt dabei weiterhin die vorrangige Rolle und das nicht nur, weil sie das billigste und vielseitigste Material ist, sondern auch, weil sie die meisten Kombinationsmöglichkeiten bietet. Das Experimentieren vieler Menschen mit diesem Medium hat zur Entwicklung eines neuen Farbbewußtseins geführt. So entstanden raffinierte und intensive Farbkombinationen, die noch vor zehn Jahren undenkbar gewesen wären.

Die Schönheit und Vielfalt der Farben, ihre belebende und verzaubernde Wirkung sind eine unerschöpfliche Inspirationsquelle für zahllose Gestaltungsmöglichkeiten.

Jocasta Innes
February 1987

Einleitung

Seit jeher erfüllt die Farbe zwei Aufgaben: zum einen ist sie von praktischem Nutzen, da sie zum Schutz von Oberflächen aufgetragen wird. So wird sie auch heute von den meisten betrachtet – als farbiges Material, das in Dosen zu kaufen ist und das man mit Pinsel oder Rolle verarbeitet. Dabei kommt es vor allen Dingen darauf an, die Farbe möglichst gleichmäßig zu verteilen, um eine glatte Oberfläche zu erhalten. Dies ist natürlich nur eine Seite der Medaille. Von dem Tag an, da der erste Jäger die Umrisse eines laufenden Hirsches mit einem in Holzasche, verdünnten Lehm oder Blut getauchten Stock nachzeichnete, erfüllt die Farbe eine weitaus wichtigere und kreativere Aufgabe: Sie wurde zum Ausdrucksmittel menschlicher Phantasien und vielgestaltiger Illusionen, sie bot unendlich viele Möglichkeiten, flüchtige Eindrücke für die Nachwelt festzuhalten.

Die eigentlich kreativen Gestalter in diesem Bereich sind natürlich die großen Künstler. Aber gleich nach diesen Meistern der Illusion folgen die Meister der angewandten Künste – Designer, Architekten, Dekorateure und unzählige Handwerker, die ihre Aufgabe darin sehen, die jeweils zeitgemäßen Vorstellungen von Schönheit und Harmonie in Gebäuden, Räumen und Möbeln widerzuspiegeln. Natürlich bedienten sie sich zu diesem Zweck stets freimütig der von Künstlern verwendeten Techniken und Materialien und entwickelten mit diesen eigene Methoden. Und so verwenden wir heute getönte Lasuren, um einer Oberfläche Tiefe zu geben und um Farben zu veredeln und eine Vielfalt raffinierter Tricks, mit denen man mit Farbe die Illusion von Marmor, Schildpatt und anderer wertvoller Materialien zaubern kann.

Müßte man den Unterschied zwischen dieser kunstvollen Anwendung von Farbe und dem direkteren, unkomplizierteren Umgang des Hobby-Malers in einen Begriff fassen, so wäre dies am Treffendsten mit einem von traditionellen Dekorateuren geliebten Ausdruck zu tun: ›gebrochene‹ Farben. Wie jeder Dekorateur weiß, sind flache, eintönige Farben langweilig, gebrochene Farben hingegen suggestiv und atmosphärisch. Mit gebrochenen Farben gestaltete Wände strahlen Leichtigkeit und Heiterkeit aus, und die kruden Fakten, Stein und Mörtel, verschwinden hinter einem sanft bewegten Einklang transparenter Farben, hinter Schatten und Licht. Selbst der einfallsloseste, gestern erst gebaute Raum kann mit den richtigen gebrochenen Farben schön und lebendig wirken.

Solch magische Transformationen sind jedem möglich, der lesen und einen Pinsel in der Hand halten kann. Farben sind billiger als Tapeten und gebrochene Farben sogar oft noch billiger, da sie stark verdünnt verarbeitet werden. Vielleicht können eine gewisse handwerkliche Geschicklichkeit, ein kühler Kopf und ein waches Auge dabei helfen, gleich beim ersten Mal professionelle Ergebnisse zu erzielen. Aber die einfallsreichsten und aufregendsten Effekte ergeben sich oft durch heiteres Ignorieren aller Regeln. Die wichtigsten Voraussetzungen sind ein Schuß Experimentierfreude, der Wille, sich die Materialien zu besorgen, und die Neugier, sie auszuprobieren.

Farbe

Um Farben schön und wirkungsvoll zu verwenden, muß man sie empfinden, ein wenig in sie verliebt sein, so wie der geniale Farbenkünstler Matisse es war. »Farben besiegen dich mehr und mehr«, so sagte er einmal, »ein bestimmtes Blau dringt in deine Seele. Ein bestimmtes Rot beeinflußt deinen Blutdruck. Eine besondere Farbe heitert dich auf.«

Nicht unbedingt helle, aber stets positive Farben sind die wichtigsten Voraussetzungen aller Räume, die mir gefallen und um die ich ihre Besitzer beneide. Und die Frage nach der Farbe ist auch der erste Gedanke, der mir durch den Kopf geht, wenn ich einen Raum gestalten soll, weil ich weiß, daß diese Wahl, wann immer ich später den Raum betrete, meine Stimmung beeinflussen wird. Ich bin sicher, daß es fast jedem so ergeht. Kinder reagieren mit offensichtlichem Vergnügen auf Farben; ist es da nicht naheliegend, daß dieses Gefühl noch in uns allen vorhanden ist, tief versteckt und verschüttet von anderen Problemen. Man muß dieses Vergnügen nur wieder erwecken und ermutigen. Die meisten Menschen machen es sich bei der Farbauswahl einfach, malen alles weiß oder cremefarben an und kaufen einen beigefarbenen Teppich, weil er zu allem paßt. Farblose Räume haben ihren eigenen, etwas simplen Charme, aber es ist schade, daß sie die Regel und nicht die Ausnahme sind, wenn man bedenkt, daß man für wenig Geld inmitten lebhafter Rot-, gefühlvoller Blau- und lebendiger Gelbtöne leben könnte, ganz zu schweigen von den zarten Mauvetönen, den sanften Aprikosenfarben und dem eigenwilligen Gewächshausgrün.

Daß gebrochene Farben einem Raum und seinen Möbeln mehr schmeicheln als opake Anstriche, ist meine interessanteste Entdeckung im Umgang mit Farbe. Dabei spielt nicht nur der Farbton eine Rolle, sondern die Art, wie die Farbe aufgetragen wird. Matte, opake, konventionelle Emulsions- oder Latexfarben lassen einen Raum schrumpfen und betonen architektonische Fehler. Trägt man aber eine einfache, getönte Lasur auf, die nur einen Ton dunkler ist als die Untergrundfarbe, so entsteht die Illusion einer Raumtiefe, die die Wände scheinbar zurückweichen läßt und den Raum optisch vergrößert.

Die Gestaltung eines Raumes ist wie das Malen eines Bildes: Der Raum ist die leere Leinwand, Wände, Teppiche, Möbel und Bilder sind die Farbelemente. Aber wie die Malerei kann die Gestaltung eines Raumes nicht wirklich gelehrt werden; der Erfolg beruht auf einem sensiblen Blick, der Bereitschaft zu experimentieren und der Fähigkeit, sich von zufälligen visuellen Ereignissen – wie einer Vase voll zartviolettem Flieder oder dem über die Lehne eines Stuhles geworfenen Patschworkmantel einer Freundin – inspirieren zu lassen.

Es gibt keine bessere Möglichkeit, schöne Farbkombinationen schätzen zu lernen, als sich die Gemälde großer Künstler wie Bonnard, Matisse oder Monet mit einem genießerisch-hungrigen Blick anzusehen. Bilder dieser Maler enthalten mehr Wissen über die Wirkung von Farben, als die meisten von uns ahnen. Aber solche Gemälde sind nur ein Anfang. Fast jedes gestaltete oder zufällige Farbarrangement ist es wert, analysierend betrachtet zu werden. Ein Marktstand, ein schöner Orientteppich, eine chinesische Stickerei – optische Reize finden sich fast überall.

Wenn es darum geht, Theorie in Praxis zu verwandeln und seinen eigenen Raum zu gestalten, gibt es nur eine Möglichkeit herauszufinden, ob spezielle Farben wirklich zueinander passen: Man muß sie ausprobieren. Meist wird die Expedition ins Reich der Farben durch einen teuren Gegenstand, auf den man Rücksicht nehmen muß – meistens ist es ein Teppich – ein wenig eingeengt. Ärgern Sie sich nicht darüber, denn eigentlich ist es nützlich, einen Ausgangspunkt zu haben.

Rechts: Diese ehemals düstere Eingangshalle wurde durch polychrome Oberflächengestaltung im Stil pompejanischer Wandmalerei verwandelt. Jede Fläche ist mit einer in Farbe und Textur leicht unterschiedlichen Methode gestaltet. Die Füllungen sind mit rotbrauner Emulsionsfarbe eingerieben und dann mit Tuschelasur in Gebrannter Umbra überarbeitet, um einen verwitterten, antiken Eindruck zu erwecken. Der besondere matte Glanz der gesamten Oberfläche entstand durch eine Schlußschicht aus flüssiger Fußbodenpolitur.

Die wichtigste Entscheidung bei der Gestaltung eines Raumes ist die Wandfarbe. Sie muß auf alle anderen Dinge im Raum abgestimmt sein. Winzig kleine Tapeten- oder Farbproben sind selten eine Entscheidungshilfe, da jede Farbe auf einer großen Fläche weit intensiver wirkt. Beginnen Sie deshalb damit, aus allen möglichen verschiedenfarbigen Dingen wie zum Beispiel Pullovern, Tüchern, Decken, Buchumschlägen usw. Stilleben zusammenzustellen. Bauen Sie diese Arrangements in Fensternähe auf, so daß man sie bei natürlichem Licht betrachten kann, und begutachten Sie diese Aufbauten blinzelnd mit halbgeschlossenen Augen zusammen mit den Teppichen, den Gardinen und den übrigen Möbelstücken. Das ist zwar eine simple Methode, aber sie kann recht hilfreich bei der Klärung des Farbproblems sein. Als nächstes sollte man eine geeignete weiße Farbe kaufen (für die meisten dekorativen Oberflächen ist eine halbmatt trocknende Farbe das beste; siehe Seite 214) und sich den gewünschten Farbton zusammenmischen und ausprobieren. Es gibt eine reiche Palette von Farbstoffen (siehe Seiten 218–219), mit denen man fast alle hellen Farbtöne ermischen kann. Sattere, dunklere oder stärkere Farben erhält man, wenn man diese Farben nur mit Wasser verdünnt. Um dunkle Wandfarben zu mischen, benötigt man eine Grundfarbe, die so ähnlich im Ton ist wie die angestrebte. Das kann eine teure Angelegenheit sein, wenn man noch nicht genau weiß, was man will.

Wenn Sie der Gedanke erschreckt, Ihre Farbexperimente gleich auf der Wand auszuprobieren, können Sie großes Makulaturpapier mit verschiedenen Farben bemalen. Hängen Sie die Papierbahnen so auf, daß Sie sie mit den Gardinen oder dem Teppich zusammen betrachten können. Hängen Sie ein Bild auf diese Farbflächen, stellen Sie einen Stuhl davor, und legen Sie verschiedenfarbige Kissen hinein. All dieses hilft sich vorzustellen, wie die Farbe als Hintergrund für den Raum wirken könnte. Wenn sich die vielfältigen Anfangsmöglichkeiten auf ein oder zwei reduziert haben, sollte man diese Farben einige Tage lang hängen lassen und mit ihnen leben. Und wenn der Anblick einer Farbe sie immer noch und immer wieder erfreut, ist die Entscheidung gefallen. Wenn man mit dem Resultat des Anstrichs doch nicht zufrieden ist, so kann man ihn durch Überarbeiten mit einer der hier beschriebenen Techniken übermalen und verändern. Grelle Farben werden durch eine mit Schwamm oder Pinsel aufgetragene dunklere Lasur gedämpft oder mit einer einfachen, transparenten cremefarbenen Öllasur milder; ›dünne‹ Pastelltöne können intensiviert, eintönige Farbflächen aufgelockert und dunkle Farben aufgehellt werden. Man kann Wände lackieren oder sie mit einer schwarzweißen Spritztechnik wie Porphyr aussehen lassen. Wenn Ihnen dieser Farbfindungsprozeß etwas langwierig vorkommt, sollten Sie daran denken, daß Monet nicht davor zurückschreckte, zerstoßene Ziegel mit Kalkmilch so lange zu mischen, bis er genau den Farbton hatte, der ihm vorschwebte, und daß all dieses Herumexperimentieren zwar Zeit aber kaum Geld kostet und Ihr Farbempfinden trainiert.

Ist die Entscheidung für die Wandfarbe gefallen, ergibt sich daraus die weitere Farbgestaltung des Raumes. Lassen Sie sich Zeit, und behalten Sie einen wachen Blick. Färben Sie rohe Holzdielen zum Beispiel in einem dunklen Grün oder Blau als Untergrund für alte Teppiche. Oder malen Sie sich einen Teppich in den reichsten und zauberhaftesten Farben, die Sie sich nur vorstellen können, einfach auf den Boden. Die meisten neigen dazu, das Holzwerk in einem Raum weiß oder cremefarben zu streichen – Dekorateure verwenden fast nie reines Weiß, sie bevorzugen es ein wenig ›schmutzig‹. Aber gerade Holz kann, wenn es passend zur Wandfarbe gestrichen ist, zauberhaft aussehen und die Proportionen eines Raumes optisch erstaunlich verändern.

Dekorativ bemalte Möbel können weitere Farbakzente setzen – und Farbe ist die beste Tarnung für langweilige oder sogar häßliche Möbel. Stellen Sie sich zum Beispiel einen kleinen, unattraktiven aber nützlichen Tisch oder eine nichtssagende, aber unentbehrliche Truhe mit einer Schildpattbemalung vor oder mit rautenförmigen, filigranen maurischen Schablonenmustern übersät. Bilderrahmen sind für dekorative Verschönerungen wie gemacht – man kann sie marmorieren, mit Schildpattmustern bemalen oder mit einem Schwamm ›wolken‹. Lampenständer, Schachteln, alte Truhen ... mit Farbe lassen sich alle möglichen Gegenstände zu einem integrierten Bestandteil Ihres Raumbildes verwandeln.

Folgende Doppelseite: Dieses einfache Eßzimmer erhält durch eine Vielzahl unterschiedlicher Oberflächen eine gediegene und kostbare Atmosphäre. Die Wandfüllungen sind mit verschieden gemusterten, unaufdringlichen Marmorierungen bemalt. Die grüne Marmortischplatte entpuppt sich bei näherem Hinsehen als eine sorgfältig geschnittene und aufklebte Tapeten-Collage.

Farbvokabular

Die Vielfalt unterschiedlichster Farbtöne, die auf den Grundfarben basieren, ist nahezu unendlich, und einige der technischen Begriffe, mit denen man sie beschreibt, können verwirrend wirken. Der ›Farbton‹ unterscheidet die Farben voneinander – zum Beispiel Rot, Blau usw. Mit dem Begriff ›Farbintensität‹ bezeichnet man ihre Reinheit – sie enthalten keinen Grauton. Das Rohmaterial für Malfarben sind ›Farbpigmente‹. Bis zur Entdeckung der Anilinfarbstoffe im vorigen Jahrhundert wurden Pigmente aus natürlichen Substanzen gewonnen, die allerdings oft nachträglich chemisch behandelt wurden, um weitere Farbtöne zu erhalten. Die ältesten Pigmente waren aus Lehm oder Tonerde – rötlich braune Farben wie Ocker, Siena, Umbra, die man an unterschiedlichen Stellen in der Welt fand, säuberte und pulversierte. Heute sind fast alle Farbpigmente entweder ganz oder teilweise chemischen Ursprungs.

Die Primärfarben Rot, Blau und Gelb sind die Farben, aus denen alle anderen Farben gebildet werden können. Mischt man zwei Primärfarben, so erhält man eine Sekundärfarbe – Rot und Gelb ergeben Orange, Gelb und Blau werden zu Grün, und Blau und Rot vermischen sich zu Violett. Mischt man zwei Sekundärfarben, so erhält man eine Tertiärfarbe – zum Beispiel ergeben Orange und Violett Rostbraun, Grün gemischt mit etwas Rot wird zu Oliv. Eine Tönung erhält man, indem man einer Farbe Weiß beimischt, eine Schattierung durch die Beimischung von Schwarz. Der Begriff Farbton beschreibt die helleren oder dunkleren Varianten einer Farbe. So ist ein Karminrot ein dunkler und Rosé ein heller Rotton. Für den Begriff ›Farbton‹ wird auch der Begriff ›Farbwert‹ verwendet. Komplementärfarben – zum Beispiel Orange und Blau, Rot und Grün, Gelb und Violett liegen sich im Farbkreis diametral gegenüber. Wenn man sie zu gleichen Teilen miteinander vermischt, erhält man einen schmutzigen Grauton. Mischt man einer Farbe ein wenig ihrer Komplementärfarbe bei, so mildert man den Farbton; gibt man zum Beispiel in Rot ein wenig Grün, so verliert die Farbe von ihrer Feurigkeit. Jede fertige, zu harte oder zu grelle Farbe kann durch Beimischung der ihr im Farbkreis gegenüberliegenden Farbe gemildert werden. Einige Kenntnisse über die Wirkung der Vermischung von Farbtönen sind sehr hilfreich, wenn man aus einer begrenzten Palette von Farbstoffen oder Acrylfarben einen bestimmten Ton zusammenmischen möchte.

Farbeigenschaften

Dekorateure unterteilen die Farben sinnvollerweise in warme und kalte Farben; warme Farben enthalten Gelb und Rot, kalte Farben Blau. Diese Unterscheidung ist allerdings nicht so simpel, wie sie auf den ersten Blick erscheint. So gibt es warme Blautöne, wie Indigoblau, die Rot und Gelb enthalten, und kalte Rottöne, die Blau enthalten, wie zum Beispiel Kirschrot. Man kann jeder Farbe einen warmen oder kalten Akzent geben, indem man, je nach Bedarf, ein wenig Rot, Gelb oder Blau beimischt. Auch Weiß hat im allgemeinen einen leicht blauen oder

gelben Farbton, je nach seiner Pigmentzusammensetzung, und diese leichte Färbung beeinflußt jede weitere Farbmischung. Die meisten der heute überall erhältlichen ›Brillantweiß‹-Farben enthalten einen hohen Blauanteil, um das Weiß noch strahlender erscheinen zu lassen; deshalb sollte man diese Farben nicht als Grundlage für Farbmischungen verwenden.

Fast jedermann weiß, daß warme Farben einen trüben, nach Norden gerichteten Raum heiterer machen und durch Aufhellen des Farbtons den Raum sonniger erscheinen lassen. Strahlende warme Farben wie Orange, Rot, Gelb, Magenta und Smaragdgrün bezeichnet man hin und wieder auch als ›hervortretende‹ Farben, da sie Oberflächen scheinbar näher rücken lassen. Kalte Farben wie Dunkelgrün, Blau und Purpur gelten als ›zurücktretende‹ Farben. In dunklen Tönen geben sie einer Wandoberfläche Tiefe, und in ihren hellen Tönen vermitteln sie eine leicht kühle und ätherische Atmosphäre. Welche Farben man bevorzugt, ist eine hoch subjektive Angelegenheit, aber im großen und ganzen ist es einfacher, von warmen Farben umgeben zu leben und solche Farbtöne zu mischen. Viele kühle Farben wirken schnell etwas überspannt und formell – zum Beispiel scharfes, blasses Blau, Grün, Rosé und Kirschrot–, die nachgerade nach üppigem Stuck und eleganten, steifen Möbeln verlangen. Aber eine kluge Mischung von beidem kann oft sehr effektvoll sein. Ein wenig Eisblau, Blaurosa oder Lila verfeinert warme Erdtöne wie Ocker, Rostrot oder Braun, während kühlere Blau- und Grüntöne förmlich nach ein wenig Rot, einem kräftigen Gelb oder einem satten Braun verlangen. Lassen Sie sich zu solchen Farbkombinationen von den meisterlichen Beispielen polychromer Ornamentik maurischer und persischer Kacheln oder orientalischer Teppiche und Batiken inspirieren. Die Suche nach der *einen* Farbe, die einen Raum zum Leben erweckt, ist eines der faszinierenden Vergnügen der Innendekoration.

Farbträger

Ein wichtiger Aspekt der Farbwirkung ist das Medium oder der Farbträger, in das die Farbpigmente gemischt werden. So wirken Farben, die man mit einem stumpf und glanzlos auftrocknenden Farbträger verarbeitet, ganz anders als in einem hochglänzenden und halbmatten Medium. Oft wird der Fehler gemacht, alte, farbenfrohe Bauernmalereien in den heutigen ›fetteren‹ Farben zu kopieren. Aber diese modernen Farben wirken nie so lebendig wie die Originalfarben, die immer in einem dünnen, matten, trockentexturierten Farbträger verarbeitet wurden, wie zum Beispiel Eitempera. Ich bin der Wirkung dieser leuchtenden Bauernmalerei mit wasserverdünnten Acrylfarben, Farbpigmenten in Buttermilch, Künstler-Ölfarben mit Terpentin oder mit Abtönpaste in matter Farbe sehr nahe gekommen.

Transparente Farben, die man durch Verdünnen mit Wasser, Öl oder Firnis erhält, wirken ganz anders. Es gibt Farben, die an sich schon transparenter sind als andere, zum Beispiel Siena Natur und Gebrannte Siena, Umbra Natur, van-Dyck-Braun, Preußischblau, Ultramarin, Karmin- und Scharlachrot oder Chromgrün. All diese Farben eignen sich sehr gut zum Eintönen transparenter Öllasuren (siehe Seiten 224–227) und zum Abtönen von Firnis.

Reines Weiß

Viele Farben sind eine Zeitlang in Mode und verschwinden dann wieder; nur die Farbe Weiß mit all ihren Variationen wird immer die Nr. 1 in der Farbenhitliste bleiben, da sie zu allem paßt, gleichgültig welche anderen Farben, welche Möbel und Muster sonst noch in einem Raum vorhanden sind, und ihre Reflexionsfähigkeit einen Raum heller und größer erscheinen läßt.

Reines Weiß wirkt am besten bei direktem Sonnenlicht, wenn es blendend hell strahlt; im kühlen Licht nördlicher Länder sieht es überraschend anders aus. Es kann frostig und ungastlich wirken, es sei denn, es wäre eingebettet in andere starke Farben und freundliche Muster und Oberflächen. Bei reinem Weiß ist es unbedingt notwendig, daß die Farbe dick aufgetragen wird. Drei Schichten sind für Dekorateure das absolute Minimum, und Perfektionisten behaupten, daß erst zwischen fünf und neun Schichten ein makellos-perfektes Weiß entstehen kann. Aber dabei muß man mit wirklichem Weiß arbeiten und nicht mit einem vorgefertigten ›Brillantweiß‹, das einen leichten Blauton hat.

Weißschattierungen

Die meisten Menschen bevorzugen jedoch ein gebrochenes Weiß, da solche Weißtöne einen angenehmeren Hintergrund für Möbel und Bilder bieten. Es gibt viele unterschiedliche Weißabstufungen, die davon abhängen, welche Farbe man beimischt. Warm schimmernde Perltöne und kühle silbrige Nuancen sind die schönsten Variationen. Man erhält warme Weißtöne, indem man ein wenig Gelb, Rot oder ein warmes Braun untermischt. Silbrige Töne entstehen durch die Mischung mit einer winzigen Menge der vielen Schwarztöne (Ebenholz und Lampenschwarz eignen sich am besten) plus ein wenig Blau oder einem warmen Erdton wie Umbra Natur. Schon die winzigsten Tönungen können eine ungeheure Wirkung haben: Für das Auge beim Verarbeiten kaum sichtbar, wirken sie auf der gesamten Fläche oftmals so stark, daß sie den Charakter eines ganzen Raumes verändern können.

Einer der populärsten Farbeffekte ist die Kombination verschiedener gebrochener Weißtöne mit reinem Weiß, um eine diskret luxuriöse Oberfläche zu erhalten, die zwar zurückhaltend aber nicht langweilig ist. Eine warme, cremefarbene Öllasur, die man mit Stoffwickeltechnik auf einen rein weißen (nicht brillantweißen) Untergrund aufträgt, ergibt eine zwar pergamenten wirkende Oberfläche, die einen schmeichelnden Hintergrund für andere Farben und Muster bietet und besonders in leicht formellen Räumen schön aussieht.

Eine weitere Verfeinerung ist die Kombination von Weißtönen und Mustern. So erhält man zum Beispiel eine Art Damast- oder Brokateffekt, indem man über die ganze Wand verteilt mattweiße Schablonenmuster auf einen glänzend weißen Untergrund (oder umgekehrt) setzt. Einen ähnlichen Effekt erzielt man, wenn man die Wände in einer glänzenden Cremefarbe und Holzwerk und Decke in einem kühlen, matten Weiß streicht. Solche Kontraste sind so fein, daß sie auf den ersten Blick gar nicht wahrgenommen werden, aber sich nach und nach als für das Auge sehr angenehm herausstellen.

Während die warmen gebrochenen Weißtöne einen Raum lebendiger machen, vermitteln die kühl-silbrigen Nuancen eine sanfte, ruhige Atmosphäre, die besonders zu Räumen aus dem 18. Jahrhundert oder zu Zimmern mit schön gearbeitetem Holzwerk paßt.

Der bekannteste englische Dekorateur des 18. Jahrhunderts, John Fowler, bevorzugte ›schmutziges Weiß‹ in zwei oder drei subtilen, unterschiedlichen Schattierungen, um Flächen und Profile traditionell verarbeiteter Holzwerke zu betonen. Die Qualität seiner Arbeit bestand in der Verwendung des hellsten Farbtons auf den vorstehendsten Flächen und der dunkelsten Nuance auf den am tiefsten gelegenen Flächen; die dazwischenliegenden Profile wurden in einer mittleren Farbschattierung gestrichen. Eine ähnliche Wirkung erhält man mit drei Abstufungen einer matten opaken Farbe oder mit drei Lasurtönen, die man auf eine weiße Fläche aufträgt.

Wände

Besondere Farboberflächen 27

Dekorative Malerei 55

Vorhergehende Seiten: Schwungvolle Schablonenmuster wie diese wirken oft am besten auf gebrochenen Farbuntergründen. Hier wurden zwei dünne Gouache-Lasuren in leicht unterschiedlichen Orangetönen mit lockerem Pinselstrich über einen weißen Emulsionsgrund aufgestrichen. Die Schablonenmuster sind eine moderne Version einer Tapete aus dem 18. Jahrhundert.

Wände begrenzen und formen einen Raum nicht nur, sondern sie bilden gleichzeitig auch den größten Oberflächenbereich; wie ein Raum wirkt, hängt deshalb in hohem Maße von der Wahl der Wandfarbe und Oberflächengestaltung ab. Allzu viele Menschen machen jedoch häufig den Fehler zu glauben, daß die verschwenderischste Wandgestaltung, die sie sich leisten können – handbedruckte Tapeten, selbstklebende Filze und Kiefernholztäfelungen –, den Raum zu einer gestalterisch geschmackvollen Einheit machen, gleichgültig, welche schäbigen Möbel, nicht zusammenpassenden Teppiche oder Gardinen und sonstiges Mobiliar sonst noch dort herumstehen. Solche Räume wirken unausgewogen und ungemütlich, und die so üppig gestalteten Wände drängen sich unangenehm in den Vordergrund. Stellt sich aber eine derart kostspielige Wandgestaltung als ein Fehler heraus – und das kann auch erfahrenen Dekorateuren passieren –, läßt sich nichts mehr daran ändern. Die Materialien sollten so preiswert sein, daß man entspannt an die Aufgabe herangehen kann, die richtige Farbe und Technik auszutüfteln. Sollte sich die gewählte Farbe als nicht richtig herausstellen, muß noch genügend Spielraum vorhanden sein, den Fehler ohne allzuviel Arbeit korrigieren zu können. Außerdem sollte man daran denken, daß man alles leicht wieder verändern kann, wenn der Geschmack sich wandelt.

Die einfachste Lösung, diesen Ansprüchen gerecht zu werden, ist die Verwendung von Farbe. Sie bietet die interessantesten, vielfältigsten und sinnvollsten Möglichkeiten, eine Wand zu gestalten. Einer meiner Freunde, ein Meister der Wandgestaltung, pflegt zu sagen: »Dem Umgang mit Farben sind keine Grenzen gesetzt.« Ich glaube nicht, daß das übertrieben ist. Aber mit Farbe meint er nicht einfach den üblichen Dreifachanstrich mit Emulsions- oder Latexfarbe. Emulsionsfarben sind ohne Zweifel nützlich, aber wenn man nur sie verwendet, begrenzt man die Möglichkeiten dekorativer Gestaltung. Setzt man Farben phantasievoll und klug ein – also mehr wie ein Künstler als ein Hobby-Maler –, kann man eine Vielzahl atemberaubender Effekte erzielen: raffinierte und ungewöhnliche Farben, Oberflächen und Muster.

Kein Experte zu sein (ein Experte ist jemand, der einige Jahre lang Malerei und Gestaltung studiert hat) hat den Vorteil, daß man unbelastet von Traditionen an die Dinge herangehen und unorthodoxe Ideen entwickeln kann. In den verschiedenen trockenen Abhandlungen, die ich zu diesem Thema gelesen habe, wurde zum Beispiel nie erwähnt, daß die meisten hier beschriebenen Oberflächen schneller als normal gestrichene Flächen zu erarbeiten sind, daß man für lächerlich wenig Geld die elegantesten Effekte erzielen und daß diese Art der Malerei fesselnd und anregend sein kann. Es wird auch nie erwähnt, daß keinerlei Spezialwerkzeug nötig ist – man kann mit improvisiertem Werkzeug, wenn auch vielleicht ein wenig auf Kosten der absoluten Glätte und Geschwindigkeit, gleich gute Resultate erzielen. Und keines der Bücher weist darauf hin – für mich die überraschendste Entdeckung –, daß der Umgang mit dieser Malerei gar nicht so schwierig ist. Vielleicht sind die komplizierteren Techniken wie Trompe l'œil und Wandmalerei Ausnahmen, aber auch hier kann man, wenn man nicht allzu ehrgeizig ist und ein wenig mogelt, überraschende Erfolge erzielen.

Diese Techniken zu erlernen, hat aber auch noch andere, praktische Vorteile. Je mehr man über dekorative Methoden weiß, um so sicherer wird man. So zum Beispiel bei der Wahl der Farbe: Wenn man gelernt hat, eigene Farben zu mischen, eröffnen sich aufregende Perspektiven und Möglichkeiten. Man kann Farben anmischen, die genau zu einem Lieblingsbild oder zu dem bevorzugten Teppich passen oder exakt kontrastieren; mit verschiedenen Lasuren herumspielen, um völlig neue und persönliche Farbeffekte zu erzielen; Holzwerk harmonisch mit den Wänden kombinieren oder eine gekaufte Farbe durch geschickte Beimischung um beliebig viele Farbnuancen variieren. Mit einer Dose weißer Farbe oder einer Dose transparenter Öllasur und einer Palette von Farben kann man fast jeden nur erdenklichen Farbton hervorzaubern.

Bei der Arbeit erlernt man nach und nach eine Reihe nützlicher Tricks. Man findet heraus, daß einige Oberflächen einen Raum größer oder sonniger erscheinen lassen, andere dem schäbigsten kleinen Zimmer ein üppiges Flair geben können. Versuchen Sie einmal einen mit dem Schwamm gewolkten rosigen Marmor-Effekt im Badezimmer oder Schildpattmalerei in einem engen Flur. Hat ein Raum zu viele Türen und Schränke, kann man diesen Eindruck auflösen, indem man sie in der gleichen Farbe wie die Wände bemalt. Schöne Proportionen kann man hervorheben, indem man ein zur Wandfarbe kontrastierendes Schablonenmuster in einer eleganten Reihe unterhalb der Decke, oberhalb der Fußleiste oder um Fenster und Türen malt. Hat ein Raum unangenehm große, leere Wandflächen, kann man diese mit einer Schablonenmusterreihe in Scheuerleistenhöhe oder mit Holzwerkimitationen optisch aufgliedern. Eine Sammlung schöner alter Drucke, Fotografien oder Bilder wirkt auf einer Wand, die wie grobgewebte Seide aussieht, noch einmal so kostbar. Für poliertes Holz, Gold und üppige Farben und Oberflächen bilden gebrochene Farben ganz einfach einen schöneren Hintergrund als einfarbige Flächen.

Das Wesentliche all dieser Oberflächengestaltungen ist ihre Vielseitigkeit. Möchte man eine einfache, frische Landhausatmosphäre, kann man die Wände schlicht und zurückhaltend gestalten. Ein mit lockerem Pinselstrich auf weißem Untergrund aufgetragener transparenter Farbüberzug ergibt einen der hübschesten Wandeffekte, die ich kenne; gestupfte und gezogene sanfte Farblasuren wirken auf weißem Grund ebenfalls sehr attraktiv. Legt man mehrere verschiedenfarbige Lasuren übereinander, erhält man eine leuchtende Farbigkeit, die den Wänden eines venezianischen Palastes alle Ehre machen würde.

Die meisten von mir beschriebenen Techniken sind althergebrachte Methoden und werden seit Jahrhunderten von Dekorateuren und Künstlern angewandt; allerdings scheint es so, als ob diese Techniken bis heute noch nicht in den Hobby-Bereich vorgestoßen sind und noch immer zum exklusiven Repertoire professioneller Innenarchitekten gehören. Mir wurden diese ausgeklügelten Möglichkeiten mit Farben umzugehen zum ersten Mal bewußt, als ich einen Maler sah, der gerade dabei war, eine Wand mit einer gezogenen Lasur zu bemalen und ich ihn fragte, was er da mache und vorhabe. Es sah gar nicht so schwierig aus, und das Ergebnis war so attraktiv, daß ich Feuer und Flamme war, mehr darüber zu erfahren. Das Ergebnis all meiner Fragen, Experimente und Erfahrungen ist dieses Buch. Ich hoffe, daß es meine Leser über den Umgang mit dem faszinierendsten Aspekt der Innendekoration so gut informiert, daß sie nach der Lektüre mehr darüber wissen als ich bei meinem ersten Versuch.

Vorbereitung

Der ideale Farbuntergrund ist hart, glatt, trocken und sauber. Je näher Ihre Wand diesem Ideal kommt, desto leichter ist es, die Farbe aufzutragen, und desto schöner und haltbarer wird der Anstrich. Schmutz, Fett und Feuchtigkeit hindern die Farbe daran, fest auf der Wand zu haften; Risse und Löcher sammeln Staub und sehen häßlich aus, und blättriger oder bröckeliger Putz fällt einfach von der Wand. Wenn man sich schon die Mühe macht, eine Wand mit einem besonderen, dekorativen Anstrich zu versehen, sollte man sinnvollerweise darauf achten, daß der Untergrund in einem guten Zustand ist. Ist der Wandputz rauh und uneben, kann man einen matten Grundanstrich auftragen und darüber mit dem Schwamm oder einem lockeren Pinselstrich Lasuren legen, die einer unebenen Fläche schmeicheln. Die meisten dekorativen Anstriche erfordern glatte, ebene Wände, um zur vollen Wirkung zu kommen; das gilt besonders für glänzende oder lackierte Oberflächen, da sie alle Fehler einer Wand optisch verstärken. Schablonen- und Wandmalereien verdienen den bestmöglichen Untergrund, wenn auch noch die Nachwelt sie genießen soll.

Abwaschen der Wände

Auf Wänden setzen sich, besonders in der Stadt, viel Ruß, Staub und Fett ab, und sie sollten deshalb vor jeder Renovierung gründlich abgewaschen werden. Die Grundausrüstung dafür besteht aus einem Zelluloseschwamm, warmem Wasser und einem fettlösenden Reinigungsmittel; bei noch ziemlich sauberen Wänden sorgt ein milder Haushaltsreiniger mit ein wenig Salmiak für die notwendige Reinigung. Stark verschmutzte und fettige Oberflächen wäscht man mit einem Anlauger ab. Ist die Wandfarbe glänzend, bearbeitet man sie ebenfalls mit einem fertigen Anlauger.

Entfernen Sie Staub und Spinnweben mit einer Bürste oder einem Staubsauger – bei einer tapezierten Wand ist dies die einzige Vorbereitung –, und achten Sie dabei besonders auf Scheuerleisten, die oberen Türrahmen, Fensterrahmen und Deckensimse. Bürsten Sie die Decke ab, auch wenn sie nicht gestrichen wird. Stellen Sie einen Eimer mit Reinigungslösung bereit. Tragen Sie Gummihandschuhe, wickeln Sie einen Schal um den Kopf, und beginnen Sie an der rechten oberen Ecke einer Wand. Verwenden Sie genügend Wasser, um den Schmutz abzuwischen, aber nicht soviel, daß der Fußboden und Sie selbst triefend naß werden. Bearbeiten Sie einen Wandabschnitt nach dem anderen, und arbeiten Sie von oben nach unten, so daß Sie Wasserspuren mit fortwischen können. Danach wäscht man die Wand mit klarem Wasser ab, um alle Chemikalienrückstände zu beseitigen, und geht zum Schluß noch einmal mit einem sauberen Lappen über die Fläche. Lassen Sie die Wände gut durchtrocknen. Bei gutem Wetter sollte man Fenster und Türen öffnen, im Winter muß man den Raum gut beheizen – eine Nacht lang sollte genügen, im Zweifelsfall können auch 24 Stunden nicht schaden.

Wenn die Wände in recht gutem Zustand sind, ist diese Vorbereitung ausreichend – vielleicht muß man nur noch ein oder zwei kleine Risse ausspachteln.

Entfernen alter Farbe und Tapete

Kleine Flächen blättriger Farbe werden erst abgeschabt und dann geschmirgelt, bis sie glatt sind. Sollte dann aber immer noch ein wahrnehmbarer Höhenunterschied zwischen bemalter und unbemalter Fläche zu sehen sein, vermischt man ein wenig Allzweck-Spachtelmasse mit Wasser zu einer streichbaren Paste, die man mit einem Pinsel auf die unebenen Stellen streicht und nach dem Trocknen abschmirgelt. Große Flächen abbröckelnder Farbe müssen ganz entfernt werden; dazu verwendet man einen chemischen Ablauger und einen Spachtel. Halten Sie sich an die Anweisungen des Herstellers, und vergessen Sie nicht, laugenfeste Gummihandschuhe zum Schutz Ihrer Hände zu tragen.

Bei Tapeten geht man ähnlich vor: Wenn man sie einfach übermalen will, klebt man hochstehende Tapetenstücke mit Tapetenkleister, den man in kleinen Mengen in Heimwerkerläden kaufen kann, wieder an. Ist die Tapete generell in einem schlechten Zustand, muß sie ganz mit Tapetenentferner abgelöst werden.

Ausbessern des Putzes

Kleine Risse und Vertiefungen der Wand bearbeitet man mit einer Allzweck-Spachtelmasse. Man mischt das Spachtelpulver nach Gebrauchsanleitung mit Wasser zu einer Paste, oder man kauft eine bereits fertig angerührte Spachtelmasse. Für kleine Ausbesserungsarbeiten verwendet man am besten ein Palettenmesser oder einen Japanspachtel – beide sind angenehm biegsam und einfach zu handhaben; aber ein gewöhnliches Messer tut es auch. Befeuchten Sie die Risse mit einem Schwamm oder einem Pinsel mit Wasser, und füllen Sie die Spachtelmasse mit Ihrem Werkzeug großzügig in die offene Stelle; beginnt die Spachtelmasse nach fünf bis zehn Minuten zu trocknen, wischt man das überstehende Material mit einem feuchten Lappen, einem Schwamm oder einem Pinsel ab. So erhält man eine unsichtbare Ausbesserungsstelle, ohne sie schleifen zu müssen. Wandvertiefungen sollte man ein wenig aufrauhen oder ankratzen, damit die Spachtelmasse besser haftet, und größere Löcher sollten aus dem gleichen Grund mit einem Schabeisen ausgekratzt und ein wenig ausgehöhlt werden. Risse wie diese müssen meistens in mehreren Lagen gefüllt werden, und jede Schicht muß ganz trocken sein, bevor man eine neue darüber legt. Nachdem auch die letzte Spachtelschicht getrocknet ist, schmirgelt man sie zuerst mit einem mittelfeinen, dann mit einem feinen Sandpapier so glatt wie die Wand.

Überkleben der Wand mit Makulaturpapier

Ist ein Wandputz zwar schäbig, aber in nicht so schlimmem Zustand, daß man ihn ganz entfernen muß, kann man ihn mit Makulaturpapier überkleben. Das ergibt einen glatten und festen Untergrund für Farbe und Papier. Achten Sie darauf, daß die Bahnen glatt aneinanderstoßen – übereinanderliegende Kanten bilden sichtbare ›Nähte‹. Vor dem Bemalen oder Bekleben versiegelt man das Makulaturpapier mit einer Schicht Tapetenkleister.

Grundierung und Vorstrich

Im allgemeinen verwendet man eine Grundierung nur auf noch nicht bearbeiteten neuen Oberflächen, um den Putz zu versiegeln, bevor man die Farbe aufträgt. Man sollte sich dabei an die Gebrauchsanleitung des Herstellers halten. Bevor man die Wand mit einer Ölfarbe bemalt, sollte man eine normale Vorstrichfarbe auftragen. Will man eine helle Farbe über eine dunkle oder leuchtende streichen, muß man vielleicht zwei Vorstriche und einen Endanstrich planen, um die gewünschte Farbdeckung zu erhalten. Im allgemeinen wird der erste Vorstrich ein wenig verdünnt aufgetragen, damit er besser in den Untergrund einsinkt und dort abbinden kann. Dunkle Endanstriche benötigen einen getönten Vorstrich, den man entweder fertig kaufen oder sich selbst anmischen kann.

Das Malen

Die besten Farben für die meisten in diesem Buch beschriebenen Wandanstriche sind, mit Ausnahme der lockeren Pinsellasur, Farben auf Alkyd- oder Ölbasis, obwohl auch mit Emulsions- oder Latexfarben gute Ergebnisse erzielt werden können. Ist eine Wand wenigstens sechs Monate vorher mit einer Emulsionsfarbe gestrichen worden, kann man, nach Meinung der Experten, ohne Schwierigkeiten

Öl- oder Alkydfarben darüber streichen, da die Untergrundfarbe in dieser Zeit völlig durchgetrocknet und frei von Feuchtigkeit ist. Ist man sich über die Verträglichkeit von Farben unsicher – manchmal kann es schwierig sein herauszufinden, um welche Farbe es sich handelt –, kann man eine Reihe von Absperrfarben benutzen, die den Untergrund versiegeln und Ärger vorbeugen. Lassen Sie sich von Ihrem Farbenhändler beraten. Manchmal kann eine seidenglänzende oder halbmatte Emulsionsoberfläche für ein ungeübtes Auge wie ein Ölfarbenanstrich wirken, obwohl sie, da Emulsionsfarben wasserlöslich und porös sind, eine ganz andere Oberflächenstruktur hat. Ölfarbe wird nicht wegen ihres Glanzes als Untergrundfarbe genommen, sondern wegen ihrer Undurchlässigkeit. Weitere Informationen über Farben finden Sie auf den Seiten 212–215.

Arbeitsmaterial Ein 100–125 mm breiter Malerpinsel; ein Staubpinsel; Terpentinersatz; ein Topf oder ein kleiner Eimer; feines Schmirgelpapier; Stofflappen; Plastikplanen oder Zeitungspapier; eine Stehleiter.

Arbeitsmethode Stapeln Sie die Möbel in der Mitte des Raumes, rollen Sie die Teppiche zusammen, und nehmen Sie die Bilder von der Wand. Bedecken Sie den Boden mit Plastikplanen oder Zeitungspapier. Diese Abdeckung sollte bis an die Fußleisten gelegt werden, um Tropfen und Spritzer aufzufangen. Bürsten Sie die Wände, besonders wenn Sie sie mit Schmirgelpapier geschliffen haben, vor dem Malen mit einem sauberen Staubpinsel sorgfältig ab.

Man sollte einen Teil der Farbe in einen Topf oder einen kleinen Eimer umfüllen, damit nicht unnötig viel Farbe der Luft ausgesetzt ist und trocken und hart werden kann. Außerdem ist es einfacher, mit einem Topf als mit einer vollen Farbdose in der Hand zu malen. Tauchen Sie den Pinsel nie tief in die Farbe, sondern nur die ersten zwei oder drei Zentimeter der Pinselborsten. Maler entfernen überflüssige Farbe, indem sie den Pinsel an einer Innenseite des Malgefäßes sanft andrücken und nicht, wie die meisten von uns es machen, über den Rand des Gefäßes streichen – das führt nämlich zu klebrigen Rückständen, die dann wieder in die Farbe fließen. Zum Auftragen von Ölfarbe hält man den Pinsel mit den Fingern am Borstenblock und beim Aufstreichen von wasserlöslichen Farben am Stil. Läßt eine Farbe sich nicht gut aufstreichen, kann es sein, daß man sie mit ein wenig Wasser oder Terpentinersatz verdünnen muß; vorher sollte man aber die Anweisungen des Herstellers studieren und die Farbe nicht allzusehr verdünnen, da sie sonst nicht mehr richtig deckt.

Zuerst streicht man die Decke, dann die Wände und zum Schluß das Holzwerk. Die Wände sollte man in der rechten, oberen Ecke der Fensterwand beginnen, denn dort fallen die ersten Fehler nicht so auf. Man malt einen etwa einhalb mal ein Meter großen Abschnitt, streicht die Farbe sorgfältig aus, damit eine gleichmäßige Fläche entsteht, und geht dann noch einmal mit einem fast trockenen Pinsel sanft darüber, um Pinselstrukturen zu verwischen. Diesen letzten, glättenden Strich zieht man auf Wänden vertikal, auf Holz folgt man der Richtung der Maserung. Man sollte beim Streichen stets methodisch und schnell vorgehen, damit die Ränder der Farbflächen nicht zu trocken werden, um sie mit der nächsten Farbfläche zu verstreichen. Schon während der Arbeit entfernt man Spritzer und Tropfen – je nach Farbe mit Wasser oder Lösungsmittel; ist die Farbe erst einmal angetrocknet, braucht man viel längere Zeit. Muß man die Arbeit unterbrechen, sollte man versuchen, an einer Ecke aufzuhören, damit sich, wenn man wieder zu streichen beginnt, kein sichtbarer Anschluß ergibt.

Lassen Sie der ersten Schicht genügend Trockenzeit, und beachten Sie hierzu die Anweisungen des Herstellers. Für einen perfekt glatten Endanstrich schmirgelt man jede trockene Farbschicht mit einem feinen Sandpapier, das man um einen handgroßen Schleifblock aus Kork oder Holz wickelt, leicht ab, um Staubkörner und andere Schmutzteilchen zu beseitigen. Danach bürstet man die Wand ab. Bemalt man sie mit einer Ölfarbe, die klebriger ist und langsamer trocknet als eine Emulsionsfarbe, muß man sorgfältiger vorgehen, da sie mehr Staub und Schmutz anzieht. Bei gestupften und in Stoffwickeltechnik gestalteten Oberflächen fällt das nicht so auf, aber eine marmorierte oder lackierte Oberfläche würde viel von ihrem Reiz verlieren.

Öl- und Wasserlasuren

Wie man Öl- und Wasserlasuren verarbeitet, wird bei den nachfolgenden einzelnen Wandanstrichen beschrieben. Allgemeine Informationen über diese beiden Lasuren finden Sie auf den Seiten 224–229.

Firnis

Firnis spielt sowohl eine funktionelle als auch eine ästhetische Rolle. Die stabile, harte und elastische Oberfläche bildet einen transparenten Film, der weiche, empfindliche Endanstriche vor Schmutz, Feuchtigkeit und Abnutzung schützt. Harte Endanstriche wie Emaille- oder Hochglanzlacke enthalten schon Firnislack und benötigen deshalb keine weitere Schutzschicht. Die hier beschriebenen dekorativen Wandoberflächen werden jedoch mit empfindlichen Farben wie zum Beispiel matten oder halbmatten Ölfarben gemalt, die, wenn man sie verdünnt aufträgt, mit einem Firnislack überstrichen werden müssen, damit sie abwaschbar und strapazierfähig werden. Und jede Farbe auf Wasserbasis – Gouache, Künstler-Acrylfarbe oder verdünnte Emulsions- oder Latexfarbe – reibt sich einfach von der Wand ab, wenn man sie nicht mit mehreren Firnisschichten versiegelt. Ein richtiger Firnis kann aber mehr als nur schützen: Richtig aufgetragen, ergibt er eine makellose, glasklare Oberfläche, die die unter ihr liegenden Farben intensiviert.

Verwenden Sie über blassen Farben einen farblosen, matten, halbmatten oder glänzenden Acrylfirnis. Für dunklere Untergründe kann man einen matten, halbmatten oder glänzenden Kunstharzfirnis verwenden. Benutzen Sie für diesen Zweck einen speziellen Pinsel, entweder einen ovalen Firnispinsel (Pinsel siehe Seite 230ff.) oder einen 75 mm breiten Malerpinsel. Matter Firnis trocknet fast unsichtbar auf und erfordert deshalb keine perfekte Oberfläche. In einer glänzenden Firnisoberfläche fallen Staub- und Schmutzpartikel besonders auf; deshalb sollte man den Raum erst gründlich reinigen und nach dem Streichen gut verschließen, bis die Farbe trocken ist. Halbmatter und glänzender Firnis lassen sich besser verdünnt auftragen – drei Teile Firnis und ein Teil Terpentinersatz. Weitere Informationen über Firnis finden Sie auf der Seite 120.

Reinigungslappen: Es ist unmöglich, so vorsichtig zu arbeiten, daß sich keinerlei Staubkörner oder andere Schmutzteilchen auf einer ›sauberen‹ Wand, die man gerade streicht, oder auf noch nasser Farbe oder nassem Firnis absetzen. Ein spezieller Reinigungslappen, den man mit Firnis klebrig macht, ist ideal, um Wänden eine letzte Säuberung vor dem Endanstrich zu geben und um Haare oder Staubkörner aus der noch nassen und klebrigen Farbe herauszulösen. Man nimmt ein altes, sauberes Taschentuch, taucht es in warmes Wasser und wringt es dann gut aus. Danach besprenkelt man es mit Terpentinersatz und übergießt es mit zwei oder drei Teelöffeln Firnis. Vor dem Benutzen walkt man das Taschentuch gründlich durch, bis sich die Flüssigkeit gleichmäßig verteilt hat.

Besondere Farboberflächen

Gezogene Lasuroberflächen

Das Wort ›gezogen‹ beschreibt die Technik dieser Oberfläche. Man bemalt die Wand in schmalen Streifen mit einer Öl- oder Wasserlasur, die dann mit einem trockenen Pinsel noch einmal nachgezogen werden, so daß der Untergrund in feinen Linien durchschimmert. Es entstehen dünne, gestaffelte Striche, die nicht so regelmäßig wie Nadelstreifen verlaufen, sondern mehr den Mustern eines Baumwollstoffs aus Madras ähnlich sehen. Diese Wandoberfläche sieht vornehm und ein wenig formell aus und paßt besser zu gut geschnittenen Räumen einer Stadtwohnung als zu Landhauszimmern. Man erhält mit dieser Technik aufregende Farbeffekte und delikat gemusterte Texturen, wenn man verschiedene Farben übereinanderlegt, eine Farbe über einen kontrastierenden Untergrund zieht oder vertikale und horizontale Reihen malt. Die gezogene Lasur ist eine Entwicklung der Holzmasertechnik. John Fowler war derjenige, so sagt man, der diese Wandgestaltung in den 30er Jahren in englischen Villen und Landhäusern populär machte; und bis heute ist diese Art der Wandoberfläche beliebt, da sie einen schmeichelhaften Hintergrund für kostbare Antiquitäten und Bilder gibt. Die Wirkung der feinen Streifen aus dünner Farbe ist etwas ganz Besonderes: Die Untergrundfarbe erscheint weich und lebendig, und die Wände treten scheinbar zurück, so daß ein Raum größer und weniger einengend wirkt.

Farben: Die in Landhäusern bevorzugten Farbkombinationen sind klare Pastelltöne auf weißem Untergrund für Schlafzimmer und bei wichtigeren Räumen Ton-in-Ton-Schattierungen in Braungelb, Blau oder Grau. Aber auch gewagte Farbkombinationen können schön sein – Graublau über Orange oder ein warmes Braun über einem Hellblau. Ich mag auch gezogene Lasuroberflächen in Rottönen, bei denen man einen dunkleren Farbton über einen gelbbraunen Untergrund zieht. Rot ist bei der Wandgestaltung eine schwierige aber auch aufregende Farbe, und ich glaube, daß es ihr gut tut, in der einen oder anderen Weise ›gebrochen‹ zu werden.

Vorbereitung

Für eine gleichmäßig gezogene Lasuroberfläche sollte der Untergrund glatt und eben sein (Risse und Löcher ausspachteln, schlechten Putz erneuern, siehe Seite 23). Um das bestmögliche Ergebnis zu erzielen, sollte man bei gezogenen Oberflächen – wie bei allen hier beschriebenen besonderen Anstrichen – die Lasur über einen Untergrund aus matter oder halbmatter Ölfarbe ziehen (siehe Seiten 213–214). Man hat sich so daran gewöhnt, Wände mit matten Emulsions- oder Latexfarben zu streichen, daß es ganz ungewöhnlich erscheinen mag, Farben zu verwenden, die normalerweise für Holzwerk reserviert sind; aber diese Farben ergeben nicht nur eine schönere und härtere Oberfläche, sondern sie sind auch undurchlässig, so daß die farbige Lasur sich, ohne einzusinken, leicht auftragen läßt. Zieht man eine Lasur über eine Emulsionsfarbe, entstehen keine solch glatten, haarfeinen Linien, und die Oberfläche bleibt nicht so lange schön, aber es ist doch eine trickreiche Möglichkeit, einer Wandoberfläche, die Ihnen nicht mehr so gut

Links: Gezogene Lasuroberflächen sind ein besonders schmeichelhafter Hintergrund für kostbare Antiquitäten und Gemälde. Hier wurden die matt lasierten Wände mit Trompe-l'œil-Füllungen bemalt. Die Fuß- und Scheuerleisten sind marmoriert, das übrige Holzwerk ist mit einer Lasur in verschiedenen Weißschattierungen gestaltet. Die unteren zwei Regalbretter stellen sich bei genauer Betrachtung als Trompe-l'œil-Malerei auf einer Tür heraus.

gefällt, ein wenig neues Leben einzuhauchen. Arbeitet man mit einer Emulsionslasur, muß der Untergrund eine matte oder halbmatte Emulsionsfarbe sein.

Arbeitsmaterial für gezogene Lasuroberflächen

Öl- oder Wasserlasur: Für eine glatte, mattschimmernde und abwaschbare Oberfläche verwendet man eine Öllasur oder eine halbmatte Ölfarbe, die man verdünnt, bis sie transparent ist. Soll die Oberfläche weicher und matter sein, nimmt man eine verdünnte matte Ölfarbe oder normale Vorstrichfarbe. Eine Lasur aus stark verdünnter Emulsions- oder Latexfarbe ergibt weiche, leicht verschwommene Streifen. Diese Farben sind schwierig zu ziehen, da sie, besonders bei warmem Wetter, schnell trocknen (mehr Informationen über Öl- und Wasserlasuren, Verdünnen und Abtönen finden Sie auf den Seiten 224–229). Öllasuren tönt man mit Abtönpaste oder Künstler-Ölfarben (siehe Seite 218), Wasserlasuren mit Farbpigmenten, Künstler-Gouache- oder Acrylfarben. Mischen Sie sich verschiedene Farbtöne, und probieren Sie sie auf einer Pappe, auf Papier oder in einer Ecke des Raumes aus, um zu sehen, wie sie wirken.

Öl- und Wasserlasur muß sparsam aufgetragen werden, damit die Farbe nicht läuft, und für einen kleinen etwa drei mal vier Meter großen Raum sollte ein halber Liter unverdünnter Farbe oder Öllasur ausreichen.

Pinsel: Zum Auftragen der Lasur benötigt man einen 100 oder 125 mm breiten Malerpinsel. Zum Ziehen der Lasur ist ein einfacher Malerpinsel das beste Werkzeug. Verwenden Sie einen etwa 100 mm breiten Malerpinsel mit nicht allzu vielen und dichten Borsten – eine Reihe von Leuten bevorzugt Tapezierpinsel. Es gibt auch spezielle Strukturpinsel, die man für ähnliche Effekte bei der Holzmasertechnik verwendet. Ihre langen und weichen Borsten sind jedoch für größere Flächen ungeeignet.

Zusätzliches Arbeitsmaterial: Zum Verdünnen der Öllasur braucht man Terpentinersatz, für eine Wasserlasur Wasser. Um Emulsionsfarbe länger bearbeiten zu können, kann man Glyzerin untermischen, das man in Apotheken und Drogerien kaufen kann.

Es ist praktisch, die Farblasur in einer großen, flachen Dose anzumischen und sie beim Streichen darin zu lassen. Man kann aber auch einen Eimer verwenden. Die Farben verrührt man mit einem alten Pinsel, einem Stock oder einem Holzlöffel. Halten Sie viele saubere Stofflappen bereit, um den Pinsel zu säubern. Eine stabile Stehleiter ist unabdingbar.

Arbeitsmethode

Am besten arbeitet man bei gezogenen Oberflächen zu zweit: Einer trägt die Lasur auf, und der andere zieht sie ab. Ich selbst habe es allein gemacht, aber es war eine anstrengende Arbeit, da man zuerst einmal einen Streifen Lasur auftragen muß, den man dann gleichmäßig glättet, dann wieder die Leiter hoch und runter läuft, um die Lasur abzuziehen und das alles schnell genug, um – bevor die Farbe zu trocknen beginnt – einen neuen Lasurstreifen aufzutragen. Ist die Farbkante nicht mehr naß, ergibt sich an der Überschneidungslinie eine doppelte Farbschicht, die das gesamte Endergebnis fleckig wirken läßt. Aus diesem Grund ist es etwas einfacher, mit Öllasuren als mit Wasserlasuren zu arbeiten, da sie länger bearbeitbar bleiben. Wenn man allein arbeitet oder unter Zeitdruck steht, sollte man darauf achten, daß man eine Wand fertig bekommt und in einer Ecke aufhört. Und mischen Sie sich genügend Farbe für diese Wand an, da es einem nicht immer gelingt, genau denselben Farbton zu treffen. Das fällt bei einer Ansatzlinie in einer

Ecke nicht so auf, aber mitten auf einer Wand entsteht sonst eine häßliche Ansatzlinie.

Was nun folgt ist zwar eine harte, aber keine schwierige Arbeit. Maler A malt mit dem breiten Malerpinsel einen etwa 45 cm breiten vertikalen Farbstreifen von der Decke bis zur Fußleiste. Achten Sie darauf, daß die Lasur nicht zu dünn ist, da sie sonst an der Wand herunter läuft. Glätten Sie die Lasur gut mit dem Pinsel, und lassen Sie sie einige wenige Minuten ruhen, damit etwas von dem Terpentinersatz sich verflüchtigen kann. Ist die Farbe immer noch zu dünn, mischt man etwas Öllasur bei.

Sobald der Farbstreifen gleichmäßig aufgetragen ist, besteigt Maler B mit seinem Malpinsel die Leiter (stellen Sie die Leiter in einem leichten Winkel zur Wand, um den Abstieg zu erleichtern), berührt mit den Borstenspitzen das obere Ende der Wand und zieht den Pinsel, während er gleichzeitig die Leiter hinabsteigt, mit möglichst gleichmäßigem Druck vertikal nach unten. Es ist hilfreich, an einer bereits vorhandenen vertikalen Linie wie an einer Tür, einem Fenster oder einer Ecke zu beginnen. Eine perfekte gerade Linie zu ziehen, ist eine echte Zen-Aufgabe – bemüht man sich zu sehr, wird der Pinsel automatisch aufrührerisch hin- und herschlenkern. Man sollte zwar konzentriert, aber gleichzeitig entspannt arbeiten und die Pinselborsten mit möglichst sicherer Hand leicht über die Lasur ziehen. Ist der Druck auf den Pinsel zu stark, entstehen Flecken. Am oberen und unteren Ende der Wand sollte man den Druck auf den Pinsel bewußt verstärken, da sich dort die meiste Farbe sammelt. Dasselbe gilt für Lichtschalter, Türen, Fensterrahmen und Kamineinfassungen. Nach ein paar Pinselzügen sollte man den Pinsel an einem sauberen Stofflappen abstreifen, damit er nicht zuviel Farbe ansammelt und so mehr Farbe aufträgt als abnimmt.

Wem es zu anstrengend ist, die Linien in einem Zug zu ziehen, kann sich mit Streichen in zwei Richtungen behelfen: Zuerst streicht man zwei Drittel der Linie von oben nach unten und dann das letzte Drittel von unten nach oben, wobei der Ansatzpunkt geschickt ineinander gestrichen werden muß. Dabei sollte man darauf achten, daß die Treffpunkte in leicht unterschiedlicher Höhe plaziert werden, um ein umlaufendes, leicht unscharfes Farbband zu vermeiden.

Während Maler B die Farbe vom ersten Farbstreifen abzieht, kann Maler A bereits den zweiten Farbstreifen malen, usw. Wenn A zwischendurch nichts zu tun hat, kann er die überschüssige Lasur von den Fußleisten und dem Holzwerk abwischen. Transparente Öllasur braucht einige Tage um zu trocknen, aber sie läßt sich in der ersten halben Stunde am einfachsten wegwischen. Farbansammlungen am oberen und unteren Ende der Wand sollten sofort mit einem trockenen Pinsel abgetragen werden, und auch allzu harte Linien, Flecken und ausgelassene Stellen im Muster sollten sofort korrigiert werden.

In diesem Stadium neigt man im allgemeinen dazu, überall nur Fehler zu sehen – die leicht kurvigen Linien, die entstanden, als das Telefon klingelte und die Kinder hereinstürmten. Aber ich verspreche Ihnen, daß man diese Unregelmäßigkeiten überhaupt nicht mehr sieht, wenn erst einmal Bilder an der Wand hängen und Möbel im Raum stehen.

Lassen Sie die transparente Öllasur ein oder zwei Tage lang trocknen. Frisch aufgetragen, wirkt sie glänzend, im getrockneten Zustand schimmert sie seidenmatt. Verdünnte Farbe trocknet wesentlich schneller; ihre Oberfläche wirkt zwar weniger lebendig als die einer Öllasur, aber in mancher Hinsicht ist sie leichter zu handhaben – sie läßt sich schneller auftragen und glatter abziehen. Eine Wasserlasur ergibt eine sehr zurückhaltende Oberfläche und trocknet fast sofort.

Halten Sie den Pinsel fest, aber unverkrampft in der Hand, und ziehen Sie ihn gleichmäßig von oben nach unten durch die nasse Lasur.

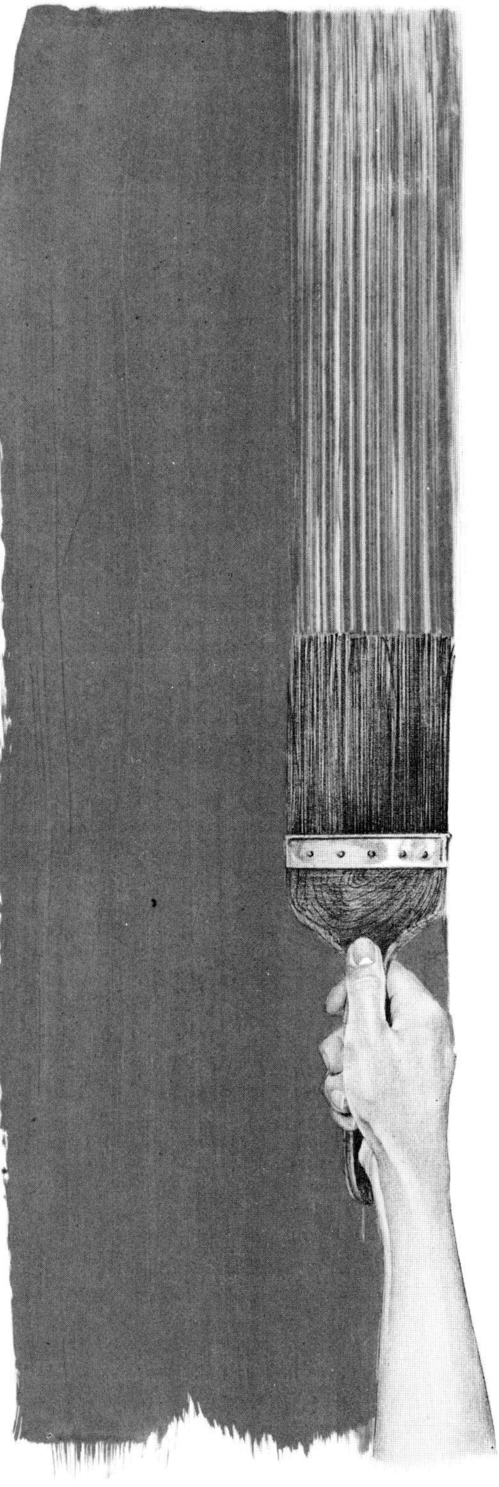

Gekreuzte Lasuroberflächen: Transparente Öllasuren eignen sich gut für gekreuzt gezogene Oberflächen (man zieht sowohl vertikale als auch horizontale Linien), da die haarfeinen Erhöhungen und Vertiefungen wie eine gewebte Stoffoberfläche wirken, ganz ähnlich wie Thai-Seide. Horizontale Linienmuster zieht man wie die vertikalen Muster; dabei ist es allerdings nicht notwendig, das Auf- und Abtragen der Lasur in einem durchgehenden Pinselzug zu machen, da die Wandoberfläche durch die erste vertikale Farbschicht schon so gemustert ist, daß Ansatzlinien nicht mehr auffallen.

Firnis: Im allgemeinen überziehen professionelle Dekorateure gezogene Lasuroberflächen (wie eigentlich alle dekorativen Endanstriche) zum Schutz vor Kratzern, Abreiben und Abwaschen mit einer klaren, matten Firnisschicht. Die Wand sieht dann länger schön aus. Aber vielleicht möchten Sie ja gar nicht, daß die Wand, gleichgültig wie zauberhaft sie aussieht, länger als ein paar Jahre hält. Und außerdem kann man, wenn die Wände beginnen schäbig auszusehen, eine neue Lasur zusammenmischen und ihnen mit einem frisch gezogenen Anstrich ein ganz anderes Aussehen geben.

Aufgeriebene Lasuroberflächen

Wenn man eine Öllasur mit einem weichen Stofftuch auf eine glatte Untergrundfarbe aufreibt, erhält man eine weiche, leicht wolkige Farboberfläche, die wie vor langer Zeit gestrichen wirkt. Die leichten Farbunregelmäßigkeiten und die etwas unregelmäßige Textur erinnern an verblichene Fresken, und sie bilden einen hübschen Hintergrund für Schablonenmuster oder weitere dekorative Gestaltung.

Für Amateur-Dekorateure liegt der besondere Reiz dieser Technik in der Einfachheit und der Schnelligkeit, mit der man zum Ziel kommt. Farbe mit einem weichen Stofftuch auf die Wand zu reiben, ist ein leicht kontrollierbarer Vorgang und schnell zu machen. In nur wenigen Stunden kann man zu zweit einen 15 Quadratmeter großen Raum bemalen und das, ohne hinterher allzuviel sauber machen zu müssen.

Farben: Man kann alle sanfteren Farbtöne bis hin zu Pastellfarben verwenden; aber die Farbtöne alter Freskomalerei, wie zum Beispiel bräunliches Rosa und Gelb und blasses Blau und Grün sind besonders wirkungsvoll. Im großen und ganzen bieten blasse Grundfarben – Weiß, mattes Grau und kaum wahrnehmbare Pastelltöne – den besten Untergrund, da eine helle Untergrundfarbe, die durch eine dünne, aufgeriebene Farbschicht hindurchschimmert, der Oberfläche eine bezaubernde Leuchtkraft gibt.

Rechts: Eingeriebene Farben ergeben eine der sanftesten und transparentesten Oberflächen. Die blasse Pergamentfarbe der Wände dieses Arbeitszimmers paßt vollkommen zu der delikaten Textur einer eingeriebenen Oberfläche und bildet einen eleganten Kontrast zu den zarten Marmorierungen der Kaminumrandung und der Fußleisten sowie der leichten Holzmaserung des Fensterrahmens.

Vorbereitung

Je gründlicher und je sorgfältiger die Wände vorbereitet werden, um so gleichmäßiger kann man die Farbe aufreiben. Wenn die Wand aber an ein verblichenes Fresko erinnern soll, sind kleine Unregelmäßigkeiten, wie Risse, in denen die Lasur einsinkt, genau das Richtige.

Die Grundfarbe sollte eine glatte, unporöse Oberfläche bilden, wie eine halbmatte Alkyd- oder Vinylfarbe, da die Lasur auf einer stumpfen Farbe nicht richtig ›fließt‹. Um eine glatte, gut deckende Oberfläche zu erhalten, trägt man am besten zwei Schichten der Grundfarbe auf.

Arbeitsmaterialien für aufgeriebene Lasuroberflächen

Die Lasur besteht aus einer fertigen Öllasur, die mit einer geringeren Menge als sonst üblich mit Terpentinersatz verdünnt wird; außerdem mischt man noch ein wenig weiße Vorstrichfarbe unter und eine größere Menge Abtönpaste als sonst üblich (Informationen über das Verdünnen und Eintönen von Lasuren finden Sie auf den Seiten 224–229). Man muß diese Extraportion Farbe beimischen, weil das Aufreiben die Farblasur beträchtlich verdünnt – Rottöne wirken nach dem Aufreiben rosa, und dunkles Braun wird bambusfarben. Um einen etwas blasseren Farbton zu erhalten, muß man mit einer vier oder fünf Töne dunkleren Farbe beginnen.

Man tönt die Öllasur mit Abtönpaste oder Künstler-Ölfarben ab. Achten Sie darauf, daß diese Farbstoffe nicht mehr als zehn Prozent der gesamten Farbmenge ausmachen, da die Farbe sonst möglicherweise nicht abhärtet. Das Trocknen der Farbe stellt wegen der hohen Verdünnung kein Problem dar.

Man kann die Öllasur aber auch mit trockenen Farbpigmenten einfärben – die Pudrigkeit der Pigmente betont das matte, trockene, verblichene Aussehen dieser Oberfläche. Einige Trockenpigmente verteilen sich nicht ohne weiteres in einer Öllasur auf Terpentinbasis, und obwohl die übriggebliebenen Farbpartikel beim Aufreiben meistens mit der anderen Farbe verrieben werden, sollte man die Farbe durch ein feines Haarsieb oder einen alten Nylonstrumpf sieben.

Für diese Technik benötigen Sie wenig Farbe – zwischen einem halben bis einem Liter Lasur für einen Raum mittlerer Größe. Probieren Sie die gemischte Farbe an einem vorbereiteten Stück Wand aus, indem Sie die Lasur dünn aufreiben. Wenn Ihnen die Farbe nicht gefällt, kann man sie einfach mit einem mit Terpentin befeuchteten Lappen wieder abwischen.

Zusätzliches Arbeitsmaterial: Für die Lasur benötigt man ein flaches Gefäß; eine Reihe weicher, alter, saugfähiger Stofflappen, um die Lasur aufzureiben; eine Stehleiter; Klebeband zum Abkleben von Lichtschaltern, Holzwerk, usw.

Arbeitsmethode

Wie bei den meisten dekorativen Oberflächen beginnt man in einer Ecke der Fensterwand und reibt die Farbe von links nach rechts ein. Tauchen Sie das Stofftuch, das man mit einer Hand halten sollte, in die Lasur, und reiben Sie die Farbe auf die Wand auf. Das geht so schnell und mühelos, daß man schnell unachtsam wird und freie Stellen übersieht oder an anderen zuviel Farbe aufträgt. Fehler lassen sich einfacher korrigieren, wenn die Farbe noch naß ist. Treten Sie deshalb hin und wieder zurück, und kontrollieren Sie die bereits bemalte Fläche. Allzu helle Stellen kann man mit einem zusätzlichen Tropfen Farbe dunkler machen, und diese leicht dunklere Lasur reibt man nun auf; dunklere Stellen verreibt man stärker. Ist am Ende noch eine Stelle vorhanden, die Ihnen nicht gefällt, kann man sie mit einem mit Verdünner besprenkelten Stofflappen abwischen und dann neue Lasur auf die nun freie Stelle aufreiben.

Ein an den Rändern entlanglaufendes ›Band‹ in einer dunkleren Farbe gibt dieser Oberfläche einen hübschen Rahmen.

Firnis: Da die verdünnte Lasur leicht abgerieben oder abgewaschen werden kann, muß man sie mit einem Firnis schützen. Bevor man eine Firnisschicht aufträgt, läßt man die aufgeriebene Farbe ein oder zwei Tage lang trocknen. Man verwendet für diese Oberflächen einen matten, farblosen Firnis. Der Firnis glänzt, solange er naß ist, und man kann gut kontrollieren, ob man auch alles gestrichen hat. Man trägt den Firnislack mit einem breiten, weichen Pinsel auf. Ist man nach der Firnisschicht mit der endgültigen Farbe nicht zufrieden, kann man eine zweite Lasurschicht auf den Firnis aufreiben oder, wenn man die Farbe nur ein wenig modifizieren will, den Firnislack sanft abtönen.

Gestupfte Lasuroberflächen

Stupfen ist eine Technik, die von Generationen von Dekorateuren verwendet wurde, um Farben weicher wirken zu lassen und um Pinselspuren auf bemalten Wänden und Holzwerk zu beseitigen. Dabei geht man mit einem großen, feinen Stupfpinsel schnell und dicht über eine frisch bemalte Fläche, um die Farbe möglichst gleichmäßig zu verteilen. Eine gestupfte Oberfläche kann mit einem Stupfpinsel, einem weichen Stoffbausch oder einer Malerrolle erzielt werden, indem man diese Werkzeuge fest auf die noch nasse, dünn mit Lasur bestrichene Oberfläche preßt und wieder abhebt. Dabei bleibt Lasur an den Werkzeugen kleben, und die Untergrundfarbe wird wieder sichtbar. Gestupfte Wände sind ein schmeichelhafter und unaufdringlicher Hintergrund für jede Art der Möblierung, und sie passen zu jedem Raum.

Stupfen mit Pinsel und Stoffbausch: Pinselgestupfte Lasuren sind die delikatesten und gleichmäßigsten Oberflächen, zart wie die Haut eines Pfirsichs. Aber es ist eine langsame und ermüdende Arbeit, und ich denke, daß man sie am besten für kleine Flächen, Holzwerk oder Möbel reserviert. Stupfpinsel sind außerdem recht teuer, aber einfache Staubpinsel bieten einen recht guten Ersatz. Stupfen mit weichen Stoffbäuschchen ergibt Oberflächen, die Stoffwickeloberflächen ähnlich sehen, aber dichter und gleichförmiger sind (siehe Seiten 38–41).

Folgende Doppelseite: Gestupfte Farben ergeben eine weiche, gleichmäßige Oberflächentextur, die diesem eleganten Interieur Wärme und Lebendigkeit verleiht. Die sanft graublau strukturierten Wände sind ein perfekter Hintergrund für den bemalten Fußboden und die Möbel. Stupft man noch eine zweite, zu gleichen Teilen mit Terpentinersatz verdünnte Öllasur auf und überstreicht diese mit einem halbmatten oder glänzenden Firnis, so wirkt die endgültige Wandoberfläche noch eleganter.

Stupfen mit der Malerrolle: Das Stupfen mit einer Malerrolle geht viel schneller als die Arbeit mit einem Pinsel oder einem Stoffbausch. Man muß allerdings sorgfältiger arbeiten, um Rutschspuren zu vermeiden und um eine gleichmäßige Oberflächenstruktur zu erhalten. Mit einer weichen, flauschigen Rolle erzielt man ähnliche Oberflächen wie mit einem Stupfpinsel; mit einer rauhen, groben Kunststoffrolle, die schwieriger zu kontrollieren ist, wird die Oberfläche körniger.

Farben

Im allgemeinen stupft man transparente Farben auf einen weißen oder hellen Untergrund. Die durchschimmernde Untergrundfarbe läßt die Lasur weicher erscheinen und hellt sie gleichzeitig auf; so wirkt ein dunkles Purpurrot auf Weiß wie ein dunkles Rosé und ein Kaffeebraun über einem Cremeton wie Milchkaffe usw. Pastellfarben bilden einen besonders hübschen Untergrund für Schablonenmuster.

In den 30er Jahren entstand eine interessante Variante dieser Technik; man legte eine opake, meist weiße oder cremefarbige Farbschicht über eine strahlende und glänzende scharlachrote, smaragdgrüne oder kobaltblaue Untergrundfarbe. Solch eine Oberfläche mit ihren kleinen, leuchtenden Farbflecken, die aus einer matten, opaken Lasur hervorstrahlen, sieht zauberhaft aus, aber man erreicht diesen Effekt nur mit einem Stupfpinsel.

Deshalb sollte man eine solche Oberfläche am besten nur bei Möbeln planen, obwohl sie auch dazu geeignet ist, eine glänzende Wand, an der man sich müde gesehen hat, neu zu gestalten. Ein weiterer Trick der 30er Jahre war, verschiedenfarbige Wandflächen mit der Stupftechnik langsam ineinander übergehen zu lassen und sie so miteinander zu verschmelzen, so daß sanft wolkige Pastell-Effekte entstanden, die damals in den Schminkräumen und Damentoiletten der großen Hotels, in Kinos und in Bars so beliebt waren. Bei einer insgesamt mit dem Pinsel gestupften Oberfläche gehen die einzelnen Farben sanft und ohne Ansatzlinien ineinander über.

Vorbereitung

Die Wandoberfläche sollte ziemlich fehlerfrei und glatt sein, obwohl Unebenheiten und Risse bei dieser Art des Endanstrichs nicht so auffallen wie bei einer gezogenen Lasur. Es ist jedoch wichtig, eine unporöse Untergrundfarbe zu benutzen, damit die gestupfte Farbe gleichmäßig und effektiv aufgetragen werden kann. Eine Schicht halbmatter Ölfarbe auf einer Schicht Vorstrichfarbe bietet die richtige Grundlage.

Entscheidet man sich für die gröbere Stupftechnik mit der Kunststoffmalerrolle, kann man auch Emulsions- oder Latexfarbe als Untergrund verwenden. Das Ergebnis wird allerdings ein wenig fleckiger sein, da eine Farbe auf Wasserbasis Lasur unterschiedlich aufsaugt.

Arbeitsmaterial für gestupfte Lasuroberflächen

Öllasur: Transparente Öllasur oder eine Lasur aus verdünnter Farbe auf Ölbasis – matt oder halbmatt – verwendet man für die gestupfte Farbschicht, je nachdem ob die Oberfläche matt oder glänzend sein soll (siehe Seiten 224–227). Eineinhalb Liter Farbe sollten für einen kleinen bis mittelgroßen Raum ausreichen. Um eine Emulsionsfarbe aufzustupfen, verwendet man am besten einen Naturschwamm, der eine hübsche, leicht unregelmäßige Musterung erzeugt.

Zum Eintönen der Öllasur verwendet man Abtönpaste oder Künstler-Ölfarben (Informationen über das Verdünnen und Tönen von Lasuren siehe Seiten 225–226). Es ist zu beachten, daß Lasuren, die aus verdünnter, mit Ölfarben getönter Farbe bestehen, eine etwas andere Wirkung haben als Lasuren aus einer transparenten, getönten Ölfarbe. Sie wirken, da sie wie die meisten Farben Weißpigmente enthalten, weicher, stumpfer und weniger leuchtend.

Werkzeug: Die Wahl des Werkzeugs hängt von der Art der Oberfläche ab, für die Sie sich entschieden haben. Stupfpinsel gibt es in unterschiedlichen Größen, wobei der größte am zeitsparendsten ist, wenn man eine Wand bemalen will. Eine Malerrolle sollte aus Lammwolle, Mohair (oder einem ähnlichen synthetischen Material) oder aus hartem Kunststoff sein, aber auf keinen Fall aus glattem Schaumstoff. Rollen sind oft so preiswert, daß es sinnvoll ist, gleich mehrere Ersatzrollen zu kaufen, um sich während der Arbeit das Säubern der Rolle zu ersparen. Das Stupfen mit Stoffbäuschchen bietet viele Experimentiermöglichkeiten. Verschiedene Stofftexturen ergeben unterschiedliche Effekte – so erhält man mit Musselin, Gaze oder mit alten Bettüchern eine weiche Oberfläche und mit Jute, Rupfen und anderen groben Leinenstoffen ein etwas gröberes Muster. Es ist wichtig darauf zu achten, daß man von der gewählten Stoffart genügend Vorrat hat, da die Stoffbäusche durch die Farbe hart werden und dann nicht mehr zu gebrauchen sind und ein Wechsel der Stoffart mitten in der Arbeit eine sichtbare Veränderung der Wandoberfläche ergibt. Einige Maler verwenden auch zusammengeknülltes, weiches Papier. Probieren Sie die unterschiedlichen Effekte aus, bevor Sie sich für einen entscheiden.

Zusätzliches Arbeitsmaterial: Terpentinersatz zum Verdünnen; ein Farbtopf, ein Eimer oder eine große, flache Dose für die Lasur; eine Stehleiter und viele saubere Stofflappen.

Arbeitsmethode

Stupfen mit Pinsel oder Stoffbausch: Bei dieser Technik kommt man zu zweit unzweifelhaft besser voran als allein. Nachdem man die Lasur zusammengemischt hat, trägt ein Teammitglied sie in vertikalen Linien dünn und gleichmäßig auf, und das andere Teammitglied beginnt mit der Stupfarbeit, während die Farbe noch naß ist. Dabei sollte der Druck des Stupfpinsels gleich- und regelmäßig sein. Da diese Art der Stupftechnik recht zeitaufwendig ist, kann eine effiziente Zusammenarbeit sehr hilfreich sein – so beginnt einer, die obere Hälfte der Wand zu stupfen, während der andere den unteren Teil der Wand lasiert. Damit die Wand hinterher professionell aussieht, müssen die Farbkanten bei der Arbeit stets feucht sein. Stupfen mit Stoffbäuschchen ist weniger ermüdend als mit einem Pinsel, erfordert aber denselben schnellen und entschlossenen stetigen Druck.

Entfernen Sie regelmäßig die überschüssige Farbe vom Pinsel, indem Sie ihn auf Papier oder auf Stofflappen abstreifen, damit er nicht mehr Farbe aufträgt als er abnimmt. Aus demselben Grund müssen die Stoffbäusche hin und wieder ausgetauscht werden. Einzelne Unregelmäßigkeiten, die man beim Zurücktreten von der Wand entdeckt, kann man korrigieren, nachdem man einen Streifen fertiggestellt hat. Allzu helle Stellen dunkelt man nach, indem man mit einem sauberen Pinsel oder Stoffbausch ein wenig Lasur nachtupft. Aber seien Sie vorsichtig – Farben werden schneller dicht als man denkt. Zuviel Lasurfarbe kann man entweder mit einem trockenen Pinsel oder Stoffbausch abtupfen oder bei allzu hartnäckigen Fällen mit ein wenig Terpentinersatz auf Pinsel oder Stoffbausch aufhellen.

Stupfen mit der Malerrolle: Das ist eine ganz andere Art der Arbeit. Es nimmt weniger Zeit in Anspruch, die Farbe mit der Rolle abzunehmen als sie aufzutragen. Fahren Sie mit der Rolle mit stets gleichbleibendem Druck vertikal hin und her, bis die Oberfläche eine gleichmäßige Struktur hat. Seien Sie vorsichtig, daß die Rolle auf der nassen Farbe nicht rutscht, weil dann Streifen entstehen, die hinterher retuschiert werden müssen. Reinigen Sie die Rolle häufig, damit sie nicht zuviel Farbe saugt, indem Sie sie kräftig über Makulaturpapier rollen. Es ist schwierig am oberen oder unteren Ende der Wand mit der Rolle sauber anzusetzen; an diesen Stellen kann sich, ebenso wie am Holzwerk und an der Decke, Farbe ansammeln. Man sollte genügend saubere Stofflappen bereithalten, um Schmierstellen abzuwischen, Farbansammlungen tupft man mit einem mit Terpentinersatz befeuchteten Lappen ab. Am Ende der Arbeit reinigt man die Rollen, indem man sie zuerst auf Makulaturpapier und dann in Terpentinersatz hin und her rollt – die nassen Rollen werden dann mit der Hand ausgedrückt und noch einmal über sauberes Papier gerollt.

Firnis: Wenn die Wände öfter abgewaschen werden sollen, muß man sie mit einem klaren, matten Kunststoffirnis versiegeln (auf jeden Fall dann, wenn man eine Wasserlasur verarbeitet hat). Matter Firnis trocknet ziemlich stumpf und läßt die Farben ein wenig nachdunkeln, und er ergibt eine viel härtere, abwaschbare Oberfläche.

Stoffwickeloberflächen

Mit Stoffwickeltechniken erhält man eine elegant fließende, sanft gescheckte Wandoberfläche.

Ein zusammengerolltes Stück Stoff oder Chamoisleder wird in die nasse Lasur getaucht und dann mit unterschiedlichem Druck in wechselnden Richtungen über die Wand gerollt. Hin und wieder arrangiert man den Stoff- oder Lederlappen neu und erhält so eine angenehm zurückhaltende, aber lebendige Oberflächenstruktur.

Bei einer Variante dieser Technik wird Stoff oder Leder zu einer Rolle geformt und in einer Richtung über die nasse Lasur gerollt. Die Rollbewegung muß dabei sorgfältig sein, da sich mehr oder weniger vertikale, parallele oder gleich weit voneinander entfernte Streifen ergeben sollen. Professionelle Dekorateure markieren sich die Richtlinien oft mit Kreide oder Bleistift.

Formt man Stofflappen zu einem lockeren Strang, den man dann wie eine 8 zusammenlegt, erhält man eine interessant gemusterte Oberfläche, die den kühnen Maseroberflächen amerikanischer Landhausmöbel des 18. Jahrhunderts sehr ähnlich ist.

Farben

Da die Stoffwickeltechnik relativ intensive und auffällige Muster ergibt, halte ich sanftere Farbtöne für die geeignetsten. Die ›interessanteren‹ Pastelltöne wie zum Beispiel Blaugrün, ein leicht bräunliches Rosa oder ein sanft graues Violett wirken sehr attraktiv auf einem leicht ›schmutzigen‹ Weiß – einem Weiß also, das durch ein wenig Umbra Natur einen grüngelben Hauch hat oder mit ein wenig Ocker und Siena Natur zart cremefarben schimmert. Zwei übereinanderliegende Farbschichten wirken bezaubernd, wenn sie eine ähnliche Intensität oder den gleichen Tonwert haben. Eine der schönsten Stoffwickeloberflächen, die ich jemals gesehen habe, bestand aus einem warmen, grünlichen Blau, über das ein transparentes, mit Gebrannter Siena gemischtes verblichenes Ziegelrot gerollt worden war. Ganz

Rechts: Die Besitzerin dieses Raumes übermalte die frostig weißen Wände, einer momentanen Eingebung folgend, mit Stoffwickeltechnik in Himmelblau. Keine andere Oberfläche könnte eine delikatere Atmosphäre verbreiten und gleichzeitig so zauberhaft zu dem Blaugrün des bemalten Stuhls passen.

anders wirkt eine pergamentfarbene Lasur auf einem glatten, weißen Untergrund – vornehm, diskret und kostbar –, wie kühler, weißer Marmor.

Vorbereitung Wie bei fast allen besonderen Wandanstrichen ist als Untergrund für die Lasur eine seidenmatte Ölfarbe zu bevorzugen. Wenn man Emulsions- oder Latexfarbe für den Grundanstrich verwendet, sollte man ebenfalls eine halbmatte Farbe wählen, da es bei absorbierenden Farben schwieriger ist, feuchte Farbkanten zu behalten.

Oben: Abheben der Öllasur mit einem Stoffwickellappen.

Rechts: Hier wird die Lasur mit dem Stoffwickellappen auf die Wand aufgerollt. Da diese Technik so schnell geht, ist sie besonders für rasch trocknende Wasserlasuren geeignet.

Entscheidet man sich für eine Lasur aus verdünnter Emulsionsfarbe, sollte man einen matten oder halbmatten Emulsionsuntergrund auftragen. Achten Sie darauf, daß der Grundanstrich trocken und sauber ist.

Arbeitsmaterial für Stoffwickeloberflächen

Öl- und Wasserlasuren: Mit einer transparenten Öllasur erhält man sehr klare Muster; verdünnte halbmatte, matte oder stumpfe Ölfarbe oder eine Lasur aus verdünnter Emulsions- oder Latexfarbe ergibt gedämpftere Effekte (Informationen über verschiedene Farbarten siehe Seiten 212–215). Wie üblich reicht auch hier etwa ein halber Liter Farbe oder Lasur für einen kleinen Raum aus.

Verdünnen Sie die Öllasur oder die Ölfarbe mit Terpentinersatz. Falls die Farbe zu dünn ist, mischen Sie etwas Trockenmittel unter. Zum Einfärben dieser Lasuren verwendet man Abtönpaste oder Künstler-Ölfarben. Emulsionsfarben verdünnt man mit Wasser und tönt sie mit Künstler-Gouache oder Acrylfarben. Verdünnen und mischen Sie die Lasuren in einer Malschale, einem Farbtopf oder einem Eimer, wie es auf den Seiten 225–226 beschrieben ist. Probieren Sie die Stoffrolle und die Farben vorher auf einem Karton, auf Papier oder an einer Wandecke aus, um herauszufinden, welcher Effekt Ihnen gefällt.

Stofflappen und Pinsel: Sie brauchen einen weichen, breiten Pinsel, um die Lasur aufzutragen, und einen großen Vorrat an Stofflappen oder ein Chamoisleder, um die Lasur abzurollen. Sie können alle möglichen Stoffarten verwenden (alte Bettlaken, Gaze, Mull, Leinenstoffe, Jute oder sogar Sackleinen), aber sie müssen alle gründlich gewaschen und fusselfrei sein. Natürlich muß man bei einer Stoffart bleiben. Man kann den Stoff und das Leder trocken oder (bei einer Öllasur), um eine reichere Struktur zu erhalten, in Terpentinersatz ausgewrungen benutzen.

Arbeitsmethode

Zuerst malt man mit dem großen, weichen Pinsel die Lasur auf eine ziemlich große Wandfläche auf. Transparente Öllasur muß man sorgfältig glätten, um Pinselmarkierungen verschwinden zu lassen. Die Öllasur nach dem Rezept auf Seite 225 ist leichter zu glätten als gewöhnliche Öllasuren, aber sie braucht eine viel längere Zeit, um zu trocknen. Es gibt zwei Möglichkeiten, Muster mit dem Stoff zu erzeugen. Entweder man nimmt den zusammengeknüllten Stofflappen in die Hand und tupft und preßt ihn mit lockerer Hand in die nasse Lasurschicht, oder aber man formt den Stoff zu einem kompakten aber lockeren Bündel und rollt dieses mit beiden Händen in verschiedene Richtungen über die nasse Lasur. Das Ergebnis soll eine aus variierenden Mustern zusammengesetzte, relativ gleichmäßige Gesamtstruktur sein. Von Zeit zu Zeit muß man den Stofflappen, wenn er von zuviel Lasur steif geworden ist, gegen einen neuen austauschen. Benutzt man einen Lederlappen für die Öllasur, sollte man ihn hin und wieder in Terpentinersatz auswaschen. Wenn die Öllasur während der Arbeit an den Kanten eintrocknet, kann man sie mit einem in Terpentin getränkten Lappen wieder aufweichen. Eine Wasserlasur trocknet so schnell, daß man am besten zu zweit arbeitet. Malen Sie immer nur ein kleines Stück Wand mit der Lasur an, und lassen Sie die Farbe zum Rand hin dünner werden, damit Farbüberlappungen nicht so auffallen. Beginnt die Wasserlasur zu trocknen, bevor sie mit dem Stofflappen bearbeitet wird, befeuchtet man die trockene Fläche mit einem Schwamm. Allzu harte Muster kann man mit ein wenig Scheuerpulver auf einem feuchten Tuch korrigieren.

Firnis: Zum Schutz der Oberfläche kann man einen klaren, matten Kunstharzlack verwenden.

Folgende Doppelseite: Farben mit einem Schwamm auf die Wand aufzutragen, ist die schnellste und einfachste Methode der Oberflächengestaltung. In dem abgebildeten Raum eines jungen Künstlers wurden drei ähnliche Farben verarbeitet, die an den Kanten sanft ineinander übergehen. Das Wandgemälde ist die mit schnell trocknenden Acrylfarben gemalte Kopie einer Museumspostkarte.

Gewolkte Lasuroberflächen

Gewolkte Lasuroberflächen werden mit einem Schwamm gemacht. Das Ergebnis ist eine hübsche, dekorative Struktur, die je nach Beschaffenheit des Schwamms, der Art, wie man ihn benutzt, und der Wahl der Farben viele verschiedene Variationsmöglichkeiten bietet.

Farben mit dem Schwamm auf- oder abtragen: Die üblichste Art, eine gewolkte Oberfläche zu erhalten, ist anders als die meisten hier beschriebenen dekorativen Endanstriche, da man die Lasur mit dem Schwamm aufstupft. Natürlich kann man die Farbe auch wie gewohnt mit dem Schwamm von der Wand abnehmen. Ein mit Verdünnungsmittel ausgewrungener Schwamm ermöglicht eine sehr regelmäßige, ziemlich körnige Struktur, die wie die Oberfläche eines dicht texturierten Steins oder einer noppigen Wolle aussieht.

Zweifarbig gewolkte Lasuroberflächen: Eine Marmorstruktur ist schnell und einfach zu erzielen, wenn man zwei verschiedenfarbige Lasuren mit dem Schwamm über einen hellen Untergrund stupft.

Als Untergrundfarbe eignet sich eine helle, seidenmatte oder matte Ölfarbe oder eine Emulsions- oder Latexfarbe – hierbei wirken die Lasurfarben sanfter und weniger strahlend. Die Stupffarben werden mit den geeigneten Lösungsmitteln verdünnt, bis sie transparent sind.

Arbeitsmaterial für gewolkte Lasuroberflächen

Öl- und Wasserlasuren: Den schimmerndsten Marmoreffekt erhält man mit einer aufgestupften, getönten, transparenten Öllasur. Man kann aber auch eine Lasur aus verdünnter, halbmatter oder matter Ölfarbe verwenden (siehe Seiten 225–227). Trägt man eine mit Wasser verdünnte Emulsions- oder Latexlasur auf einen matten Emulsionsgrund auf, wirken die Farben matter und weniger durchscheinend als bei einer Öllasur.

Wichtig ist, daß der Grundanstrich sauber und fettfrei ist – ein ganz neuer Emulsionsanstrich ergibt die besten Resultate.

Das Abstupfen der Lasur mit einem Schwamm ist bei einer Ölfarbe einfacher als bei einer Wasserlasur, da diese wahrscheinlich zu schnell trocknet.

Für einen kleinen Raum sollte ein Liter Lasur – gleich welcher Art – ausreichen (Verdünnen und Tönen von Lasuren, siehe Seiten 224–229).

Je nach Art der Lasur kann man sie mit Abtönpaste, Künstler-Ölfarben, Gouache-Farben und Acrylfarben eintönen. Wenn nötig, verdünnt man Öllasuren oder Ölfarben mit Terpentinersatz; ist die Farbe zu dünn, kann man etwas Trockenmittel untermischen.

Schwämme: Für gewolkte Oberflächen ist ein Naturschwamm unerläßlich – vielleicht kann ein alter Badeschwamm hier noch gute Dienste tun. Wenn Ihnen ein Naturschwamm zu teuer ist, können Sie auch einen Bausch aus weichem Musselin- oder Mullstoff verwenden, den man austauschen muß, wenn er durch zuviel Farbe hart geworden ist. Zelluloseschwämme ergeben hartkantige, identische Muster, die nicht so hübsch ineinander übergehen. Man kann sie jedoch für die Abstupftechnik verwenden, wenn man eine regelmäßige Struktur erzielen möchte.

Zusätzliches Arbeitsmaterial: Ein Eimer oder ein Farbtopf zum Anmischen der Lasur; ein großes, flaches Gefäß als Palette; eine Stehleiter; viele Stofflappen und Makulaturpapier zum Saubermachen.

Arbeitsmethode

Abstupfen mit dem Schwamm: Für eine einfache, regelmäßige und einfarbig gewolkte Oberfläche trägt man die verdünnte Lasur wie gewohnt auf einen Wandabschnitt auf und drückt dann den trockenen oder mit Terpentinersatz getränkten und ausgewrungenen Schwamm gleichmäßig auf die nasse Oberfläche. Das Ergebnis sollte eine regelmäßige Struktur sein; nehmen Sie sich deshalb die Zeit, dickere Farbstellen noch einmal zu bearbeiten, sie also noch einmal abzustupfen, damit die Lasur überall gleichmäßig verteilt ist. Hin und wieder muß man den Schwamm, wenn er zuviel Farbe aufgesaugt hat, mit Terpentinersatz auswaschen.

Oben: Stupfen Sie den lasurgetränkten Schwamm mit leicht klopfenden Bewegungen auf die Wandfläche.

Rechts: Möchte man eine leicht marmorierte Oberfläche erhalten, läßt man die erste Lasurschicht trocknen und stupft dann eine zweite Farbschicht auf.

Aufstupfen mit dem Schwamm: Für eine mit zwei Lasuren gemachte marmorierte Oberfläche verwendet man am besten sanftfarbene, transparente Lasuren und stupft den Schwamm nur leicht auf die Wand. Man nimmt die Farbe mit dem Schwamm aus einem flachen Behälter und probiert sie erst auf einem Stück Papier aus. Dicke, nasse Farbflecken bedeuten, daß der Schwamm zuviel Farbe aufgesaugt hat. Stupfen Sie den Schwamm so lange auf das Blatt Papier, bis sich eine lockere, wolkige Struktur zeigt. Drücken Sie ihn dann mit einer leicht ›hackenden‹ Handbewegung gegen die Oberfläche der Wand; man sollte die Schwammflecken nicht zu dicht setzen, so daß noch etwa zwei Fünftel der Untergrundfarbe sichtbar bleiben. Wenn die erste Lasurschicht ziemlich trocken ist, kann man die zweite Farbe auftragen. Dabei füllt man die noch freien Stellen aus und läßt dabei die neue Lasur die alte hin und wieder überlappen. Für einen Marmoreffekt darf die Struktur nicht zu regelmäßig und einförmig sein. Verändern Sie ab und zu die Stellung des Schwammes, und reinigen Sie ihn wenn nötig mit einem trockenen Lappen oder durch Auswaschen in Verdünner – Sie müssen ihn dabei aber gut auswringen, damit die nächste Farbe nicht zu sehr verdünnt wird.

Firnis: Lassen Sie die Lasur 24 Stunden trocknen, und tragen Sie dann eine halbmatte oder glänzende Firnisschicht (drei Teile Firnis zu einem Teil Terpentinersatz) oder – wenn Sie eine matte Oberfläche bevorzugen – einen matten, unverdünnten Firnis auf.

Lockere Pinsellasuroberflächen

Wasser-, Öllasuren und Untergründe

Lockere Pinsellasuren ergeben eine weiche, fein gescheckte Wandoberfläche, die gut zu Räumen mit einem ländlichen Touch und zu hellen, unprätentiösen Kiefernmöbeln, Baumwollstoffen und Strohteppichen paßt. Ein dunkles Nordzimmer wird durch eine aprikosenfarbene oder durch eine bräunlich-rosafarbene Pinsellasur sonniger und freundlicher, während eine bleiche indigoblaue Lasur einen hellen, sonnigen Raum in einen kühlen Platz verwandelt.

Das beste Material für diese besonders hübsche Oberfläche war die altmodische Leimfarbe. Man konnte sie mit Wasser reichlich verdünnen, sie war billig und ergab eine weich strukturierte Oberfläche ohne Streifen und harte Kanten. Heute ist diese Farbe nicht einfach zu erhalten, deshalb finden Sie hier ein Rezept für selbstgemachte Leimfarbe.

Selbstgemachte Leimfarbe: Man braucht als erstes Schlämmkreide, die man in Baugeschäften, Eisenwarenläden und Künstlerbedarfsgeschäften abgewogen kaufen kann. Drei Kilogramm reichen für einen kleinen Raum aus. Eine weitere Zutat ist Knochenleim, den man nach Packungsvorschrift in heißem Wasser auflöst und dann abkühlen läßt, bis er gallertartig ist. Danach wärmt man ihn in einem Wasserbad wieder auf. Wenn er warm und flüssig ist, kann man ihn benutzen. Außerdem benötigt man kaltes Wasser, einen Eimer, Farbpigmente, einen mittelgroßen Löffel und einen größeren Eimer mit heißem Wasser.

Füllen Sie den kleineren Eimer bis zur Hälfte mit Wasser und schütten Sie soviel Schlämmkreide hinein, bis sich über der Wasseroberfläche ein etwa zehn Zentimeter großer Berg bildet. Lassen Sie die Kreide ein oder zwei Stunden weichen, rühren Sie sie dann um. Als nächstes löst man die Farbpigmente in ein wenig kaltem Wasser auf, so daß man eine konzentrierte Farblösung erhält, und gibt diese

Links: Eine transparente blaue Pinsellasur verleiht diesem Londoner Raum eine leicht ländliche Atmosphäre, die durch die Fensterläden aus Kiefer, das weiß bemalte Holzwerk, die Blumen und die Lockenten noch betont wird.

vorsichtig löffelweise in den noch ungeleimten Kreidebrei, bis man die gewünschte Farbe erzielt. Rühren Sie lange und gründlich um, bis sich die Farbe gleichmäßig verteilt hat. Schütten Sie nun den warmen Leim in den gefärbten Kreidebrei, und vermischen Sie beides sorgfältig. Die Leimfarbe sollte nun ähnlich dickflüssig sein wie gewöhnliche Farbe. Wenn sie zu fest wird, weil der Leim abkühlt, stellt man den Eimer mit der Leimfarbe in den größeren Eimer mit warmem Wasser.

Rühren Sie nicht mehr Leimfarbe an, als Sie mit einem Mal verarbeiten können – Leimfarbe hält sich nicht länger als zwei Tage. Für den Untergrundanstrich verwendet man unverdünnte Leimfarbe; für eine Oberflächenlasur verdünnt man die Farbe, bis sie die Konsistenz von Milch erreicht.

Alternativen zur Leimfarbe: Andere, einfacher zu erhaltende Farben ergeben eine ähnliche Wirkung, und es lohnt sich, mit ihnen herumzuexperimentieren. Professionelle Dekorateure verwenden auch Lasuren aus reichlich verdünnten, matten Ölfarben über einem Untergrund aus halbmatter Ölfarbe. Sie erreichen eine ähnliche Farbtransparenz wie Leimfarben, trocknen matt auf und können ohne harte Kanten und Pinselspuren gestrichen werden.

Eine weitere Möglichkeit sind Lasuren aus stark verdünnter Emulsions- oder Latexfarbe, die über einen sauberen, matten Emulsionsgrund gestrichen werden. Dabei entstehen sichtbare Pinselstriche und viel Oberflächenstruktur.

Eine dritte, bei einigen Dekorateuren sehr beliebte Möglichkeit ist eine Lasur aus reiner Farbe und Wasser, der man nur ein klein wenig Emulsionsfarbe beimischt,

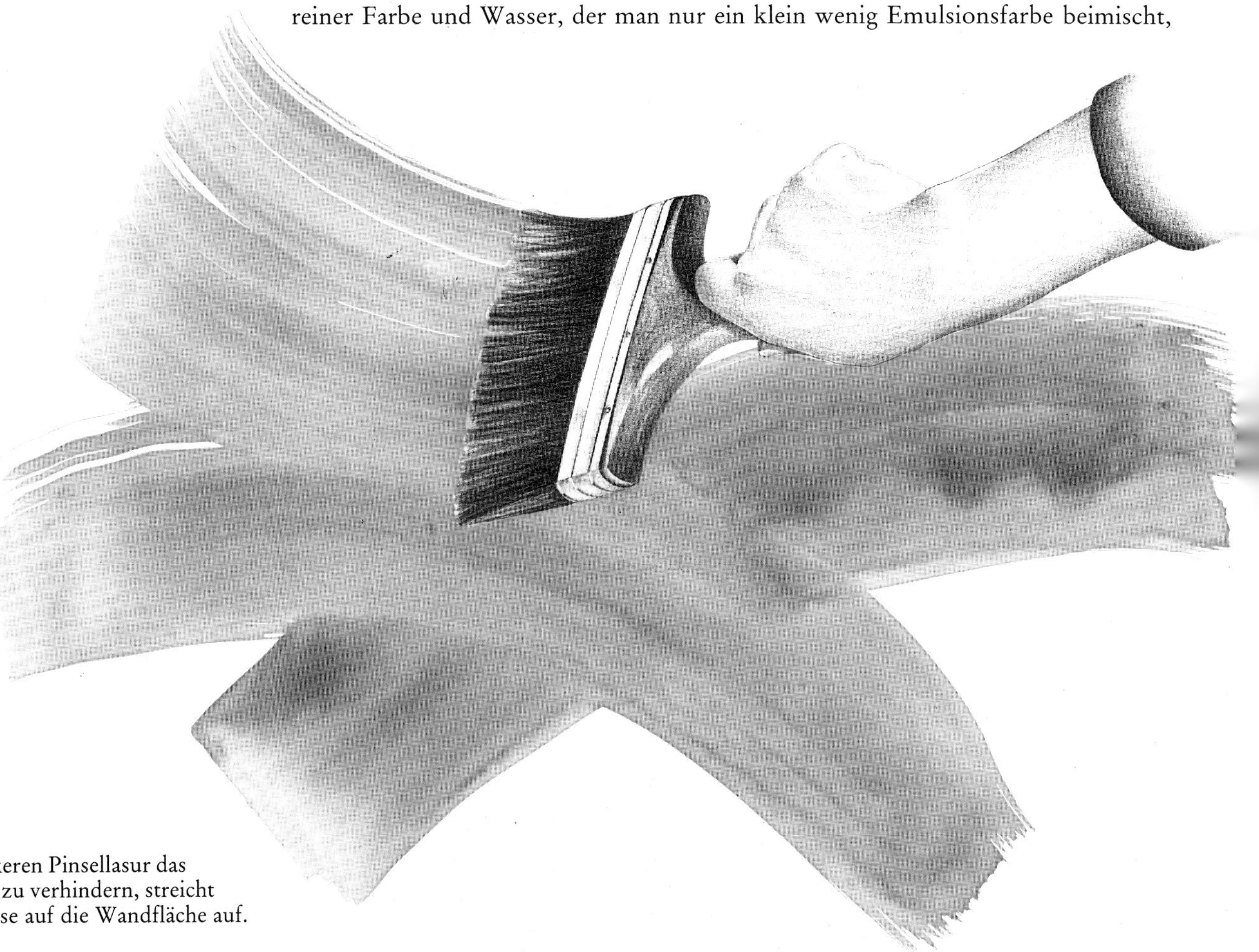

Um bei einer lockeren Pinsellasur das Laufen der Farbe zu verhindern, streicht man sie kreuzweise auf die Wandfläche auf.

um sie etwas fester zu machen. Mit dieser Lasur erhält man hochtransparente Farben und eine üppige Textur (siehe das Foto auf den Seiten 18–19). Farben strahlen besonders intensiv, wenn zunehmend sattere Farbtöne übereinander gelegt werden – so zum Beispiel, wenn man von hellem zu dunklem Rot wechselt. Jede Farbschicht sollte gut durchtrocknen, bevor man eine neue aufträgt, und diese muß schnell aufgestrichen werden, um die darunterliegende Schicht nicht aufzulösen.

Arbeitsmaterial für lockere Pinsellasuroberflächen

Farben: Man muß die für diese Oberflächen verwendeten Öl- oder Wasserlasuren viel stärker verdünnen, als es für die anderen Oberflächenanstriche in diesem Buch nötig ist – etwa neun Teile Wasser oder Verdünner zu einem Teil Farbe. Der übliche halbe Liter sollte also wenigstens für zwei Pinsellasuren in einem kleinen Raum ausreichen (siehe Seiten 212–215 für Informationen über verschiedene Farbarten und Seiten 224–229 für Informationen über das Mischen, Verdünnen und Tönen von Lasuren).

Wie üblich verdünnt man Ölfarben mit Terpentinersatz und tönt sie mit Abtönpaste oder Künstler-Ölfarben; Emulsions- und Latexfarben verdünnt man mit Wasser und tönt sie mit Farbstoffen, Künstler-Gouache- oder Acrylfarben. Dekorateure bevorzugen Gouache-Farben wegen ihrer Intensität.

Zusätzliches Arbeitsmaterial: Sie benötigen, je nachdem wie viele Personen streichen, einen oder zwei Eimer für die Farblasur; 100 bis 125 mm breite, weiche Pinsel; eine Stehleiter, saubere Lappen oder Papier, um den Boden aufzuwischen.

Arbeitsmethode

Die Art des Auftrages ist bei jeder Farbsorte die gleiche. Tauchen Sie den Pinsel in die Lasurfarbe, und streichen Sie sie mit lockerem, unregelmäßigem Pinselstrich in verschiedene Richtungen auf, ohne dabei harte Kanten oder deutliche Pinselspuren zu erhalten. Dabei sollte ein nicht geringer Teil der Untergrundfarbe sichtbar bleiben. Wenn diese erste Lasurschicht ziemlich trocken ist, wiederholt man den Vorgang; dabei streicht man mit dem Pinsel über die freien Stellen und auch hin und wieder über die erste Lasurschicht. So entsteht eine interessante, sich verändernde Farbdichte und -intensität und eine schön gescheckte Oberfläche.

Jede verdünnte Farbe trocknet sehr schnell; aber es ist am besten, wenn man jede Lasurschicht eine Nacht lang trocknen läßt, bevor man eine neue aufträgt, da es sonst vorkommen kann, daß man mehr Farbe wieder abnimmt als man aufstreicht. Sollte das passieren, kann man die leeren Stellen mit einem Schwamm und etwas Lasur retuschieren.

Seien Sie nicht beunruhigt, wenn die wässerige Lasur etwas überreichlich davonläuft. Es kann sein, daß man sie beharrlich mit einem weichen Pinsel verstreichen muß, bis sie an der Wand haftet. Bedecken Sie den Boden reichlich mit Papier oder Plastikplanen, um ihn vor Farbspritzern zu schützen, und bereiten Sie sich darauf vor, daß die erste Lasurschicht chaotisch aussehen wird. Aber schon die nächste Lasur bewirkt Wunder – die Farben werden plötzlich lebendig, und die Wände bilden eine unnachahmlich schöne Einheit, die nur Wasserfarben hervorzaubern können.

Firnis: Eine lockere Pinsellasur sollte möglichst matt, ein wenig alt und nicht geleckt aussehen. Muß man die Wände allerdings hin und wieder abwaschen, sollte man sie mit einem klaren, matten Kunstharzfirnis überstreichen, der den ursprünglichen Eindruck kaum verändert.

Folgende Doppelseite: Rot ist die inspirierendste Farbe, doch muß man sorgfältig mit ihr umgehen – eine derart intensive Farbe würde, einfach nur aufgestrichen, zu grell wirken. In diesem Raum wurden die weißen Wände zuerst mit einer rotgetönten Lasur in Stoffwickeltechnik überarbeitet. Dann folgte eine ziemlich gleichmäßige Sprenkelschicht mit einer gebrochenen weißen Farbe und einer leichteren aus Schwarz (siehe Detailabbildung). Zum Schluß wurde die gesamte Wandfläche mit zwei rot getönten Firnisschichten lackiert.

Lackoberflächen

Lackoberflächen haben ganz im Gegensatz zu einer lockeren Pinsellasuroberfläche eine ungeheure Farbentiefe und einen reichen Oberflächenglanz. Damit meine ich nicht die Art von lackierten Oberflächen, die man mit einfachen Lack- oder Emaillefarben erhält. Diese wirken im Vergleich zu kompliziert und raffiniert geschichteten Farben – matte Farbe, Lasur, Firnis – einfach nur dick und leblos. Lackoberflächen sind ein anspruchsvoller Hintergrund, der nicht zu schäbigen Möbeln und ungünstig geschnittenen Räumen paßt. Lackierte Wände erfordern einen perfekten Raum – guten Wandputz, schön geformten Deckenstuck, sorgfältig bemaltes Holzwerk, elegante Möbel, alte Teppiche.

Eine Ausnahme zu dieser Regel kann ein Raum sein, dessen Wände so wirken, als seien sie vor langer Zeit lackiert worden, mit einem dunklen Untergrundton wie zum Beispiel Karminrot, Scharlachrot, Olivgrün, Tiefblau oder Kastanienbraun, der mit ein wenig diskreter, goldener Schablonenmalerei aufgehellt ist. Überzogen ist diese Wandfläche dann mit einem halbmatten, mehr schimmernden als glänzenden Firnis.

Es gibt drei verschiedene Möglichkeiten, schöne Lackoberflächen zu erhalten. Die erste ist – wenn es Ihnen nur darum geht, daß die Wandoberfläche glänzt –, über die gewählte Untergrundfarbe ein oder zwei Schichten klaren Firnislack aufzutragen (halbmatter Firnis für schimmernde Oberflächen und Hochglanz-Firnis für eine spiegelnde, hochglänzende Wandoberfläche). Die zweite Möglichkeit ist ähnlich, aber die Wand wird farbenreicher: Man trägt einen in der Farbe des Untergrundes getönten Firnis auf. Bei der dritten Möglichkeit übermalt man die Untergrundfarbe mit einer getönten Lasur und trägt dann die Firnisschicht auf. Streicht man eine Reihe verschieden getönter Lasuren auf, erhält man eine wunderbare Farbentiefe.

Vorbereitung

Lackoberflächen erfordern perfekt vorbereitete Wände. Wählen Sie eine Untergrundfarbe, die unter einem klaren Schlußfirnis, nachfolgenden Lasuren oder getönten Firnisschichten schön bleibt. Wenn die Grundfarbe trocken ist, schmirgelt man sie vorsichtig ab, um sie von Staubpartikeln zu reinigen; aber wirklich nur ganz leicht, damit keine Farbe abgeschliffen wird. Danach staubt man die Wand ab und wischt mit einem Reinigungslappen nach (siehe Seite 25). Wie bei jedem Firnisauftrag muß der Raum völlig sauber sein, damit sich kein Staub auf der klebrigen, feuchten Lackfarbe absetzen kann. Entfernen Sie deshalb Vorhänge und Teppiche, bedecken Sie die Möbel mit Papier oder Plastikplanen, und staubsaugen Sie den ganzen Raum. Halten Sie Fenster und Türen geschlossen.

Arbeitsmaterial für Lackoberflächen

Für einen kleinen, etwa drei mal vier Meter großen Raum benötigt man für eine Firnisschicht – die im Verhältnis drei Teile Firnis zu einem Teil Terpentinersatz verdünnt wird – einen Liter klaren, halbmatten oder glänzenden Kunstharzlack.

Für eine Öllasur braucht man für denselben Raum einen halben Liter halbmatte Ölfarbe oder dieselbe Menge transparente Öllasur. Noch besser ist, man verwendet die auf Seite 225 beschriebene selbstgemachte Ölfarbe (sie ist bereits verdünnt, also wird man etwa die doppelte Menge brauchen). Diese Lasur ergibt eine wunderbar glänzende, transparente Oberfläche, die keinen weiteren Firnis benötigt, was bei gekauften Ölfarben oft nicht der Fall ist. Allerdings braucht diese Lasur wegen des Leinöls oft Tage um zu trocknen. Zum Abtönen dieser Lasur verwendet man Abtönpaste oder Künstler-Ölfarben (weitere Informationen über Farben und das Mischen und Tönen von Lasuren siehe Seiten 212–229).

Zusätzliches Arbeitsmaterial: Man sollte besonders gute, 75 oder 100 mm breite Pinsel verwenden, die man nur zum Firnisstreichen benutzt (siehe Seite 231) – Reste alter Farbe oder Schmutz verderben die Firnislackierung; Terpentinersatz; feines Sandpapier; eine Stehleiter; Malschale, Farbtopf oder Eimer für die verdünnte Lasur und viele saubere Stofflappen.

Arbeitsmethode

Getönter Firnis: Um Firnislack zu tönen, löst man zuerst einen Tropfen Abtönpaste oder Künstler-Ölfarbe in ein wenig Terpentinersatz auf und mischt dies dann mit einer Tasse Firnis. Man verrührt diese Mischung sorgfältig mit einem Stock oder Löffel und rührt dann den Rest des Firnislacks unter und verdünnt das Ganze wie oben angegeben. Probieren Sie die Farbe an einem Stück Wand aus. Man sollte den Firnislack mit dem vollen Pinsel so gleichmäßig wie nur möglich auftragen; aber glätten Sie die Farbe nicht wie Lasuren oder andere Farben, da Kunstharzfarben schnell trocknen und leicht Pinselspuren zurückbleiben können. Vermeiden Sie es auch, zweimal mit Farbe über dieselbe Stelle zu streichen, da dadurch beim Trocknen dunklere Flecken entstehen können. Auch wenn Firnislack im allgemeinen schnell trocknet, sollte man ihn doch länger als auf der Gebrauchsanleitung angegeben trocknen lassen, wenn man in einem unbeheizten Raum arbeitet. Am besten läßt sich Kunstharzlack in einem warmen (etwa 21 Grad) Raum verarbeiten, da die Farbe bei dieser Temperatur gut fließt und schnell trocknet. Wenn man sorgfältig streicht, kann eine Schicht ausreichen; aber eine zweite Schicht verleiht der Farbe Tiefe und einen schöneren Glanz. Lassen Sie die erste Firnisschicht einige Tage lang trocknen, bevor Sie die zweite auftragen.

Öllasur: Tragen Sie die Öllasur mit einem großen, weichen Pinsel so glatt und gleichmäßig wie möglich auf die Wand auf. Glätten Sie die Farbe gut, um Pinselspuren zu vermeiden. Lassen Sie diese Farbschicht wenigstens 24 Stunden trocknen. Überstreichen Sie dann die Fläche mit einem makellos sauberen Pinsel mit einem verdünnten, halbmatten oder glänzenden Firnislack (siehe oben).

Antiklack

Eine Antiklack-Oberfläche sollte die Patina alter japanischer Farbtöne anstreben. Man erzielt diese Wirkung, wenn man eine Antiklasur verwendet (siehe Seite 207), die man über oder unter Schablonenmalereien legt. Man kann auch ein wenig antik wirkende Farben in den Schlußfirnis mischen. Probieren Sie die Wirkung von Gebrannter Umbra und Umbra Natur auf einer unauffälligen Wandstelle aus – Umbra Natur wirkt sehr schön mit Grün- und Blautönen, während Gebrannte Umbra besser zu roten Farbtönen paßt. Ein wenig beigemischtes Schwarz läßt die Oberfläche noch antiker wirken. Ich bin der Meinung, daß ein halbmatter Firnis eine schönere und weichere Textur erzeugt als glänzender Firnis.

Schablonenmalerei: Wie man Schablonenmuster mit Metallpulvern malt, finden Sie auf Seite 65. Das Schablonenmotiv können einfache Tudorrosen sein, die in einem auseinandergezogenen diagonalen Raster immer sehr attraktiv aussehen (siehe Seite 125). Oder übernehmen Sie die kunstvollen Chinoiserie-Figuren, die man auf Gegenständen im japanischen Stil des 18. Jahrhunderts bewundern kann. Sie können ein Blumenmotiv mit einem typischen alten Mann, der sinnend auf einer gebogenen Brücke steht oder aus einem Sampan heraus angelt, miteinander abwechseln; dabei kann man die Schablonen beidseitig benutzen, um die Motive leicht zu variieren. Eine andere Möglichkeit ist ein einfaches, an den Kanten verlaufendes Goldmuster.

PRINTED
TEXTILES

Dekorative Malerei

Schablonenmalerei

Die neuerliche Wiederbelebung der alten Technik der Schablonenmalerei, um Wände, Fußböden und Möbel mit Farben und Mustern zu verschönern, ist seit langer Zeit die erfreulichste Initiative in der Innendekoration. Schablonenmalerei ist eine Kunst für jedermann – billig, vielseitig und einfach und vergnüglich zu machen. In unserem Zeitalter des stereotypen und vorgefertigten Geschmacks ist ein mit Schablonenmustern geschmückter Raum ein seltener und erfrischender Beweis von Individualität.

Ganz nach eigenem Geschmack kann man sich neue Schablonenmuster ausdenken, passende Motive aus anderen Bereichen verarbeiten oder auf traditionelle Schablonenmuster zurückgreifen. Diese haben den Vorteil, das sie schon erprobt wurden und man seine kreative Energie darauf verwenden kann, neue Kombinationen und Farben zusammenzustellen. Man kann fertige Schablonen für viel Geld kaufen; aber eigene Schablonen, ob es nun Originale oder Kopien sind, lassen sich leicht herstellen, und das bereitet viel mehr Vergnügen und Befriedigung.

Schablonen und Farbe

Wenn Sie herausfinden wollen, wie ein spezieller Farbeffekt wirkt – es sei denn, Sie wählen eine traditionell festgelegte Vorlage oder Sie sind ein wahrer Farbenmeister – probieren Sie ihn am besten auf einer kleinen Modellfläche aus. Man kann das mit Buntstiften auf einer maßstabgerechten Zeichnung des Raums oder noch besser gleich an Ort und Stelle testen. Schneiden Sie die unterschiedlichen Schablonendrucke aus, kleben Sie diese mit Tesaband an die Wand, und probieren Sie so lange, bis Sie die richtigen Positionen und Farben gefunden haben. Wenn Sie sich noch nicht sicher sind, wie die Hintergrundfarbe sein soll, bemalen Sie ein großes Stück Papier mit der anvisierten Farbe, und benutzen Sie dies als Hintergrund für die Schablonendrucke. Beim Kombinieren von Farben ergeben sich oft seltsame Effekte, die man in einem verkleinerten Maßstab nicht bemerkt. Verwendet man zum Beispiel Farbtöne von ähnlicher Intensität, die auf einer Schwarzweiß-Fotografie gleich aussähen, kann es vorkommen, daß sie sich gegenseitig optisch auslöschen. Eine solche Kombination kann funktionieren oder auch nicht – man muß es vorher ausprobieren.

Wenn man sich für traditionelle Muster entscheidet, lohnt es sich stets, die originale Farbkombination genau zu studieren, da die Erfinder dieser Muster ihre Wirkung aus einem großen Fundus praktischer Erfahrung heraus entwickelt haben. So ist es bei einigen frühen amerikanischen Farbkombinationen unmöglich, sie noch zu verbessern. Sie bestehen meistens aus warmen Erdfarben wie Ocker, Venetianischrot und Grün mit ein wenig Schwarz über einem Untergrund aus bleichen, ausgewaschenen Grundfarben wie hellen Rot-, Grau- oder Indigoblautönen.

Allzu raffinierte Farben wirken bei naiven Mustern falsch, obwohl eine Umkehrung des Farbeffektes sehr gut funktionieren kann: blasse Schablonenmuster auf einem leuchtend bunten Untergrund. Blaue, graue oder cremefarbene Muster wirken auf einem sanften, matten Rot sehr hübsch.

Links: Das strahlende Orange der mit Pinsellasur bemalten Wände und die Schablonenmuster verleihen diesem Wohnzimmer eine besondere Lebhaftigkeit. Trotz der Vielfalt der Farben und Muster auf Kissen, Bildern, Decken und den verschiedenen Objekten ergibt sich ein harmonischer Farbklang.

Schablonenmalerei und Architektur

Die Vielseitigkeit der Schablonenmalerei ermöglicht, jede reizvolle, architektonische Besonderheit eines Raums noch zu betonen und zu verstärken. Mit der richtigen Schablone kann man ungewöhnlich geformte Wände, schräge Decken, Dachfenster und attraktive Alkoven unauffällig hervorheben. Man kann aber auch einen langweilig geschnittenen Raum optisch so strukturieren, daß er bessere Proportionen erhält. Wirkt ein Raum für seine Größe zu hoch, läßt eine Schablonenmusterreihe in Decken- und Scheuerleistenhöhe ihn niedriger erscheinen. Ist die Decke viel zu hoch, hilft es, die erste Reihe von Schablonenmustern in der Höhe der Bilderrahmen zu malen. Dabei sollte man die obere Wandfläche in der gleichen Farbe wie die Decke streichen, damit Decke und Wände ineinander übergehen. Aber auch ein Schablonenmusterfries auf der oberen Wandfläche läßt den Raum weniger hoch wirken. Hat man das entgegengesetzte Problem – ein Raum, der für seine Größe zu niedrig ist oder ein Flur mit zu vielen, leeren Wänden –, helfen klare, vertikale Muster oder regelmäßige Paneelflächen. Schrekken Sie nicht vor kräftigen Farben und starken Mustern zurück. Ich bedauere, daß heutige Schablonenmalerei oft zu ängstlich wirkt, um architektonische Wirkung zu haben. Hübsche, kleine Blumenränder sehen in einem großen Raum verloren aus. Man sollte sich genau ansehen, wie kunstvoll die alten Schablonenmaler ihre Entwürfe im Hinblick auf den ganzen Raum ausbalanciert haben, und sich daran ein Beispiel nehmen.

Arbeitsmaterialien für die Schablone

Man kann zwar recht gute Schablonen mit einem Schneidemesser aus jeder dünnen Pappe schneiden, aber wenn man mit der Zeit ein wenig Ehrgeiz entwickelt hat, wird es sicher notwendig, gutes Werkzeug und Material zu kaufen, um besser und schneller arbeiten zu können. Die Grundausstattung besteht aus einem Filzstift, mehreren Bögen Acetatfolie oder Schablonenkarton, einer glatten Schneideunterlage und einem scharfen Schneidemesser oder einem Skalpell.

Zeichenstift: Schwarze Filzstifte ergeben auf fast allen Oberflächen klare, saubere Linien. Für Acetatfolien verwendet man entweder einen Rapidographen oder einen speziellen Filzstift.

Schablonenmaterial: Eine Schablone muß stabil und wasserfest sein. Man hat früher dazu alle möglichen Materialien verwendet, wie zum Beispiel Leder, Bleifolie, dünne Zink- oder Kupferplatten oder geölte oder gewachste Papiere. Aber fast alle diese Materialien sind heute von der durchsichtigen Acetatfolie verdrängt worden, weil man mit ihr Muster ganz einfach, ohne Pauspapier zu benutzen, übertragen kann. Das ist besonders bei aus zwei oder drei verschiedenfarbigen Teilen zusammengesetzten Motiven hilfreich. Schablonenkarton ist billiger und gut für kleine, komplizierte Schablonen, da er nicht wie Acetatfolie in engeren Kurven splittert. Auch für sehr große Schablonen ist er besser, da Acetat sich leicht zusammenrollt. Achten Sie darauf, daß Sie etwas dickere Acetatfolie verwenden, da Ölfarben dünne Folien wellen.

Acetatfolien und Schablonenkarton erhält man in Künstlerbedarfsgeschäften. Acetatfolie ist teuer, läßt sich aber problemlos reinigen und ist viel länger haltbar als Karton; daran sollte man denken, wenn man eine Schablonensammlung plant.

Schneideunterlage: Sperrholz und Hartfaserplatten sind ein guter Untergrund, um darauf zu schneiden. Noch besser ist eine dicke Glasscheibe, deren Kanten man zur Sicherheit mit Klebeband einfaßt.

Arbeitsmaterial für Schablonenmalerei

Messer: Sowohl Schablonenkarton als auch Acetat schneidet man mit einem Schneidemesser. Für kniffligere Formen benutzt man am besten ein Skalpell oder ein Künstlermesser (in jedem Fall an Ersatzklingen denken).

Pinsel: Der traditionelle Stupfpinsel hat ein dickes Bündel steifer Borsten, die am unteren Ende gerade abgeschnitten sind. Mit ihm erhält man das weitaus beste Ergebnis, da die ›klopfende‹ Bewegung, mit der man die Farbe aufstupft, einen ganz leichten, aber wahrnehmbaren Tüpfeleffekt erzeugt. Diese Struktur kann man leicht variieren, um so die handgemachte Wirkung, die das besonders Hübsche an der Schablonenmalerei ist, zu betonen. Wenn man Farbe mit dem Pinsel aufstupft, ist das Risiko, daß Farbe unter die Schablone läuft, relativ gering. Aber diese Stupftechnik ist eine Arme und Schultern strapazierende Arbeit, besonders wenn man große Flächen bemalt. Für solche Arbeiten verwendet man besser einen normalen Malerpinsel oder einen großen Künstlerpinsel. In manchen Fällen kann man auch mit einem Schwamm, einem Stoffbausch oder sogar mit einer Malerrolle arbeiten, wenn die Schablonenmuster nicht allzu diffizil sind.

Farbe: Die Farbe muß vor allen Dingen schnell trocknen. Dies ist besonders bei mehrfarbigen Motiven wichtig, bei denen man eine neue Farbe eine halbe Stunde später als die erste aufmalen möchte.

Verwenden Sie für solche Schablonenmuster Plaka-Farben, die minutenschnell trocknen und die man am besten mit ein wenig mattem Firnis vermischt, um sie elastischer zu machen. Es gibt zwar nicht allzu viele Farbtöne, aber diese Farbe deckt gut und ist deshalb auch praktisch für große Fußböden.

Auch Künstler-Acrylfarben trocknen sehr schnell, und es gibt sie in ausgezeichneten Tönen. Man kann sie deckend oder transparent verarbeiten, indem man sie mit Wasser oder Acrylmalmittel verdünnt, oder ihnen eine etwas dichtere Konsistenz geben oder sie etwas strecken, indem man ein wenig Emulsionsfarbe beimischt. Auch Plakat-Tempera ist eine gute Schablonenfarbe.

Möchte man harte, matte und opake Farben, verwendet man eine matte Ölfarbe oder Vorstrichfarbe, die man mit Abtönpaste oder Künstler-Ölfarben eintönt. Die Farbe kann mit Terpentinersatz verdünnt werden. Man kann aber auch matte Emulsions- oder Latexfarben, die mit Acrylfarben abgetönt werden, benutzen.

Frühe, amerikanische Schablonenmaler mischten sich oft eine Farbe aus Farbpigmenten und Buttermilch. Ich habe diese legendäre Mixtur ausprobiert: Sie ergibt eine geschmeidige Farbe, die sich gut verarbeiten läßt. Mischen Sie einfach Farbpigmente in selbstgemachte oder gekaufte Buttermilch. Keine Sorge, die Farbe verwandelt sich auf der Wand nicht in Käse. Aber man sollte diese Farben mit einer Firnisschicht schützen.

Farbsprays, die man für Lackreparaturen an Autos benutzt, gibt es in vielen Farbtönen, und sie sparen viel Zeit und Mühe. Sie lassen sich am besten bei großen, nicht allzu detaillierten Motiven verwenden. Fixieren Sie die Schablone fest auf der Wand – Sprayfarben haben die üble Angewohnheit, unter die Schablonen zu kriechen –, und kleben Sie die umliegenden Wandflächen sorgfältig ab. Schütteln Sie die Dose gründlich, halten Sie sie in der empfohlenen Distanz zur Wand, und sprühen Sie mit gleichmäßigem Druck.

Nachteile der Sprayfarben: Sie sind teuer, und die Muster sehen etwas dünn und wolkig aus. Eine auf starker Zellulose-Verdünnung basierende Sprayfarbe (die für Autolackarbeiten verwendet wird) kann eine Ölfarbe anlösen; schützen Sie also die Grundfarbe vor dem Sprühen mit einer Sperrfarbschicht oder mit einer Schicht

Schellack, oder probieren Sie die Wirkung der Farben miteinander auf einer kleinen Testfläche aus.

Die Farbkonsistenz sollte für Schablonenmalerei – gleichgültig, welche Farbe Sie verarbeiten – cremig und nicht wässerig sein. Allzu dünne Farbe läuft leicht unter die Schablone und hinterläßt Schmierspuren. Man trägt immer nur sehr wenig Farbe mit dem Pinsel auf; deshalb sollten die Farben intensiv genug sein, um auch schon in einer dünnen Schicht gut sichtbar zu werden. Liegen die Schablonenmuster nicht zu dicht beieinander, sollte eine Untertasse Farbe für einen mittelgroßen Raum ausreichen.

Weiteres Arbeitsmaterial: Farbverdünner; Stofflappen oder Papier zum Säubern; Untertassen und Marmeladengläser für die angemischten Farben; Klebeband; Stehleiter. Wenn nötig: Schlagschnur; Kreide; Reißschiene; Lineal.

Das Zeichnen der Schablonen

Als erstes überträgt man das ausgesuchte Muster auf das Schablonenmaterial, bei Schablonenkarton mit Kohlepapier. Legen Sie das Kohlepapier zwischen die Vorlage und den Schablonenkarton und durchstechen Sie die Umrisse des Musters mit einer Nadel. Klare Acetatfolie legt man einfach auf die Vorlage und zeichnet die Umrisse mit einem haftenden Filzstift oder einem Rapidographen nach. Fixieren Sie die Vorlage mit Klebeband, damit sie beim Zeichnen nicht verrutscht.

Die meisten Schablonenmuster sind in der Vorlage recht klein, so daß man sie oft vergrößern muß. Man kann Muster vergrößern (oder verkleinern) indem man sie in ein regelmäßiges Raster einpaßt. Vergrößert man dieses Raster nun auf das gewünschte Maß, kann man Raster für Raster eine sehr genau vergrößerte Reproduktion des Originals erhalten. Bei einer Verkleinerung gilt derselbe Vorgang in umgekehrter Weise. Allerdings ist es noch einfacher, sich eine fotografische Vergrößerung herstellen zu lassen. Entsprechende Firmen finden Sie im Branchenbuch unter ›Fotolabors‹.

Mehrfarbige Schablonen: Für einen mehrfarbigen Schablonendruck benötigt man im allgemeinen eine eigene Schablone für jede Farbe. Für den Druck ist es wichtig, die einzelnen Schablonen richtig und genau zu plazieren, da man sie ja nacheinander verwendet. Bei Acetatfolie ist das ziemlich einfach: Da sie durchsichtig ist, zeichnet man die Hauptlinien der anderen Farbschablonen auf und kann sie somit beim Ausmalen der Schablone mit den anderen Mustern in Deckung bringen.

Wenn man undurchsichtigen Schablonenkarton verwendet, zeichnet man die verschiedenen Farbfelder je auf einen Karton, schneidet sie aus und legt dann die Kartons so aufeinander, daß die einzelnen Teile des gesamten Musters genau zusammenpassen. Dann schneidet man die Kanten der Kartons mit einem scharfen Messer auf genau dieselbe Größe und schlägt mit einer Punze an den Außenrändern durch alle Kartons gleichzeitig Löcher. Durch diese Löcher kann man nun kleine Bleistiftpunkte auf die Wand zeichnen, die als Markierungspunkte für alle Schablonen dienen. Eine andere Möglichkeit ist, Markierungskerben in die Ränder der Kartons zu schneiden.

Das Ausschneiden der Schablonen

Befestigen Sie den Karton oder die Acetatfolie mit Klebeband auf einer flachen, glatten Schnittunterlage. Lassen Sie für die Stabilität wenigstens einen 25 mm breiten Rand um das eigentliche Muster stehen. Schneiden Sie nun mit einem scharfen Schneidemesser oder Skalpell entlang der eingezeichneten Linien. Schneiden Sie mit gleichbleibendem Druck und so flüssig wie möglich auf sich zu, und

Das mit Schablonenmustern geschmückte Schlafzimmer im American Museum in England ist ein bezauberndes Beispiel für den Einrichtungsstil New Englands vor 100 Jahren. Die Schablonenmuster (links) sind auf Nut- und Federbretter gemalt, nicht – wie sonst so oft – auf Putz. Daraus mag sich die Musteranordnung in einfache senkrechte Streifen erklären, die sich von den kunstvolleren und häufig architektonischen Mustern unterscheidet, die man sonst in Räumen aus dieser Zeit findet.

drehen Sie, wenn Sie an eine Kurve kommen, besser das Schneidebrett als das Messer. Alle unsauberen Schnittstellen sollten sorgfältig nachgeschnitten und bei Schablonenkarton mit einem feinen Sandpapier leicht geschmirgelt werden.

Wenn Sie eine Schablone für ein fortlaufendes Muster ausschneiden, müssen Sie darauf achten, daß die Schablone mit dem Anfang eines Musterblocks beginnt und mit einem anderen endet, damit kein Bruch im Muster entsteht.

Das Ausschneiden der Schablonen ist eine zeitaufwendige Angelegenheit, und es lohnt sich, sie hinterher sorgfältig aufzubewahren. Schreiben Sie den Namen des Musters und die Reihenfolge, in der man es verwendet, deutlich auf die Schablonenrückseite, und verwahren Sie die einzelnen Schablonenmotive in einem Umschlag möglichst flach liegend auf.

Vorbereitung

Untergrundoberfläche und -farbe: Der Untergrund sollte glatt, trocken und mit der gewählten Grundfarbe bemalt sein. Dafür kann man jede Farbe benutzen, Ölfarbenanstriche sind strapazierfähiger als Emulsions- oder Latexanstriche, die wiederum einfacher zu bearbeiten und billiger sind. Eine aufgelockerte, gebrochene Oberfläche läßt Schablonenmalerei hübscher wirken; deshalb kann man die Wände mit einer matten Farbe stupfen, sie mit einem Schwamm wolken oder mit einer lockeren Pinsellasur anstreichen, um einen sanften Kontrast zur Schablonenstruktur zu erhalten.

Unten: Zeichnen Sie Ihr Muster in ein Quadratraster ein, und vergrößern oder verkleinern Sie es auf die gewünschte Größe.

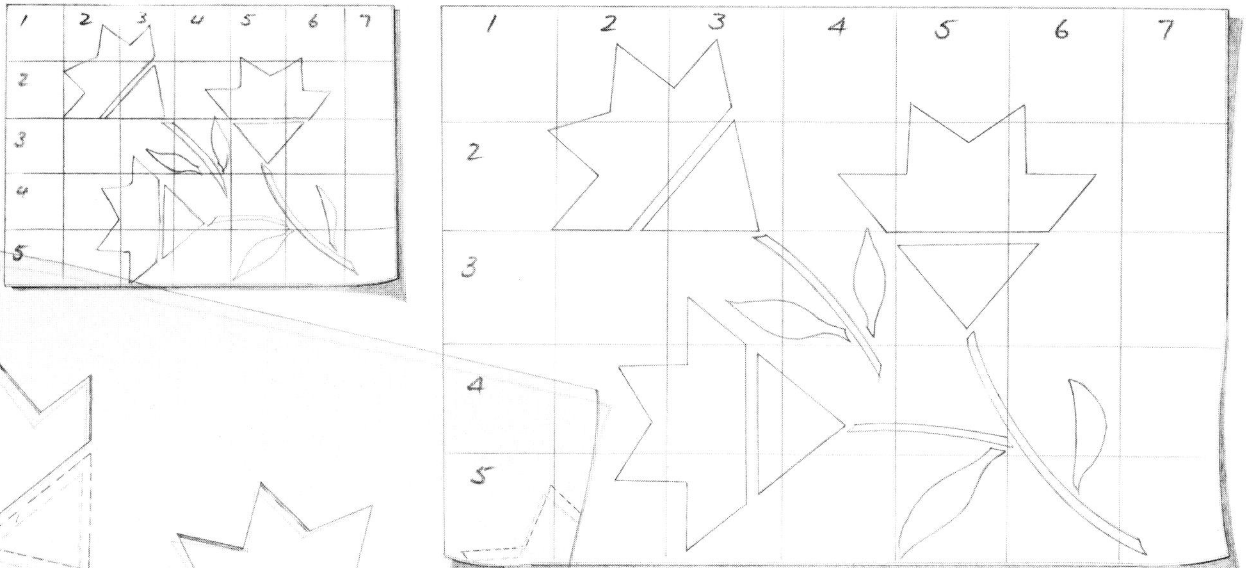

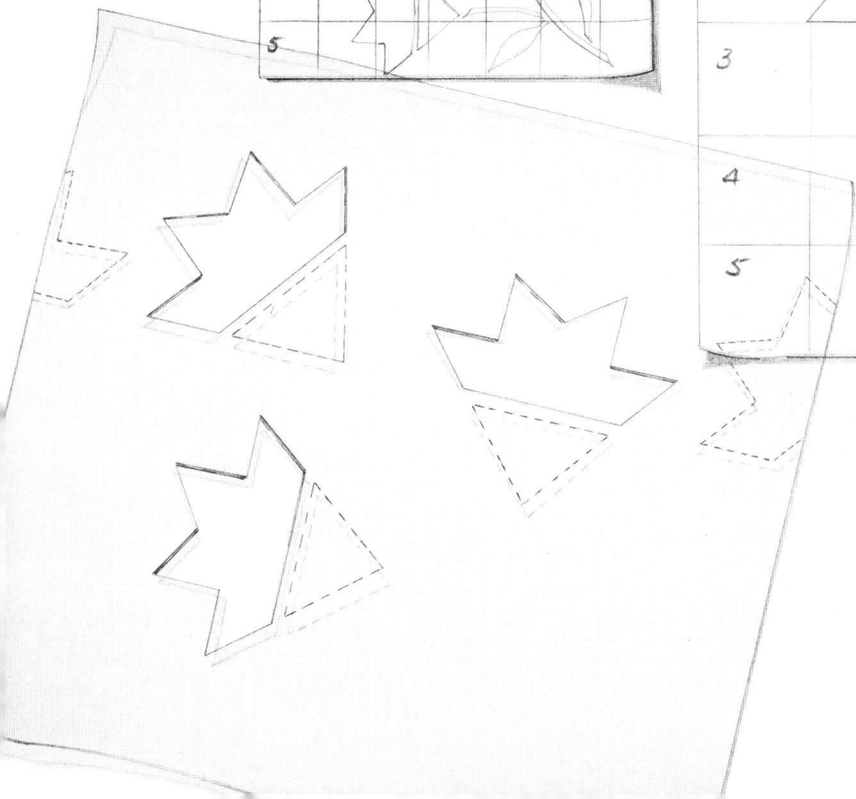

Links: Zeichnen Sie sich für ein mehrfarbiges Motiv Markierungslinien auf jede Schablone, um genaue Deckung zu erhalten.

Rechts: Schneiden Sie zuerst die kleineren, dann die größeren Sektionen aus, so daß die Schablone möglichst lange in sich stabil bleibt. Wenn man mit Schablonenkarton arbeitet, hält man das Messer in einem 45 Grad-Winkel, um eine abgeschrägte Schnittkante zu erhalten. So vermeidet man, daß Farbe unter die Schablone gerät, und erhält eine schärfere Kante.

Rechts: Es ist schwierig, mit einem Messer kreisrunde Löcher zu schneiden. Zu diesem Zweck sollte man ein Sortiment unterschiedlich großer Punzen zur Hand haben. Mit Hilfe eines Hammers erzielt man mit ihnen saubere, runde Löcher. Achten Sie darauf, daß die Schablonenunterlage aus Holz ist – eine Glasscheibe würde zersplittern.

Oben: Beim Entwerfen einer Schablone geben die Stege zwischen den ausgestanzten Teilen der Schablone Stabilität und bilden einen integrierten Teil des Musters.

Links: Verwenden Sie die Markierungslinien als Anhaltspunkte für ein sich wiederholendes Schablonenmuster.

Eine Auswahl der unterschiedlichsten Schablonenmotive – ein klassisch griechisches (unten), ein ›Knotenmuster‹ (rechts) einer Kirchenbodenkachel, ein östlich inspiriertes Granatapfelmuster (S. 63), eine Gänseblümchen-Bordüre aus dem 19. Jahrhundert (links) und ein modernes Blumenmuster – zeigt die vielfältigen Möglichkeiten und Effekte der Schablonenmalerei.

Eine schablonengemusterte Randverzierung ist die schnellste Möglichkeit, einen einfach gestrichenen Raum zu verschönern und ihm optischen Zusammenhalt zu geben.

Das viktorianische Gänseblümchenmotiv ergibt verkleinert eine bezaubernde Musterkante. Vergrößert könnte man es als breite senkrechte Streifen auf einer gebrochenen Wandoberfläche verwenden.

Das dreifarbige, strengere griechische Motiv wirkt als klare Einfassung lackierter Wände am besten. Ein vielfach vergrößertes Granatapfel-Motiv ergäbe ein bezauberndes Schmuckbild auf einer flachen Tür; man könnte dieses Motiv in der hier abgebildeten Größe auch als ein sich auf der ganzen Wand regelmäßiges wiederholendes Muster verwenden. Das ›Knotenmuster‹ wirkt besonders hübsch, wenn man es in einer dunklen Farbe auf einen geschliffenen Fußboden aufmalt; ebenso hübsch aber sieht es in einer helleren Farbe auf leuchtend bemalten Hartfaserplatten aus.

Obwohl man im allgemeinen farbige Schablonenmuster auf eine neutrale Untergrundfarbe aufmalt, ergibt die umgekehrte Lösung – neutralfarbige Schablonenmuster auf einem leuchtenden Untergrund – überraschend interessante Ergebnisse. Verwenden Sie für das Anmischen der Farben am besten alte weiße Untertassen.

Schablonen zu entwerfen und herzustellen, ist eine zeitaufwendige Angelegenheit; nicht nur deshalb ist es eine Herausforderung, herauszufinden, was alles mit ihnen möglich ist.

Plazieren der Schablonen: Im allgemeinen reichen ein paar kleine Kreppbandstreifen an beiden Seiten der Schablone aus, um sie stabil genug an der Wand zu befestigen (fester haftendes Klebeband kann die Untergrundfarbe mit abziehen).

Sich regelmäßig wiederholende Muster sollten in ein vorher mit Kreide aufgezeichnetes Raster eingepaßt werden (siehe Seiten 128–129). Für stark formale Gittermuster sind genaue vertikale und horizontale Markierungen sehr wichtig. Vertikale Linien zieht man mit einer mit Kreide gefärbten Schlagschnur oder mit einer Reißschiene und einem Lineal. Horizontale Linien mißt man vom Boden aus und markiert sie mit der Reißschiene und einem Lineal und einem Bleistift. Kontrollieren Sie, daß die Linie wirklich horizontal verläuft, denn manche Böden sind schräg und manche Wände krumm. Ecken sind oft problematisch, da die wenigsten Wände genau die richtigen Maße haben, um ein Muster exakt in der Ecke enden zu lassen. Oft muß man also die Schablone rund biegen und das Raster von diesem Punkt aus neu zeichnen.

Das Auftragen der Farbe

Das Auftragen der Farbe ist selbst für einen alten Hasen ein aufregender Moment. Tupfen Sie die Borstenspitzen des Stupfpinsels leicht in die vorbereitete Farbe, und klopfen Sie dann den Pinsel wie einen Stempel auf ein sauberes Blatt Papier, um die Farbe im Pinsel gleichmäßig zu verteilen und überschüssige Farbe zu entfernen. Farben und Textur der Schablonenmuster werden, wenn man nur sehr wenig Farbe verwendet, sehr delikat, und die Gefahr, daß Farbe unter die Schablone kriecht, ist geringer.

Halten Sie den Pinsel fest in der Hand, und tragen Sie die Farbe mit einer gleichmäßig klopfenden Bewegung durch die freien Stellen in der Schablone auf. Arbeiten Sie von außen nach innen, bis die gesamte Fläche gleichmäßig mit Farbe gefüllt ist. Lassen Sie die Farbe einige Sekunden antrocknen bevor Sie die Klebestreifen lösen und die Schablone abnehmen und weiterrücken.

Bei mehrfarbigen Schablonenmustern malt man zuerst alle dafür vorgesehenen Stellen mit einer Farbe, die man ganz durchtrocknen läßt, bevor man mit der zweiten Schablone in einer anderen Farbe darüber geht. Acrylfarben sind für diesen Zweck sehr günstig, da sie so schnell trocknen, daß man ein ganzes Muster in einem Tag fertig bekommen kann.

Säubern der Schablonen: Damit sich keine Farbrückstände an den Rändern der Schablonen bilden können, muß man sie häufig mit einem Stofflappen oder einem Papiertuch abwischen. Wenn man den Stupfpinsel richtig benutzt, wird er nicht viel Farbe ansammeln, und man muß ihn wahrscheinlich während der Arbeit nicht auswaschen.

Aber auf jeden Fall sollte man ihn nach Beendigung der Arbeit in dem vorgesehenen Reinigungsmittel gut säubern. Schütten Sie alle übriggebliebene Farbe in verschließbare Marmeladengläser. Säubern Sie die Schablonen von beiden Seiten, und lassen Sie sie gut trocknen.

Firnis: Ein Endanstrich mit Firnis ist zwar möglicherweise eine lästige Arbeit, aber er ist eine Notwendigkeit, besonders wenn man leicht abreibbare Farben wie Künstler-Acrylfarbe, Plakat-Tempera, Plaka-Farben oder Buttermilchfarbe verwendet hat. Eine klare, matte Firnisschicht läßt sich leicht auftragen und ermöglicht es, die Wand ab und zu abzuwaschen, ohne daß die Schablonenmalereien dabei Schaden nehmen. Verwenden Sie niemals normalen Firnis über Sprühfarben, sondern stets einen ähnlichen Sprühfirnis.

Besondere Effekte

Verwendet man die Schablonenmalerei zurückhaltend, erhält man ganz andere Wirkungen. So verteilte zum Beispiel ein italienischer Designer matt cremefarbige Gänseblümchenmuster auf einer glänzend weißen Wand. Der Kontrast zwischen dem matten Cremeton und dem strahlenden Weiß wirkte wie die subtil changierende Oberfläche eines Damaststoffes.

Dieser Designer kombiniert auch kleine zartfarbene Schablonenmuster mit dünnen und locker auf die Wand gestrichenen Öllasuren – so können die Wände zum Beispiel mit einem wolkigen, transparenten Blau und Gebrannter Umbra gestrichen sein, und darüber liegen zartgrüne oder blaue Schablonenmuster mit einem Hauch Rot – eine solche Oberfläche wirkt wie eine alte, verblichene Stickerei.

Beim ersten Mal sollten Sie es mit der Schablonenmalerei nicht übertreiben. Es könnte sein, daß Ihnen danach alles wehtut und daß Ihr Enthusiasmus dahinschwindet. Wenn Sie mit der Arbeit fertig sind, spendieren Sie sich einen scharfen Drink. Und seien Sie nicht überrascht, wenn farbige Flecken vor Ihren Augen hin- und hertanzen – das ist kein Alkoholproblem –, es ist der ›Schablonenkater‹.

Schablonenmalerei mit Metallfarben

Goldene und silberne Schablonenmalerei wirkt auf einem dunkel lackierten oder schildpattartigen Untergrund wahrhaft dramatisch und üppig.

Mit goldener Sprayfarbe erhält man saubere Schablonenmuster; man muß aber einen großen Teil der Wand um die Schablone herum abdecken, und Sprayfarben sind teuer. Außerdem kann man nur einen Sprayfirnis verwenden, da man die Muster beim Überstreichen mit einem Pinsel hoffnungslos verschmieren würde.

Das untenstehende Rezept für Goldfarbe wurde von alten Lackierern verwendet. Man kann es für jede Oberfläche benutzen, aber auf einer reich gestalteten Fläche wirkt es am schönsten. Die Farbe trocknet glänzender und klarer als die käuflichen Metallfarben, und sie ist wesentlich billiger. Silbernes Aluminiumpulver ergibt keine solch befriedigenden Farben wie verschiedene Bronzepulver.

Arbeitsmaterial

Metallpulver; Gummi Arabicum; Stupfpinsel; ein Künstler-Pinsel für Glanzpunkte; Untertassen für die Metallpulver; Stofflappen.

Gummi Arabicum und Metallpulver bekommt man in Künstlerbedarfsgeschäften. Metallpulver gibt es in den verschiedensten Farbschattierungen – von einem bleichen, zitronengelben Gold über bronzefarbene Goldtöne bis hin zu Kupfer und Silberfarben. Um eine reichere Wirkung zu erzielen, kombiniert man unterschiedliche Goldtöne mit verschiedenen Schablonen. Mit Gummi Arabicum angemischtes Pulver trocknet in 20 Minuten und kann dann gefahrlos mit einem Pinsel gefirnißt werden.

Arbeitsmethode

Schütten Sie ein wenig Metallpulver auf eine Untertasse – am besten halten Sie dabei die Luft an, damit es Ihnen nicht plötzlich einfach davonstiebt – und geben Sie das Gummi Arabicum hinzu. Gummi Arabicum ist wasserlöslich, deshalb kann man die Mixtur mit ein wenig warmem Wasser verdünnen. Probieren Sie die Farbwirkung auf einem Papier aus.

Man kann diese Metallfarbe entweder stupfen oder streichen – gestupft wirkt die Farbe gedämpfter. Probieren Sie beide Arten aus.

Glanzpunkte und dünne getönte Lasuren können im Nachhinein mit einem Künstler-Pinsel ein- und aufgemalt werden (siehe Vergolden Seite 192–195). Diese

Verwenden Sie Schablonenmuster, um gute architektonische Details zu betonen und schlechte zu verbergen. Probieren Sie unterschiedliche Farbkombinationen auf einem Blatt Papier aus, das Sie an die Wand heften, um herauszufinden, welche am besten wirken.

Oben: Um die häßlichen Proportionen eines kleinen quadratischen Raums ein wenig zu mildern, kann man ein zartes Musterband am Deckenrand aufmalen und einzelne Blattranken auf die Wand hinunterlaufen lassen.

Unten: Diese vorsichtig schattierte Randverzierung aus Blumen und Früchten leitet den Blick die Steintreppe hoch und gibt einem einfachen Treppenhaus einen unverwechselbaren Charme.

Oben: Dieses auf einen gelben Untergrund aufgesprühte orangerote Schablonenmuster mit seinen filigranen Blattformen macht die etwas gewagte Farbkombination mehr als akzeptabel.

Oben rechts: Die starke Diagonale, die durch eine Reihe ansteigend plazierter Drucke entsteht, wird durch eine parallel verlaufende Schablonenmusterverzierung noch betont und nach oben hin durch eine gemalte Zierleiste aufgefangen.

Rechts: Man kann einen Raum niedriger erscheinen lassen, indem man eine Schablonenmusterreihe unterhalb der Decke aufmalt.

Metallfarbe trocknet sehr schnell, und die erste Farbe wird schon trocken sein, bevor Sie die nächste auftragen wollen.

Firnis: Sind die Goldmuster zu hell oder glänzend, kann man sie mit einem getönten Firnis dämpfen. Dazu mischt man dem verdünnten Firnis eine geeignete Erdfarbe bei – Gebrannte Umbra oder Umbra Natur, Gebrannte Siena oder Siena Natur mit ein klein wenig Schwarz – und überstreicht damit die Schablonenmuster. Probieren Sie die verschiedenen Wirkungen mit einem kleinen, weichen Künstler-Pinsel aus. Getönter Firnis läßt die darunterliegenden Farben weniger hart und gleichzeitig kostbarer wirken. Allzu dunkler Firnis aber macht die Farben dumpf. Ein grün- oder karminrot getönter Firnis ergibt zauberhafte Effekte, wie sie bei alten, japanischen Lackoberflächen zu finden sind. Wenn die Goldmuster gemalt sind und der getönte Firnis trocken ist, überzieht man die ganze Wand mit einem klaren, halbmatten oder glänzenden Kunstharzlack, den man mit einem Teil Terpentinersatz zu drei Teilen Firnis verdünnt.

Gummistempelmuster

Wenn man einen der simplen und alltäglichen Gummistempel ohne weitere Überlegungen benutzt, denkt man meist nicht daran, welch überraschende kreative Möglichkeiten sie haben können. Gibt man einem Gummistempel-Hersteller einen Entwurf für ein Muster in der richtigen Größe, kann er die Zeichnung in einen Gummistempel umwandeln. Das ist sogar relativ preiswert. Man kann dann mit schnelltrocknenden Farben oder Tuschen dieses Muster auf Wände oder Möbel stempeln.

Diese Idee ist eine Abwandlung der alten Technik, Stoffe mit geschnitzten Holzmodeln zu bedrucken. Kleine, regelmäßig gedruckte Blumenmotive wirken wie handbemalte indische Baumwollstoffe, besonders, wenn das Motiv am Rand eine dichte Borte bildet. Mit einem geometrischen Motiv wie zum Beispiel einem simplen Achteck kann man einen Art-Déco-Effekt erzielen. Es gibt unzählige Möglichkeiten, aber man darf dabei nicht vergessen, daß Größe und Kompliziertheit des Stempels seinen Preis bestimmen.

Die naive Wirkung kleiner, sich wiederholender Blumenmuster paßt gut zu kleinen Räumen im Landhausstil. Bei diesen Zimmern kann man seinen Augen trauen und die Muster aufstempeln, ohne sie großartig vorher auszumessen und zu plazieren. Kleinere und größere miteinander abwechselnde Muster verstärken noch die handgemachte Wirkung.

In größeren Räumen muß man mit markierten Richtlinien arbeiten, da kleine Fehler auf großen Flächen stärker auffallen.

Arbeitsmaterial für Gummistempelmuster

Gummistempel; eine kleine Glasscheibe mit abgeklebten Rändern; Künstler-Acrylfarben und Acrylmalmittel oder Druckerfarben aus der Tube; eine kleine Linolschnittrolle; Lösungsmittel; Schwamm; Kreide; Schlagschnur; Lineal; Makulaturpapier; Terpentinersatz.

Vorbereitung

Die Wände sollten ziemlich glatt und mit einer matten oder halbmatten Farbe frisch gestrichen sein.

Um ein regelmäßiges Gitterraster zu erhalten, mißt man die Wand aus und markiert die vertikalen Linien mit einer Schlagschnur (wie man diese benutzt siehe Seite 124). Die horizontalen Linien, die sich im rechten Winkel mit den vertikalen

Linien kreuzen, erhält man mit Hilfe eines Winkeldreiecks, einer Reißschiene oder einer Wasserwaage.

Zwei verschieden große Gummistempelmuster sehen am hübschesten aus, wenn man sie staffelt: so zum Beispiel, wenn man ein kleines Muster gleich weit entfernt von zwei größeren stempelt, so daß eine dreieckige Form entsteht.

Arbeitsmethode

Mischen Sie sich die Farbe erst auf einer Untertasse an, bevor sie auf die Glasscheibe kommt. Mischen Sie einen bis eineinhalb Eßlöffel Acrylfarbe mit einem halben Eßlöffel Wasser und einem halben Eßlöffel Acrylmalmittel. Sich eine größere Menge Acrylfarbe anzumischen, ist nicht sinnvoll, da Acrylfarbe auch mit Wasser und Malmittel vermischt nach einer Stunde hart wird. Es gibt zwar spezielle Paletten, die Acrylfarben tagelang feucht und malfähig halten, aber sie sind recht teuer. Es ist billiger und einfacher sich zu notieren, welche Farben man zusammengemischt hat und in welchen Mengen und – wenn nötig – eine frische anzurühren.

Wenn Sie mit dem Farbton zufrieden sind, übertragen Sie ein oder zwei Löffel Farbe auf die Glasscheibe, und rollen Sie sie mit der Linolschnittrolle aus. Pressen Sie den Stempel fest auf die ausgerollte Farbe, und probieren Sie ihn auf einem Blatt Papier aus. Sieht der Druck klar und scharf aus, haben Sie genau die richtige Farbmenge auf dem Stempel. Stempeln Sie nun das Muster wie gewohnt auf die Wand, und erneuern Sie, wenn nötig, die Farbe. Dabei werden sicher einige Drucke sauberer und leuchtender sein als andere. Extrem unscharfe oder fleckige Drucke wischt man vorsichtig mit einem entweder mit Wasser befeuchteten (bei Acrylfarben) oder mit Lösungsmittel getränkten Schwamm (bei Druckerfarbe) ab. Aber im großen und ganzen macht gerade eine gewisse Unregelmäßigkeit den Charme handgemachter Dinge aus.

Um den Gesamteindruck noch zu verschönern, kann man die Kanten der Wand mit einem gemalten Band einfassen, das dieselbe Farbe hat wie die Stempeldrucke. Man kann sie mit der Hand mit einem feinen Künstler-Pinsel konturieren und dann mit einem etwas breiteren Pinsel ausmalen.

In einem Dachzimmer mit schrägen Wänden ist ein Muster reizvoll, das zu einer dichten Frieslinie zusammengesetzt und dann mit einer gezogen Linie vom Rest der Wand abgeteilt wird. Auch die Türen eines Einbauschranks, dicht an dicht gemustert, so daß sie wie eine große farbige Fläche wirken, und die Wände des Zimmers, nur hin und wieder mit demselben Muster gestempelt, ergeben interessante Effekte.

Man sollte eine mit Gummistempeln gemusterte Wand mit ein oder zwei Schichten Firnis schützen.

Anmerkung: Denken Sie nicht, daß ein Gummistempel eine Investition ist, die sich nicht wirklich lohnt. Sie können damit passende Gardinen oder Rouleaus bedrukken, können das Motiv einzeln für einen Lampenschirm verwenden oder mit ihm (wie es sich ja eigentlich für ihn gehört) Ihr Briefpapier verschönern.

Oben: Dieses lebhafte Schablonenmuster malten Vanessa Bell und Duncan Grant in den 30er Jahren in ihrem Haus, Charleston Manor, an die Wand. Es bildet einen schönen Hintergrund für andere, zurückhaltendere Möbel- und Stoffmuster. Ein ganz ähnlicher Effekt ist mit zwei Gummistempeln zu erzielen.

Links: Frische und Charme dieses in Gummistempeltechnik dekorierten Landhaus-Badezimmers liegen in der Einfachheit des Designs. Die Kombination von großen und kleinen Motiven ergibt ein angenehm unaufdringliches Muster. Die etwas zufällige Verteilung der Muster erhöht den handgemachten Eindruck der Wandgestaltung.

Wandmalerei

Mit Wandgemälden voller Phantasie kann sich selbst die schönste Schablonenmalerei nicht messen. Aber es scheint eine tiefverborgene Angst zu existieren, hübsche, saubere Wände zu bemalen und ohne Ausbildung eine solche Arbeit einfach anzugehen. Aber eigentlich ist es gar nicht so schwer. Es gibt viele unausgebildete Menschen, die unbewußt eindringliche und bezaubernde Wandgemälde geschaffen haben. Auch wenn ich die kunstvollen Gartenblicke und Kolonnaden-Fresken berühmter Künstler sehr bewundere, so finde ich sie doch oft nicht eindrucksvoller als Wandgemälde von Laien, die vielleicht technisch nicht so gekonnt gemalt, aber mit viel Engagement entstanden sind.

Wenn Sie eine Vorlage nicht freihändig kopieren können, werden Sie bald herausfinden, daß man eine genaue Vergrößerung ganz einfach und fast mechanisch mit einem Raster erreicht (siehe Seite 60). Hat man die Umrisse erst einmal mit Kreide auf die Wand übertragen, muß man nur noch die Farben kopieren; dabei sollen Ihnen die in diesem Buch gegebenen Ratschläge, wie man Farben mischt und wie man dekorative Effekte durch Stupfen und andere Techniken erhält, helfen.

Motive

Seien Sie bei der Wahl eines Motivs realistisch: Flache, zweidimensionale Formen, die mehr durch Umriß und Farbe als durch Modellierung und Perspektive wirken, sind einfacher zu malen. Sehen Sie sich ägyptische, etruskische, kretische und pompejanische Wandgemälde, alte Wandteppiche, Gemälde von Uccello, Matisse, dem Zöllner Rousseau, japanische Drucke, Lackarbeiten und Delfter Kacheln in Sammelbänden an, und betrachten Sie die Schmuckränder in Kinderbüchern – sie sind oft wahre Fundgruben für hübsche Ideen. Am hilfreichsten und inspirierendsten aber ist und bleibt die Volkskunst in ihren verschiedenen Formen und Ausführungen: Stickereien, Schnitzereien, Keramiken, bemalte Möbel und natürlich Wandgemälde. Die Volkskunst ist der lebendige Beweis, daß ein Gefühl für Farbe und ein starker Wunsch, Dinge zu verschönern, technische Begrenzungen aufheben können. Einige meiner liebsten Wandmalereien sind die Arbeiten von Malergesellen des 18./19. Jahrhunderts in New England. Sie malten bezaubernde ländliche Szenen mit kleinen Hügeln, sich schlängelnden Flüssen und üppigen, gestupften Baumkronen. Diese Malereien haben keinerlei technische Perfektion, aber sie verraten eine große Sensibilität für Motive und Farben.

Vorbereitung und Farbe

Entsteht ein Wandgemälde ganz spontan aus einem plötzlichen Impuls heraus, sollte man benutzen, was gerade zur Hand ist. Vorausgesetzt die Wandoberfläche ist in Ordnung und relativ glatt, kann man mit allen möglichen Farbresten von früheren Malarbeiten hantieren. Abbröckelnder und rissiger Putz, übermalte, sich lösende Tapete und alte, poröse oder fettige Emulsionsanstriche beeinträchtigen allerdings die Wirkung Ihrer Malerei. Für eine recht kunstvolle und große Wandmalerei sollte man einen haltbaren, nicht absorbierenden Grundanstrich aus einer halbmatten Ölfarbe (siehe Seite 214) auftragen, die man mit Abtönpaste oder Künstler-Ölfarbe tönen kann. Diese Farbe kann man auch zum Malen verwenden. Auf einer neuen, fehlerfreien Emulsionsschicht können Sie mit Emulsionsfarben malen, die mit Pigmenten, Künstler-Gouache oder Acrylfarben abgetönt werden – Acrylfarben gibt es in einer besonders reichhaltigen Palette, aber sie sind nicht billig. Unvermischt und nur mit Wasser oder Malmittel verdünnt, sind Acrylfarben leuchtend und schnelltrocknend und ideal für kleinere Details – für größere Flächen sind sie wohl zu teuer (siehe Seiten 218–223 für das Abtönen von Farben).

Pinsel und anderes Arbeitsmaterial: Man braucht Pinsel in verschiedenen Größen: kleine Künstlerpinsel für Details und normale 12 oder 25 mm breite Malpinsel (oder Künstler-Ölfarbenpinsel), um größere Flächen zu malen; ein breiter, 75 oder 100 mm breiter Pinsel ist für Hintergrundfarben wie blaue Himmel und grüne Hügel nützlich; eventuell Arbeitsmaterialien für Stupftechniken und Schablonenmalerei (siehe die betreffenden Kapitel); Kreide oder Kohlestifte zum Zeichnen der Umrisse; Terpentinersatz; verschließbare Gläser für überschüssige Farben; für jede Farbe eine Untertasse als improvisierte Palette; Farbtopf oder Eimer für größere Farbmengen; Stehleiter; Schlagschnur; Stofflappen und Zeitungspapier.

Arbeitsmethode

Das Motiv: An einem einfachen Motiv, wie zum Beispiel einem gemalten Orangenbaum neben einer Tür, kann man sehen, wie unterschiedliche Materialien und Techniken das Endresultat beeinflussen. Bei diesem Motiv geht es nicht um botanische Genauigkeit, sondern um den dekorativen Effekt. Deshalb sollte man den Baum möglichst stilisiert malen, mit einer kreisrunden oder pyramidenförmigen Blattkrone, in der runde, leuchtende Früchte blitzen (die Orangen kann man

Ein wirkliches Trompe l'œil: ein Blick durch eine gemalte Tür in eine weite Landschaft. Die Tür sollte in Grisaille-Technik ausgeführt werden, ein daneben gemalter Orangenbaum in einem Korb ist eine schöne Ergänzung des Motivs.

Das 1831 von dem Wandergesellen William Price bemalte Treppenhaus eines Hauses in New England. Der Maler arbeitete mit Wasserfarben auf Gipsputz. Es handelt sich um eines jener seltenen Interieurs, bei denen jedes einzelne Element – von den harmonischen Farben des Holzwerks über das schlicht funktionale Geländer bis hin zu dem gemalten Baumstumpf auf halber Höhe der Treppe – so genau plaziert ist wie die Worte in einem schönen Gedicht.

mit Schablonen malen), und er sollte in einem dekorativ geformten Korb oder Blumentopf stehen. Skizzieren Sie zuerst unterschiedliche Formen und Arrangements mit farbigen Stiften auf Kästchenpapier. Wenn Sie die richtige Lösung gefunden haben, vergrößern Sie diese Vorlage mit Hilfe eines Rasters (siehe Seite 60) und zeichnen den Baum neben die Tür.

Farbe und Relief: Bei der Malerei kann man sich für einfache, matte Farben, die Form und Farbkontrast des Motivs betonen, oder für Farben, die noch mit Lasuren oder anderen Oberflächenbehandlungen bereichert werden, entscheiden. Ist man sich bei Beginn der Arbeit darüber noch nicht im klaren, sollte man, um sicher zu gehen, verschiedene Teile mit blassen, matten Farben malen – den Stamm in Grau, die Blätter saftgrün, die Früchte blaßorange und den Korb in Gelb. Danach kann man die Oberfläche mit Lasuren veredeln, die dunkler sind als die Grundfarbe – ein Braun für den Stamm, ein mit dem Schwamm auf die Blätterkrone aufgestupftes, leuchtendes Grün, ein kräftiges Zinnoberrot, das man mit dem Pinsel auf die Früchte stupft, und eine Gebrannte Umbra, mit lockerem Pinselstrich kreuzweise über das Gelb des Korbes gesetzt, um ein Korbgeflecht entstehen zu lassen. Lasuren geben der Farbe Tiefe und wie in diesem Fall hier eine Art Reliefwirkung (Informationen über das Verdünnen und Abtönen von Lasuren siehe Seite 225). Stupfen Sie Glanzlichter mit einer gebrochenen Weißlasur auf die Früchte, und hellen Sie blassere Farbflächen im Blattwerk mit einem Gelbgrün auf. Auch der Korb erhält durch Aufhellung und Schattierung des Flechtwerks größere Plastizität. Aber bevor man ein Wandgemälde allzu kunstvoll gestaltet, sollte man darüber nachdenken, ob man die Orangenbäume, oder welches Motiv auch immer, wirklich reliefartig haben möchte. Bei einer flachen und rein dekorativen Wandmalerei stört es nicht, wenn ein Baum oberhalb der Fußleiste schwebt, aber bei einer realistischeren Ausführung können solche Dinge unangenehm surreal wirken. Die Trompe-l'œil-Malerei kultiviert diese Widersinnigkeiten (siehe Seiten 77–81). Aber im allgemeinen wirken flache, zweidimensionale Formen bei einem Wandgemälde am hübschesten, es sei denn, man will daß die Malerei die Wände sozusagen ›öffnet‹ und man weite Landschaften sieht, die von Säulengängen, phantastisch beschnittenen Baumreihen oder einer weinberankten Pergola umrahmt sind. Aber auch hier sollte man stilisierte Effekte verwenden und nur ein paar Tricks benutzen, wie zum Beispiel einen von Himmelblau bis zu einem – im unteren Teil – nur noch in einem matten Hauch von Blau verlaufenden Himmel oder grauviolette bis graublaue, weit entfernte Hügel.

Firnis: Sie sollten jedes Wandgemälde, das Ihnen gut gefällt, mit einem klaren, matten Kunstharzfirnis überstreichen, um es vor Stößen und Kratzern zu schützen und um die Wand abwaschen zu können. Es wäre doch allzu schade mitansehen zu müssen, wie Ihr Meisterwerk wie Leonardo da Vincis »Letztes Abendmahl« langsam dahinschwindet.

Trompe l'œil

Trompe l'œil bedeutet ›das Auge täuschen‹. Um das zu erreichen, benutzt man in der dekorativen Malerei traditionelle Techniken geübter Künstler, um drei Dimensionen vorzugaukeln, wo eigentlich nur zwei sind, so daß für einen kurzen Moment der Eindruck entsteht, das gemalte Bild sei real. Trompe l'œil ist oft eine witzige Lösung eines architektonischen oder gestalterischen Problems. Wirkt ein Raum unausgeglichen, weil er zum Beispiel nur auf einer Seite des Kamins eine hübsch gewölbte Nische hat, kann man natürlich für viel Geld eine zweite in die Wand schlagen lassen. Aber ebensogut könnte man sie einfach in Trompe-l'œil-Technik aufmalen und so die Symmetrie des Raumes herstellen. Das reizvolle an der Trompe-l'œil-Malerei ist die Vielfalt der Darstellungsmöglichkeiten. So kann man einen Teppichläufer auf eine Treppe aufmalen, eine Wand hinter einer Küchenspüle oder einem Waschbecken mit ›Delfter Kacheln‹ verschönern und eine flache, moderne Türe mit Füllungen verzieren (siehe Seite 93–97).

Abgesehen vom praktischen Nutzen, architektonische Fehler zu kaschieren, mag ich den witzigen Überraschungseffekt der Trompe-l'œil-Malerei, die stets, wenn sie enttarnt wird, Begeisterungsrufe erntet. Eine besonders hübsche Illusionsmalerei war eine runde Nische auf einer leeren Badezimmerwand, auf deren Regalbrettern Dinge standen, die für gewöhnlich nicht in einem Badezimmer zu finden sind – einige schöne alte Bücher mit goldgeprägten Rücken, eine Vase mit Nelken und chinesischer Zierat.

Es wäre falsch zu behaupten, daß Trompe-l'œil-Malerei so einfach ist wie Schablonenmalerei oder ein zweidimensionales Wandgemälde. Andererseits glaube ich, daß diese Technik in ein Buch für Amateurmaler gehört, da sie für jemanden, der klug und geduldig genug ist, eine Vorlage genau zu kopieren, nicht zu schwierig ist. Diese Art der Malerei hat also mehr mit kopieren als mit eigener Kreativität zu tun. Wenn man kein geübter Amateurkünstler oder Sonntagsmaler ist, sollte man sich nicht an einen Trompe-l'œil-Bücherschrank, auf dem Marmorbüsten stehen, heranwagen, sondern es erst einmal mit recht einfachen Balkongittern in einem Schlafzimmer oder mit einem Illusionsfenster mit Blick auf eine Märchenlandschaft versuchen.

Techniken: Architektonische Trompe l'œils werden in der sogenannten ›Grisaille‹-Technik gemalt, bei der nur eine Farbe in verschiedenen Helldunkel-Schattierungen verwendet wird. Oft findet man über Türen mit großen Füllungen in Grisaille gemalte Kartuschen und Flachreliefs, die den Türen nach oben hin einen hübschen Abschluß geben und zu den Bildern an der Wand passen.

Trompe-l'œil-Stilleben malt man vielfarbig. Auch hier spielt die Schattierung der Farben bei der Suggestion eines dreidimensionalen Realismus eine große Rolle. Für einen Amateurmaler ist es am besten, nach einem Modell zu malen – eine Vase mit Blumen, blauweißes Porzellan, ein Stapel alter, ledergebundener Bücher – oder noch besser nach einer guten Farbabbildung. Es ist unwahrscheinlich, daß einem ungeübten Künstler ähnlich realistische Stilleben gelingen wie einem alten holländischen Meister; wenn man aber farblich und formal dekorative Motive wählt, kann das Ergebnis sehr attraktiv wirken und die leichte Steifheit der Ausführung den Charme naiver Malerei haben.

Einige hilfreiche Tips: Schrecken Sie nicht davor zurück, Freihandmalerei mit Schablonenmalerei zu kombinieren, wenn das Motiv es zuläßt, wie zum Beispiel bei formalisierten Tannenbäumen oder Schafen in einer Landschaft oder bei

Seite 78: Architektonische Trompe-l'œil-Malerei in unterschiedlichen Grauschattierungen gibt diesem engen Treppenhaus seine interessante Struktur und Klarheit. Details dieser Art sind nicht schwierig zu malen – Glanzlichter und Schattierungen suggerieren die Dreidimensionalität von Täfelung und Profilen.

Seite 79: Das Bild einer toskanischen Landschaft, eingerahmt von einer Loggia aus kühlem Marmor, verwandelt diesen Raum in einen Ort der Phantasie. Hinter den gemalten Balustraden verbirgt sich geschickt eine Reihe von Schranktüren. Diskret in den gemalten Himmel gesetzte Scheinwerfer erwecken den Eindruck von ständigem Sonnenschein.

Weintrauben. Das kann hübsch und witzig wirken. Auch gestupfte Oberflächen können auf einer großen farbigen Fläche wirkungsvoll sein. Gewolkte Oberflächen bieten die schnellste Möglichkeit, Blattwerk zu suggerieren. Persönliche Elemente beleben jede Wandmalerei – malen Sie Ihnen bekannte Gebäude oder Ihre Familie in das Bild hinein; dabei kommt es mehr auf charakteristische Umrisse als auf detaillierte Charakterisierungen an. Allzu leuchtende Farben kann man mit einer cremigen Lasur leicht mildern (weiße Farbe mit ein wenig Ocker und Umbra Natur). Verdünnen Sie die Lasur, so daß sie eine ganz feine, blasse Schicht bildet.

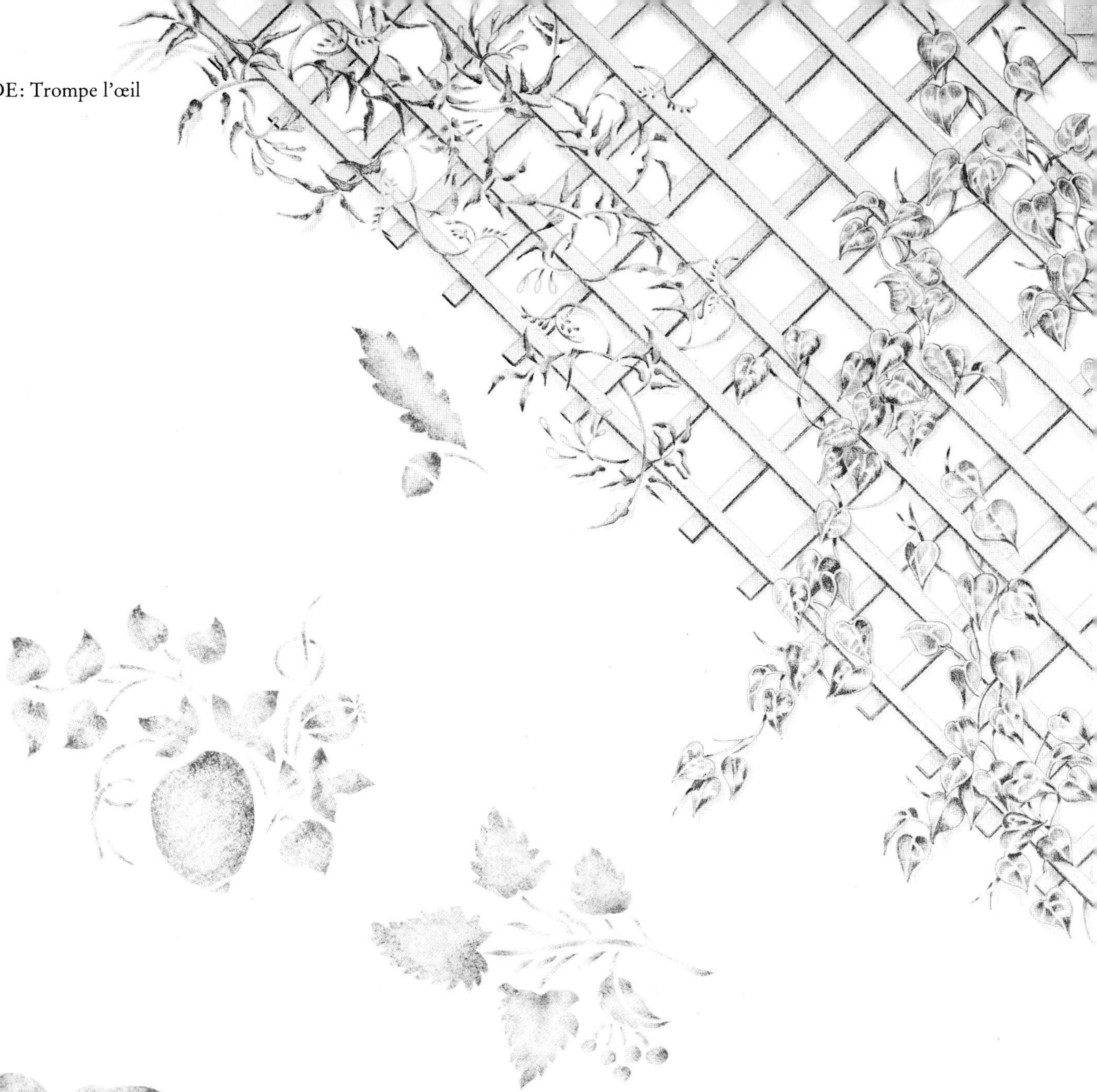

Ein Trompe-l'œil-Gitter malt man am einfachsten, indem man sich ein weißes Holzspaliergitter besorgt, es an der Wand befestigt und bei wechselnden Lichtbedingungen abzeichnet. Danach stellt man die Zeichnungen so zusammen, daß sie in Licht und Schatten der Oberfläche entsprechen, die man bemalen will, und überträgt sie auf die Wand. Man sollte daran denken, daß eine Trompe-l'œil-Malerei an einer Decke nicht so exakt ausgeführt werden muß wie in Augenhöhe. Möchte man das Spaliergitter noch mit Schlingpflanzen verzieren, kann man zur Arbeitserleichterung Schablonen für Blätter und Blüten verwenden.

Versuchen Sie einmal eine Trompe-l'œil-Kartusche über einem Türrahmen: Die beste Vorlage ist eine sorgfältig schattierte Zeichnung nach einer echten Vorlage. Man sollte dabei gleichmäßig von oben einfallendes Licht suggerieren. Regelmäßige, zart schattierte Flächen wie kannelierte Säulen oder Ziergiebel gestaltet man durch Abkleben mit Klebeband und aufgestupfte Farbverläufe. Cremefarbene Untergründe überarbeitet man mit graubraunen Lasuren oder Farben.

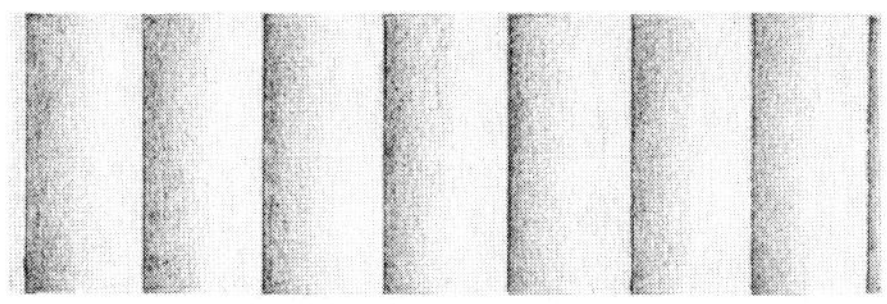

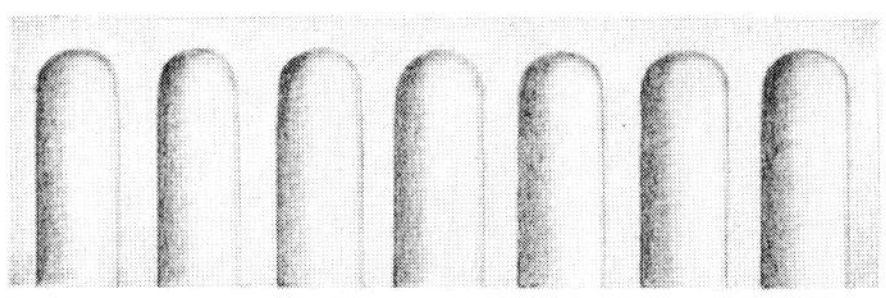

Stukkaturen, Gipsarbeiten und Stein malt man ebenfalls mit sanft ineinander übergehenden Schattierungen. Die Farbgebung sollte möglichst schlicht sein – für die hellsten und hervorstehendsten Stellen verwendet man Weiß oder gebrochenes Weiß, dann gelbliches oder gräuliches Braun und an den schattigsten oder am weitesten hinten liegenden Partien einen fast schwarzen Farbton.

Holzwerk

Einfache, dekorative Oberflächen 87

Phantasie-Oberflächen 99

Vorhergehende Seiten: Eine verschwenderisch marmorierte hölzerne Kaminumrandung.

Das Holzwerk eines Raums – wie zum Beispiel Türen, Architrave, Verkleidungen, Fuß- und Scheuerleisten – verhält sich zu den Wänden etwa wie ein Rahmen zu einem Gemälde. Es begrenzt und unterteilt optisch horizontale und vertikale Flächen. Scheuerleisten schützen die Wände nicht nur vor Beschädigung durch Stuhllehnen, sondern sie gliedern gleichzeitig große, eintönige Flächen und verbessern so die Proportionen eines Raums. Als Holz und Arbeitszeit noch billig waren, verwendete man solche Details großflächig und reich verziert. Die Türen hatten Füllungen, die Architrave waren von beachtlichem Ausmaß, und die Fuß- und Scheuerleisten hatten Formate, die gut zu den Höhen der Decken und den Deckensimsen paßten. Ein solches Holzwerk unterstützt die Wirkung eines Raumes in hohem Maße, und es lohnt sich, diese dekorativen Elemente zu betonen. Streicht man alles in einem glänzenden, strahlenden Weiß, verschmilzt das Holzwerk mit der Wand und bildet keinen strukturierenden Rahmen. Wenn man in einem Raum schön proportioniertes Holzwerk hat, sollte man in Erwägung ziehen, es auf andere Art und Weise zu gestalten.

Vorbereitung

Holzwerk, das bemalt werden soll, muß sorgfältig vorbereitet werden. Diese Oberflächen werden recht stark strapaziert, und wenn die Farbe rissig und verwittert ist, sammelt sich viel Schmutz an, der schwer wieder abzuwaschen ist. Welche Vorarbeiten nötig sind, hängt vom Zustand der alten Farbe ab. Ist sie noch ziemlich glatt und eben, reicht es im allgemeinen, sie mit einem Anlauger abzuwaschen und kleine Risse und Nagellöcher zu spachteln und abzuschmirgeln.

Entfernen alter Farbe

Bis zu einem gewissen Punkt kann man verwitterte oder abgeblätterte Farbe durch gründliches Verkitten und Schmirgeln glätten. Niemand wird Holz freiwillig abflämmen, wenn es nicht unbedingt nötig ist. Wenn aber die alte Farboberfläche allzu verwittert oder so beschaffen ist, daß sie wahrscheinlich die neue Farbschicht fleckig erscheinen läßt oder sich beim Überstreichen auflöst, ist es im Endeffekt zeitsparender sie zu entfernen.

Am schnellsten entfernt man alte Farbe, indem man sie mit einer Lötlampe abbrennt und mit einer Ziehklinge abzieht. Es lohnt sich, bei einem Eisenwaren- oder Werkzeugladen eine mittelgroße Gas-Lötlampe zu kaufen. Man beginnt mit dem Abbrennen der Farbe immer von unten, da die Hitze hochsteigt und die Farbe so aufweicht, daß man sie mit einer Ziehklinge abschieben kann. Legen Sie einen Metallbehälter auf den Boden, in den die heißen, geschmolzenen Farbreste fallen können. Bewegen Sie die Lötlampe hin und her, und ziehen Sie die Farbe in Richtung der Holzmaserung ab.

Das Arbeiten mit Abbeizmitteln ist eine langsamere Methode. Dabei sollte man die Instruktionen des Herstellers genau beachten und zum Schutz der Hände auf jeden Fall Gummihandschuhe tragen. Nach dem Abbeizen reibt man die Holzoberfläche gründlich mit Terpentinersatz ab, um die Chemikalien zu beseitigen. Danach schmirgelt man sie glatt.

Risse, Äste, Harzgallen

Um größere Haarrisse entlang von Holzverkleidungen oder Fußleisten, um Türfüllungen und an Stellen, an denen eingebautes Holzwerk an die Wand oder an die Decke stößt, sauber und schnell zu verschließen, mixt man eine Universal-

Spachtelmasse mit Wasser zu einer cremigen Paste und streicht diese mit einem einfachen Malerpinsel in die Risse. Durch den Pinselauftrag entsteht eine so glatte Oberfläche, daß man nur wenig oder gar nicht mit Schmirgelpapier nachglätten muß.

Für größere Risse verwendet man eine etwas dicker angerührte Universal-Spachtelmasse. Zuerst aber tupft man ein wenig Grundierung oder Vorstrichfarbe in die Löcher, damit die Spachtelmasse besser hält und nicht schrumpft. Benutzen Sie zum Spachteln ein einfaches Messer oder ein Palettenmesser, und glätten Sie die Oberfläche, indem Sie die noch nicht trockene, überschüssige Spachtelmasse mit einem feuchten Lappen abwischen. Für Fensterrahmen verwendet man Holzkitt, der sich mit dem Holz dehnen und zusammenziehen kann und wie andere Spachtelmassen verarbeitet wird.

Harzige Stellen und Äste können die Haftung und das Aussehen des neuen Farbanstrichs beeinträchtigen. Man entfernt das Harz mit Terpentin und isoliert diese Stellen durch Überstreichen mit Schellack.

Größere Harzansammlungen (Harzgallen) sticht man mit dem Spachtel aus oder brennt sie mit der Lötlampe aus und verkittet danach die so entstandenen Löcher.

Grundierung und Vorstrich

Zuerst streicht man neues oder abgebeiztes Holz mit einer Grundierung, dann mit einer Vorstrichfarbe, die man mit einer zum Endanstrich passenden Tönung verwenden kann. Sind die ersten Anstriche trocken, schmirgelt man sie leicht mit feinem Sandpapier ab, um eine ganz glatte Fläche für den Endanstrich zu erhalten. Am besten ist es, wenn man zwei Vorstriche aufträgt – den ersten verdünnt mit Terpentinersatz, den zweiten, wie er aus der Farbdose kommt.

Schon bemaltes Holz benötigt keine Grundierung, muß aber vor dem Neuanstrich, nachdem man es sauber abgewaschen hat, mit Sandpapier, Salmiakwasser (ein Teil Salmiakgeist auf acht Teile Wasser) oder Anlauger aufgerauht werden.

Auf jeden Fall muß jede einzelne Farbschicht gut durchtrocknen.

Endanstrich

Fast alle hier beschriebenen Anstriche basieren auf einer matten Ölfarbe (siehe Seite 213). Die meisten Dekorateure bevorzugen diese Art der Oberfläche, da sie vornehm zurückhaltend wirkt. Wenn Sie aber eine leicht glänzende Oberfläche vorziehen, können Sie eine seidenmatte Ölfarbe verwenden (siehe Seite 214), und nur wenn Sie eine wirklich lackiert wirkende Oberfläche haben wollen, sollten Sie eine halbmatte oder glänzende Farbe nehmen. Um eine hochglänzende Oberfläche und eine größere Farbtiefe als Lackfarbe sie bieten kann zu erhalten, sollten Sie getönte Öllasur und Glanzfirnis nehmen oder einfach getönten Firnislack, wie er für das Lackieren von Wänden verwendet wird (siehe Seiten 52–53).

Die klassische Reihenfolge beim Streichen von Holzwerk ist: zuerst die Türen, dann die Fenster, den Kaminsims, Scheuerleisten und zum Schluß die Fußleisten, weil beim Streichen der Fußleisten aufwirbelnder Fußbodenstaub an den Pinsel und dann in die Farbe geraten kann und sie so verschmutzt.

Arbeitsmaterialien

Kleine, 50 oder 75 mm breite Malerpinsel und einen noch kleineren, 12 oder 25 mm breiten Pinsel für knifflige Ecken und Stellen; ein Farbtopf oder eine Blechdose; Terpentinersatz; mittelfeines und feines Schmirgelpapier; Zeitungen; saubere Lappen; eine Stehleiter. Siehe Seiten 88–89 für Anweisungen, wie man Fenster und Türen mit Füllungen streicht.

Einfache dekorative Oberflächen

Weiß-schattierungen

Dekorateure verwenden oft unterschiedliche Weißschattierungen, um Türen, Schränke und Fensterläden mit Füllungen oder andere dekorative Details zu betonen. Dieser raffinierte Farbumgang akzentuiert diskret die Dreidimensionalität ohne einen Verlust von Leichtigkeit. Die Wahl einer im allgemeinen matten, hin und wieder seidenmatten, aber niemals glänzenden Oberfläche verrät dieselbe Zurückhaltung. Diese Art der Farbwahl und Oberfläche wirkt besonders in alten Häusern so, als habe sich eine alte Farbe mit der Zeit verändert.

Man verwendet drei Weißtönungen: die dunkelste für Füllungen, die nächsthellere für Profile und die hellste für die Umrandungen – dazu gehören auch angrenzende Architrave, Fuß- und Scheuerleisten etc. Einige Dekorateure kehren die Reihenfolge um und verwenden den hellsten Farbton für die Füllungen und den dunkelsten für die Umrandungen. Wie groß der Kontrast dieser drei Weißtöne ist, hängt von der Farbgestaltung des Raumes insgesamt ab und davon, wie stark man das Holzwerk betonen möchte.

Malablauf: Um alle Holzteile in einem kleinen Raum anzustreichen, benötigen Sie etwa einen halben Liter Farbe. Beginnen Sie mit den hellen Flächen. Vielleicht entspricht das nicht ganz den Regeln, aber es ist sinnvoll, da man so keine Farbe verschwendet. Ein kaum wahrnehmbar gebrochenes Weiß erhält man, indem man etwas Umbra Natur, ein wenig Schwarz und Gelbes Ocker (Künstler-Ölfarben) mit einer matten oder halbmatten weißen Ölfarbe vermischt.

Als nächstes tönen Sie die verbliebene Farbe wiederum mit denselben Farben – Umbra Natur, Schwarz und Gelbes Ocker – ab. Probieren Sie die Wirkung aus, bevor sie alle Profile streichen – der Ton sollte kaum wahrnehmbar dunkler sein. Um den dunkelsten Ton zu erhalten, mischt man dieselben Farben wieder unter die noch verbliebene Farbe. Der Farbton für die Füllungen sollte nun ein warmes, leicht grünliches Grau sein, das zu fast jeder Wandfarbe oder Wandoberfläche paßt.

Links: Eingebaute Wandschränke sind zwar als Lagerraum praktisch, können aber auch zu dominierend wirken. Hier verbindet die unauffälllige, umbrafarbige Bearbeitung der Stühle die braungelb lasierten Wände mit den mattweißen Türfüllungen. Die mit einer gezogenen Lasur bemalten Schränke sehen weniger klobig und eleganter aus als mit einem einfachen weißen Anstrich.

Ton-in-Ton-Anstrich

In vielen alten, amerikanischen Häusern sind Holzwerk und Wände im gleichen Farbton gestrichen. Das wirkt besonders hübsch in Räumen mit viel Holzwerk. Wenn die Fensterläden, die Füllungen, die Fensterrahmen, die Fußleisten, die Türen und die Wände in einer dieser sanften, aber heiteren Farben der Kolonialzeit – wie zum Beispiel in Heidelbeerblau, Zimt oder diesem besonderen Blaugrün, das entsteht, wenn man einen gelbgetönten Firnis über ein verblichenes Blau legt – gestrichen sind, wirkt der ganze Raum ungemein beruhigend und schlicht, was den reichen Farben von Bildern, Teppichen und Möbeln eine besondere Intensität verleiht.

Einen bestimmten Ablauf beim Bemalen von Türen mit Füllungen und Profilen einzuhalten, ist keine kleinliche Pedanterie, sondern erspart Zeit und Arbeit.

Wenn sich die Tür in Ihre Richtung öffnet, beginnen Sie mit (1) der Falz- und (2) der Vorderkante. Öffnet sich die Tür in die andere Richtung, streicht man zuerst die Falz- und (3) Scharnierkanten. Danach streicht man (4) die Profile der oberen Füllungen und dann (5) diese Füllungen – legen Sie die Farbe gut in die dekorativen Profile, aber achten Sie darauf, daß sich keine ›Nasen‹ bilden. Nun bemalt man die unteren Profile und Füllungen (6) ebenso. Als nächstes streicht man (7) die senkrechte Mittelleiste, dann (8) die waagerechten Flächen – erst die obere, dann die mittlere und zum Schluß die untere – und danach (9) die äußeren senkrechten Seitenteile. Zuletzt folgen (10) Türrahmen und (11) Abdeckleiste. Lassen Sie die Tür offen, bis sie trocken ist.

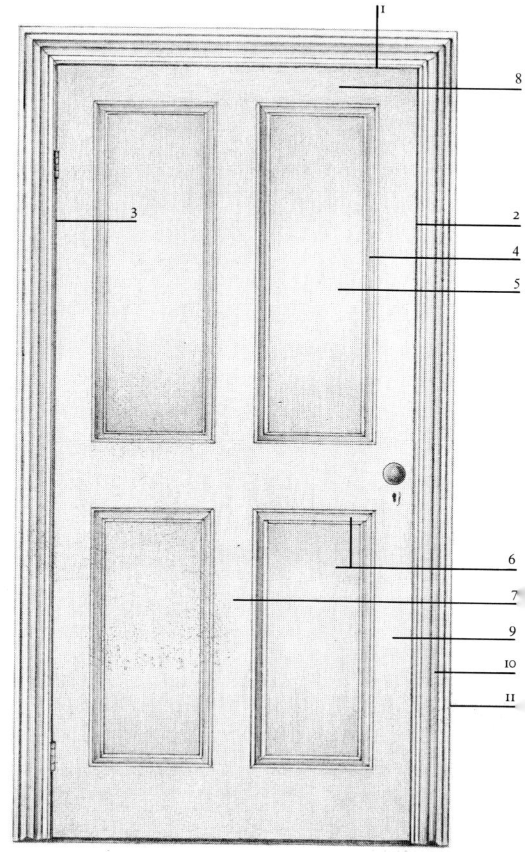

Eine große, ebene Fläche wie zum Beispiel eine glatte Tür wird am besten in einzelnen Abschnitten bemalt, wobei man oben beginnt und sich nach unten vorarbeitet. Dabei trägt man die Farbe so schnell auf, daß sie nicht trocknet, bevor sie aufgestrichen, quergestrichen, geglättet und von überschüssiger Farbe befreit wurde.

1 Aufstreichen der Farbe mit senkrechtem Pinselstrich

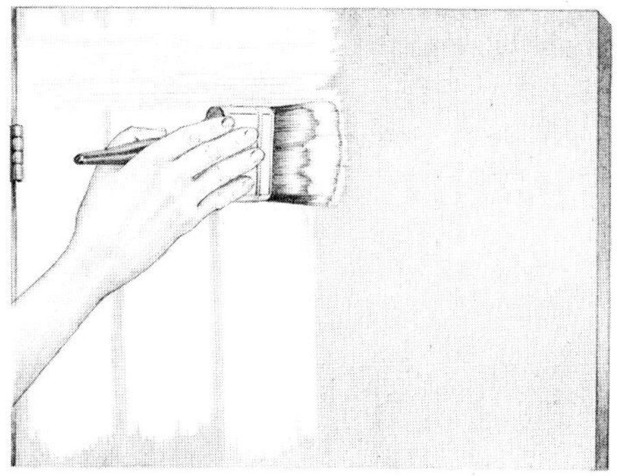

2 Querstreichen der Fläche, ohne neue Farbe auf den Pinsel zu nehmen

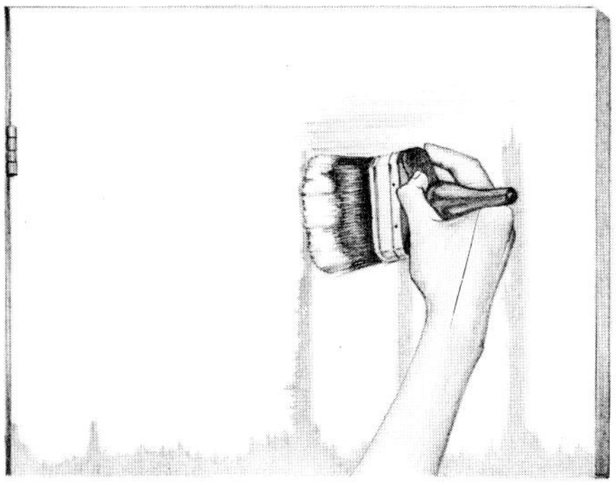

3 Auftragen und Querstreichen der Farbe auf einem weiteren Abschnitt

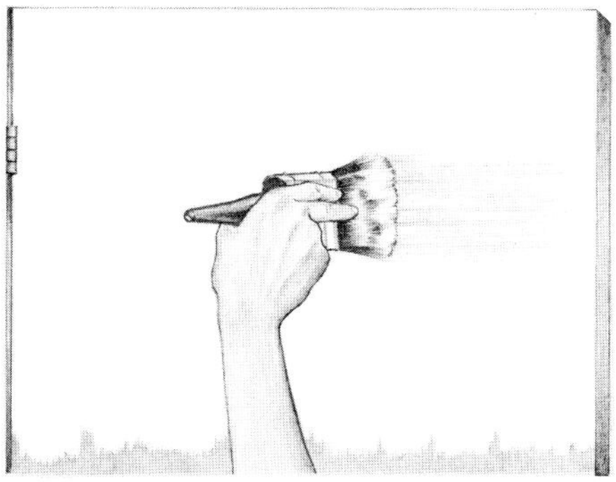

4 Glätten der beiden Abschnitte

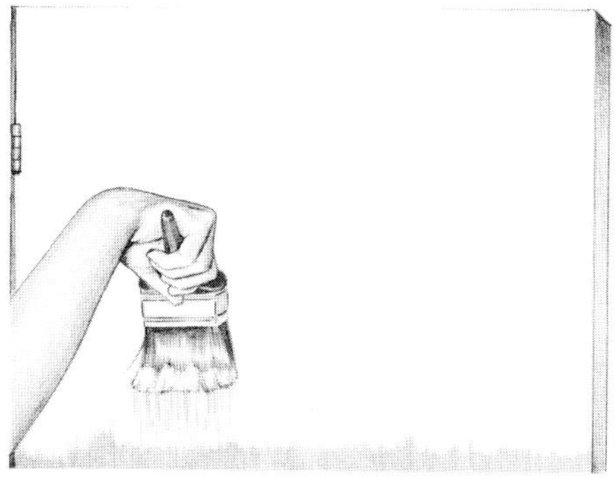

5 Abstreichen der Farbe

Fenster sollte man ebenso wie Türen in einem bestimmten Malablauf streichen. Damit keine Farbe auf das Glas kommt, empfiehlt sich ein Metallschutz oder Klebeband.

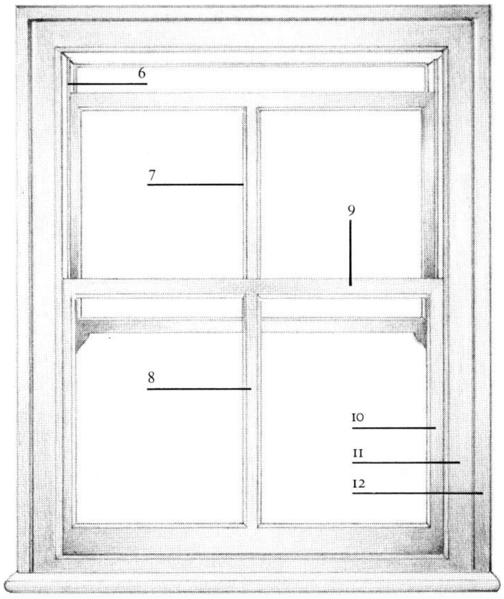

Um ein Schiebefenster zu streichen, schiebt man den unteren Teil nach oben und den oberen nach unten, so daß man das untere Rahmenholz (1), die Glasleisten und die Unterkante streichen kann. Danach malt man die erreichbaren Teile der Sprossen (2) des oberen Schiebeteils, die Unterkante (3) des unteren Fensterteils, den Blendrahmen (4) und etwa 50 mm des äußeren Laufrahmens (5). Sodann schließt man das Fenster fast ganz und streicht 50 mm des inneren Laufrahmens (6). Streichen Sie nun alle Glasleisten (7), die Kreuzsprossen (8), die restlichen Rahmenhölzer (9), die Flügelhölzer (10), den Fensterrahmen (11) und die Abdeckleisten (12). Achten Sie darauf, daß keine Farbe auf die Zugseile gelangt (man muß nicht den ganzen Laufrahmen streichen).

Ein Drehflügelfenster streicht man in ähnlicher Reihenfolge. Erst kommen die Glasleisten (1), dann folgen die Kreuzsprossen (2), die waagerechten Flügelhölzer (3) und die senkrechten Flügelhölzer (4 und 5), der Fensterrahmen (6) und zum Schluß die Abdeckleisten (7).

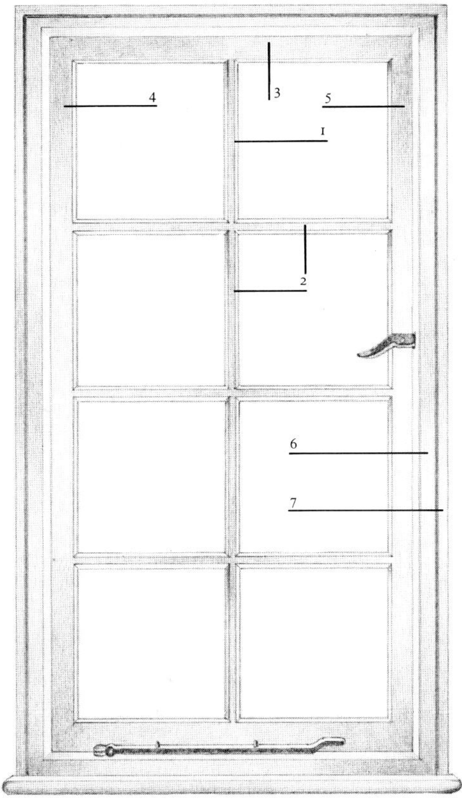

Rechts: Ein heiterer, mit viel Schwung und Finesse dekorierter Raum, in dem Blau und gebrochenes Weiß in den unterschiedlichsten Texturen und Mustern dominieren. Besonders hübsch ist die Balance zwischen dem starken und dem sanften Blau. Das kräftige Blau wurde für die Wandmuster, den Bettbezug und die Profile verwendet, während das zarte Blau zwischen den Profilen und Kurvenmustern zu finden ist. Beide Blautöne wurden bei der Marmorierung der Fuß- und Scheuerleisten und der Bilderrahmen kombiniert.

Aber auch hier sollte die Farboberfläche matt sein; zwar kann auch eine ganz und gar glänzende Oberfläche recht wirkungsvoll sein, aber sie wird immer ein wenig glatt und überfeinert wirken. Will man die Oberflächen etwas stärker texturieren und Holzwerk und Wände mehr miteinander verschmelzen lassen, kann man beide mit einer unauffälligen, gezogenen Pinsellasur, die ein Farbton dunkler ist als die Untergrundfarbe, versehen.

Ein Ton-in-Ton-Anstrich ist besonders in Räumen nützlich, die nur wenig und kein besonders schönes Holzwerk haben. In einem solchen Fall sollte man es nicht betonen, sondern in der gleichen Farbe streichen wie die Wände.

Kontrastierende Farben

Kontrastierende Holzfarben können sehr heiter wirken. Ich erinnere mich an einen Raum mit verblichenen roten Wänden und graublauem Holzwerk und an eine noch ausgefallenere Zusammenstellung: orangefarbene Wände und erbsengrünes Holzwerk. Diese Farbkombination bildete einen fabelhaften Hintergrund für lebhafte Stickereien und Teppiche. Im allgemeinen wirken Farben mit ähnlichem Tonwert am besten miteinander (diese Farben würden in einer Schwarzweiß-Fotografie mit demselben Grauton wiedergegeben). Sanfte Rot- und Blau- oder Grüntöne können sehr gut zueinander passen. Oder sollte Ihnen die Frische der Empire-Zeit gefallen, können Sie Pastellfarben miteinander kombinieren: Pistaziengrün, Kirschrot und Korngelb. Oft dämpft man diese kontrastierenden Farben durch eine etwas dunklere, gezogene Pinsellasur. Eine attraktive Variante dieser Oberfläche ist eine gemaserte Lasur, die wie ein Mittelding zwischen Holz und Marmor wirkt.

Betonen der Profile

Um einem Raum ein eigenes Flair zu geben, betonen Dekorateure Profile, Deckensimse etc. durch eine besondere Farbe (siehe die Abbildung auf der gegenüberliegenden Seite). Auf diese Art kann man auch große Holzflächen gliedern, wie zum Beispiel bei Einbauschränken. Da die meisten neuen Schränke heute flach sind, müssen Sie eventuell erst Profile und Täfelung aufnageln oder -leimen. Sie können auch die hervorstehenden Teile der Profile und Deckensimse mit einer starken Farbe streichen und die Zwischenflächen mit einer sanfteren Variante dieser Farbe ausfüllen. Wählen Sie eine Farbe, die im Raum bereits vorkommt, und benutzen Sie sie entweder einen Ton heller oder dunkler oder genau passend.

Verwenden Sie eine wasserdünne Lasur aus einer matten oder seidenmatten Farbe, um eine matte Oberfläche zu erhalten. Probieren Sie die Farbe zuerst aus, um ihre Intensität zu testen. Verwenden Sie einen weichen, 12 mm breiten Maler- oder Künstlerpinsel und einen feinen Marderhaarpinsel für saubere Kanten.

Gezogene Lasuroberflächen

Die meisten bisher beschriebenen dekorativen Maltechniken, wie gestupfte und gewolkte Oberflächen, lassen sich auch für die Gestaltung von Holz verwenden. Mit ihnen kann man schönes Holzwerk schmeichelhaft betonen oder flache, unattraktive Holzarbeiten, wie man sie heute in so vielen modernen Wohnungen vorfindet, verschönern. Eine häufig angewendete Technik ist die mit verdünnter Farblasur gezogene Oberfläche, die Umrisse weicher erscheinen läßt und eine delikate Farbpatina erzeugt.

Gebrochene Weißtöne: Eine gezogene Lasuroberfläche wirkt besonders schön in drei unterschiedlichen Weißtönen, wie sie bereits beschrieben wurden. Malen Sie die gesamte Fläche zuerst mit einer weißen, matten oder halbmatten Ölfarbe an. Lassen Sie die Farbe gut trocknen, und ziehen Sie dann die mit Künstler-Ölfarben in Umbra Natur, Schwarz und Ockergelb getönte Lasur in drei verschiedenen Helligkeitsabstufungen über den weißen Untergrund.

Gezogene Lasuren folgen üblicherweise der Konstruktion von Türen oder anderem Holzwerk. So streicht man die Lasur auf folgenden Flächen senkrecht: auf senkrechten Profilen (1), Füllungen (2) und Seitenteilen (3). Waagerecht streicht man: waagerechte Profile (4) und Querleisten. Die senkrechten Türrahmen streicht man vertikal, das horizontale (5) Türrahmenstück horizontal. Eine Ausnahme zu dieser Regel bilden Türen mit drei oder mehr horizontalen Füllungen, da die Holzmaserung dieser Füllungen meistens horizontal verläuft.

Farben: Holzwerk, das in der gleichen Farbe wie die Wände bemalt ist (siehe Seite 87) kann man, um ihm mehr Textur zu geben, mit einer gezogenen Lasuroberfläche versehen, die ein wenig heller oder dunkler als die Grundfarbe ist. Hat man die Wände mit einer gebrochenen Farboberfläche gestrichen und das Holzwerk in einer kontrastierenden Farbe, mildert eine gezogene Holzoberflächenlasur in einem zum Holz passenden helleren oder dunkleren Ton den Gegensatz. Ist der Kontrast zwischen Wand und Holzwerk zu stark, kann man auch eine mit Umbra Natur getönte Lasur auftragen, die jede Farbe leicht verändert und milder wirken läßt.

Arbeitsmethode

Die Technik ist die gleiche wie beim Bemalen von Wänden (siehe Seiten 27–30); man verwendet transparente Öllasuren oder verdünnte Ölfarben (siehe Seiten 224–227) und tönt sie mit Abtönpaste oder Künstler-Ölfarben ab. Der Untergrund ist eine matte oder halbmatte Farbe. Der einzige Unterschied besteht in der Richtung der gezogenen Lasur; das ist besonders bei Türen mit Füllungen zu beachten. Ich habe zwar Türen gesehen, die nur in einer Richtung lasiert waren, aber im allgemeinen zieht man die Lasur in Richtung der Holzmaserung auf. So verstreicht man die Lasur auf den Füllungen, vertikalen Profilen und Rahmenbrettern und den vertikalen Türrahmen mit vertikalem Pinselstrich und auf den horizontalen Profilen, Rahmenbrettern und dem horizontalen Türrahmenstück mit horizontaler Pinselbewegung. Dasselbe gilt für Fenster und Fensterläden. Fuß- und Scheuerleisten und andere Holzarbeiten werden horizontal gestrichen.

Firnis: Zum Schutz der Lasur trägt man ein oder zwei Schichten klaren, matten Kunstharzfirnis auf. Türen sollte man unbedingt gut firnissen, da sie oft angefaßt werden.

Trompe-l'œil-Täfelung

Eine einfache Trompe-l'œil-Täfelung oder -Füllung kann bei einer langweiligen, glatten Tür Wunder wirken. Die tiefer liegenden Füllungen werden einfach mit einer leicht verdünnten, matten oder halbmatten weißen Farbe, die mit ein wenig Umbra Natur zu einem sanften grünlichgrauen Farbton gemischt ist, eingezeichnet. Dunkelt man die Farbe bei zwei aneinanderstoßenden Linien ab, entsteht ein Trompe-l'œil-Schatteneffekt. Die Raffinesse dieser Technik beruht auf den Proportionen. Die meisten glatten Türen sind zu schmal für ihre Höhe. Unterteilt man die Tür in zwei Füllungen, wobei die obere höher ist als die untere, erscheint die Tür breiter und besser proportioniert. Traditionelle französische Türen sehen im allgemeinen so aus. Versehen Sie die Tür und die Füllungen mit einer gezogenen Pinsellasur im selben, etwas aufgehellten Grauton, und bemalen Sie Fußbodenleisten und anderes Holzwerk in der gleichen Art.

Vorbereitung

Der Untergrund sollte sauber, glatt und gut geschliffen sein. Glänzende Emaillefarbe muß besonders gut geschmirgelt werden, um den Glanz zu mildern. Die Untergrundfarbe sollte Weiß sein – übermalen Sie eine Vorstrichschicht mit einer Lage matter oder halbmatter weißer Ölfarbe.

Oben: Es wirkt hübsch, Fensterläden und Wände im gleichen Farbton zu streichen. Hier wurden Wände und Holzläden mit einer zartrosa Lasur überzogen und die Profile zur Betonung weiß gestrichen.

Links: Diese Diele lebt vom starken Kontrast der grün gewolkten Türen und dem Rosa der Wände. Wichtig für die Wirkung der Farbe ist ihre matte Oberfläche.

Unten links und rechts: Restaurierte Maserungen im Brighton Pavillon in England.

Rechts: Diese schönen Holztäfelungen aus dem 18. Jahrhundert sind mit kunstvollen Walnußbaummaserungen bemalt, eingerahmt von schwarzen Profilen. Die Atmosphäre des Raumes ist behaglich, elegant und lebendig.

Arbeitsmaterial Matte oder halbmatte Ölfarbe; Umbra Natur Künstler-Ölfarbe; ein 50 oder 75 mm breiter Malerpinsel; einen Flachpinsel für Künstler-Ölfarbe, 12 mm breit, um die Trompe l'œil-Linien zu malen; Terpentinersatz; saubere Stofflappen oder Papier; Bleistift und Lineal; Klebeband.

Arbeitsmethode *Füllungen:* Wenn die Untergrundfarbe trocken ist, zeichnet man die Füllungen mit einem Bleistift und einem Lineal auf die Tür auf. Ziehen Sie parallel zu diesen Linien in etwa 12 mm Abstand weitere Linien, um Profile zu erhalten, die die Füllung umgeben. Die Füllungen sollten etwa 7–10 cm vom Türrand entfernt sein, um Platz für den Türgriff zu lassen. Die Fläche zwischen den Füllungen kann etwas breiter sein – etwa 8–11 cm.

Mischen Sie sich nun einen Suppenlöffel sehr dünner, mittelgrauer Farbe, indem Sie ein Teil weiße Ölfarbe mit zwei Teilen Terpentinersatz und ein wenig Umbra Natur verrühren. Malen Sie die Linien mit dieser Farbe mit einem Künstler-Flachpinsel aus. Wollen Sie die Linien freihändig ausmalen, sollten Sie so weit wie möglich zurücktreten und beim Malen ein wenig über die Pinselspitze hinaussehen (siehe Linienmuster, Seiten 184–188). Man kann die Begrenzungslinien aber auch auf beiden Seiten mit Klebeband abkleben.

Tönen Sie Ihre Farbe mit ein wenig Umbra Natur dunkler, um die zwei ›Schattenlinien‹ in jede Füllung einzumalen. Diese sind stets die horizontale Oberlinie und die vertikale, dem Fenster am nächsten liegende Linie. So entsteht eine Schattenwirkung wie bei echten Füllungen. Fällt das Licht weniger direkt auf die Tür, zum Beispiel von einem der Tür gegenüberliegenden Fenster in den Raum, dunkelt man die Seite ab, auf die man blickt. Sind die Linien trocken, zieht man das Klebeband ab und entfernt Unsauberkeiten mit Brennspiritus.

Eine Trompe-l'œil-Täfelung auf eine glatte Tür zu malen, ist nicht schwer. Man sollte dabei unbedingt darauf achten, daß die zwei dunkleren Linien dort sind, wo bei einer echten Täfelung der Schatten sein würde. Unten sind verschiedene Täfelungsmuster vorgeführt.

Links: Beleben Sie eine langweilige Tür mit einem Schablonenmuster, das Sie über den Türrahmen oder in die einzelnen Füllungen malen können.

Gezogene Oberflächen: Mischen Sie sich nun eine weitere verdünnte weiße Farbe mit Umbra Natur an, bei der sie aber weniger Umbra Natur verwenden, um einen etwas helleren Farbton als zuvor zu erhalten. Ziehen Sie diese Farbe mit dem breiteren Pinsel über die gesamte Oberfläche und den Türrahmen. Die Pinselbewegung sollte oben, in der Mitte und unten vertikal verlaufen und auf den Füllungen und den Seiten horizontal (siehe Seiten 27–32 und 92–93). Fuß- und Scheuerleisten können mit der gleichen Vorstrichfarbe und der gleichen blaßgrauen Lasur horizontal bemalt werden.

Firnis: Wenn die Tür trocken ist, überstreicht man sie und den Rahmen mit einem klaren, matten Kunstharzlack. Wird die Tür viel benutzt, sollte man sie mit zwei Firnisschichten schützen.

Unten: Eine weitere hübsche Türverzierung sind in Grisaille-Technik gemalte Oberlichter.

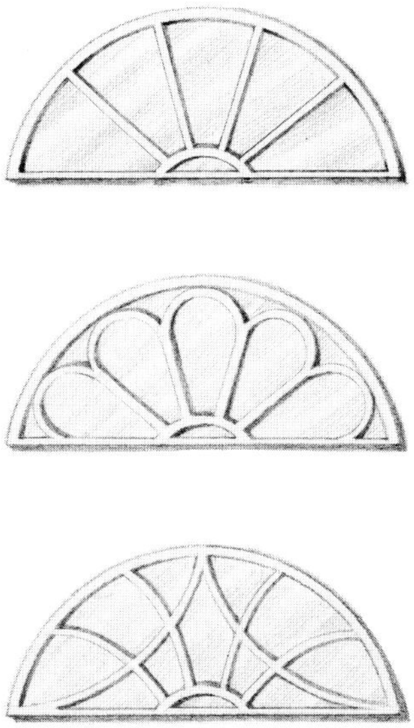

A GUIDE TO NEW YORK CITY
GOOD TASTE
PICASSO THEATRE
PAINTINGS
Great Houses
CHEST OF DRAWERS
VERSAILLES

Phantasie-Oberflächen

Holzmaserung

Holzmaserer und Marmorierer betrachten sich als die Elite der Maler und Dekorateure, und sie sind eine stolze Truppe, die viele Jahre darauf verwendet hat, die Geheimnisse ihres Handwerks zu erlernen und voller Mißtrauen und Ablehnung auf stümperhafte Versuche ungeübter Amateure blickt. Ihre schönsten Ergebnisse kann man in viktorianischen Pubs, in den Foyers von Banken und anderen beeindruckenden Gebäuden bewundern. Und aus Rücksicht auf ihre Gefühle sei hier gleich gesagt, daß die Holzmaserungen und Marmorierungen in diesem Buch reine Phantasie-Oberflächen sind, eine heitere Verwandtschaft zu Holz und Marmor suggerieren und keinerlei Anspruch auf Material-Genauigkeit erheben.

Eine Holzmaseroberfläche muß nicht dunkel und auch nicht holzfarben sein. Je mehr Beispiele ich sehe, um so überzeugter bin ich davon, daß diese Technik Spaß macht und daß dazu auch die grellsten Bonbonfarben, die es in der Natur nicht gibt, gehören können.

Die realistischeren Holzimitationen, wie die Rosenholzmaserung (siehe Seiten 200–201), sehen dort hübsch aus, wo man Holz erwartet; aber es gibt Flächen – auf Küchenmöbeln, eingebauten Schränken und Badewannenbekleidungen –, auf denen eine Phantasie-Oberfläche genau richtig ist.

Dekorateure haben die Holzmasertechnik für Klienten wieder eingeführt, die die Verve dieser Technik schätzen, und sie haben sich von den etwas exotischeren Vorbildern inspirieren lassen – von den Türen des Pavillons in Brighton, die mit einem Himbeerrot über Braun oder Grüntönen gemasert sind, oder dem nahe bei London liegenden Ham House, dessen ziemlich surreale, mit Vergoldungen kombinierte Austern-Walnuß-Maserungen ein Beweis dafür sind, daß stattliche Räume – ebenso wie kleine, moderne Zimmer – keineswegs kühl-wohlanständig wirken müssen.

Links: Ein Beispiel dafür, was Talent und Selbstvertrauen zustandebringen können: Eine mit Holzmaserung bemalte Wand stößt an eine Bücherwand in Trompe-l'œil-Malerei, die so gut gemacht ist, daß man sie kaum von der richtigen neben ihr unterscheiden kann. Eine zur echten Marmorplatte passende Marmorierung der Fußleisten rundet das Bild ab.

Vorbereitung

Eine glatte, matte oder halbmatte Ölfarbe (siehe Seiten 213–214) bietet einen guten Untergrund für Pinsel oder Kamm. Die Grundfarbe kann in einer Holzfarbe eingetönt werden (Braun, Rotbraun, Dunkelgelb – betrachten Sie gemasertes Holz, und wählen Sie als Grundfarbe den hellsten Holzton) oder in einem Farbton, der zu der restlichen Zimmerdekoration paßt. Ton in Ton ist die allgemeine Norm, wie zum Beispiel Himbeerrot über Mandelrosa, tiefes Blaugrün über Himmelblau oder Flaschengrün über Pistaziengrün. Halten Sie die Grundfarbe hell, da sie mit viel gemaserter Farbe überstrichen wird und nicht überladen und pompös wirken soll.

Arbeitsmaterial

Öllasur: Am besten eignen sich transparente Öllasuren oder eine selbstgemachte Öllasur (siehe Seiten 224–227). Man tönt sie mit Abtönpaste oder Künstler-Ölfarbe ein und mischt noch ein wenig Trockenmittel bei, damit sie schneller trocknet. Verdünnte Farblasuren trocknen zu schnell, um die verschiedenen Masertricks anzuwenden. Verdünnen Sie die Öllasur mit Terpentinersatz (siehe Seiten 225–227: Tönen und Verdünnen von Lasuren).

Pinsel und weiteres Arbeitsmaterial: Meistermaserer arbeiten mit einer Reihe von Pinseln, die dazu gemacht sind, unterschiedliche naturalistische Effekte wie Äste, Kernholz und Austernmuster zu erreichen. Diese Spezialpinsel, wie zum Beispiel der ›Schläger‹ (siehe Seite 232), sind recht teuer, und für Anfänger gibt es eine Reihe improvisierter Möglichkeiten.

Man braucht einen kleinen Malerpinsel, um die Öllasur aufzustreichen und einen breiten Pinsel mit wenigen Borsten für die Masermalerei. Man kann einen Pinsel mit einer Rasierklinge ausdünnen, so daß er wie ein Kamm aussieht. Mit einem selbstgemachten Kamm mit unregelmäßigen Zähnen, den man aus Pappe oder einer dicken Plastikfolie schneiden kann, erhält man eine dramatische Holzstruktur.

Einen großen, weichen Pinsel, ähnlich einem Künstler-Staubpinsel, verwendet man zum weichen Verstreichen der Holzmaserungen. Man kann sich ein ›Ast‹-Werkzeug selber basteln, indem man sich einen Korkenstempel schnitzt oder einen kleinen Pinsel in der Mitte ausdünnt, so daß er kleine runde Ringe stempelt. Ein Fensterleder und eine Reihe von Stofflappen sind hilfreich.

Arbeitsmethode

Betrachten Sie ein klar strukturiertes Stück Holz, und merken Sie sich einige schmückende Unregelmäßigkeiten – Äste, die wie kleine Inseln den Fluß der Maserung zerteilen: Kernholz, das wie die Berge auf einer Höhenlinienkarte wirkt; Glanzlichter, die sich wie leuchtende Linien durch die Maserung ziehen und zickzackförmige Abweichungen der an sich parallel verlaufenden Maserungen. Es ist nicht allzu wichtig, welches Holz man sich ansieht – obwohl die stärker gemaserten wie Eiche, Mahagoni, Walnuß und Fichte sicherlich stimulierender sind. Es geht vor allen Dingen darum, sich stets daran zu erinnern, daß die Natur, die einfallsreichste und vielfältigste Musterfabrikantin, niemals monoton ist – das gibt Ihnen einen großen Gestaltungsspielraum.

Wie bei allen stark gemusterten Oberflächen ist es einfacher, die zu bemalende Fläche in einzelne Paneele zu unterteilen. Man sollte sich aber an ein paar Regeln halten. So sollte die Holzmaserung richtigem Holz ähnlich sehen. Zu viele Äste wirken fleckig, es sei denn, sie wollten Vogelaugenahorn oder Kiefer imitieren.

Im allgemeinen sollte man versuchen, eine sanft fließende, leicht gewellte Maserung, die nur hin und wieder von einem Ast oder einem zerklüfteten Kernholz unterbrochen wird, zu erreichen.

Tragen Sie zuerst eine dünne Farblasur über die Untergrundfarbe auf. Dann ziehen Sie die Borstenspitzen des trockenen, sauberen Pinsels mit den wenigen Haaren sanft durch die nasse Farbe, um feine Linien zu erhalten. Schlenkern Sie den Pinsel aus dem Handgelenk, damit der Eindruck einer Maserung entsteht. Gehen Sie nun mit dem Staubpinsel oder einem Vertreiber sanft über die Streifen, so daß sie ein wenig unschärfer werden. Nun haben Sie die Basismaserung des Holzes und können einige charakteristische Glanzlichter, Äste und Kernholzmuster einarbeiten. Wie man das macht zeigen die Illustrationen auf der gegenüberliegenden Seite.

Ist die Gestaltung des Holzmusters fertig – übertreiben Sie die Musterung nicht! –, geht man noch einmal ganz vorsichtig mit einem weichen Pinsel in Richtung der Maserung über die Farbfläche. Aber wirklich nur ganz sanft, denn sonst verwischt man leicht alles zu einem einzigen Geschmiere. Wenn Ihnen einige Partien zu unruhig sind, wischen Sie sie, solange die Lasur noch naß ist, fort, und passen Sie auf, daß Sie dabei die restlichen Muster nicht verwischen. Lassen Sie dann die Lasur ganz durchtrocknen.

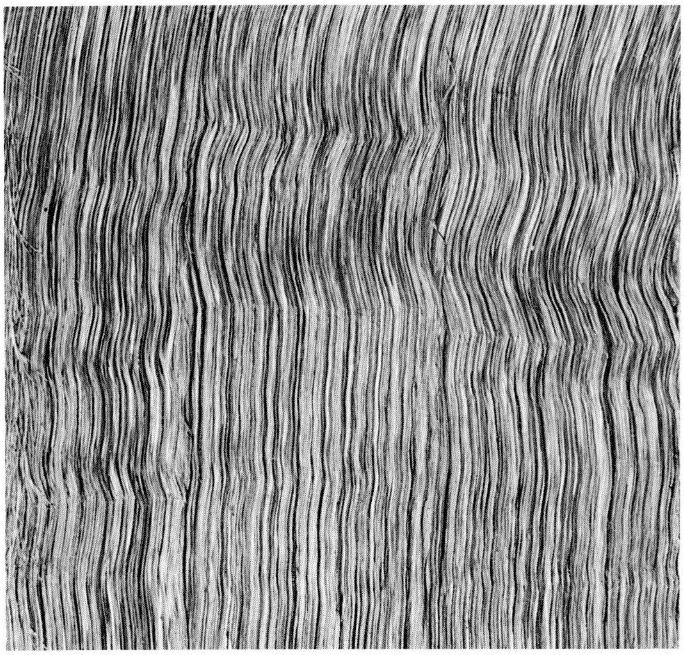

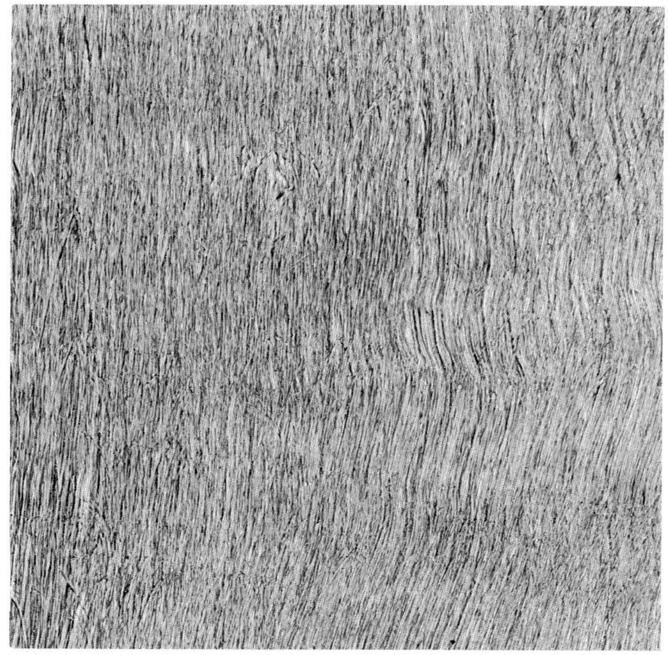

1 Ziehen Sie mit einem trockenen Pinsel leicht gewellte Linien in die nasse Lasur.

2 Verwischen Sie diese Linien sanft mit einem weichen, sauberen Pinsel.

3 Ziehen Sie nun mit dem harten Rand eines Korkens ungefähr parallel laufende Linien in die nasse Lasur.

4 Zeichnen Sie mit der Korkenkante einen Ast, und umrahmen Sie ihn mit Maserungslinien, die sich nicht überschneiden dürfen.

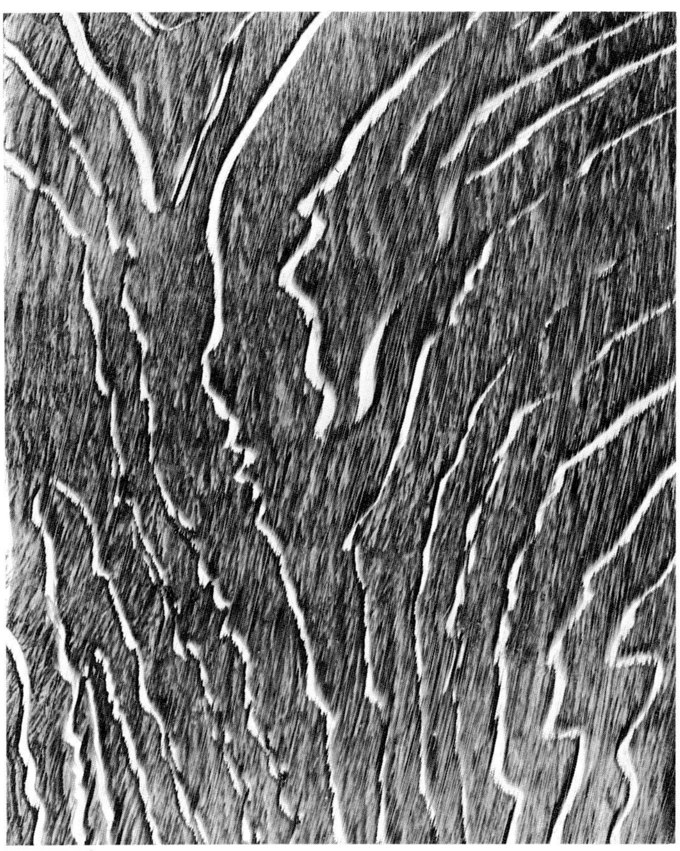

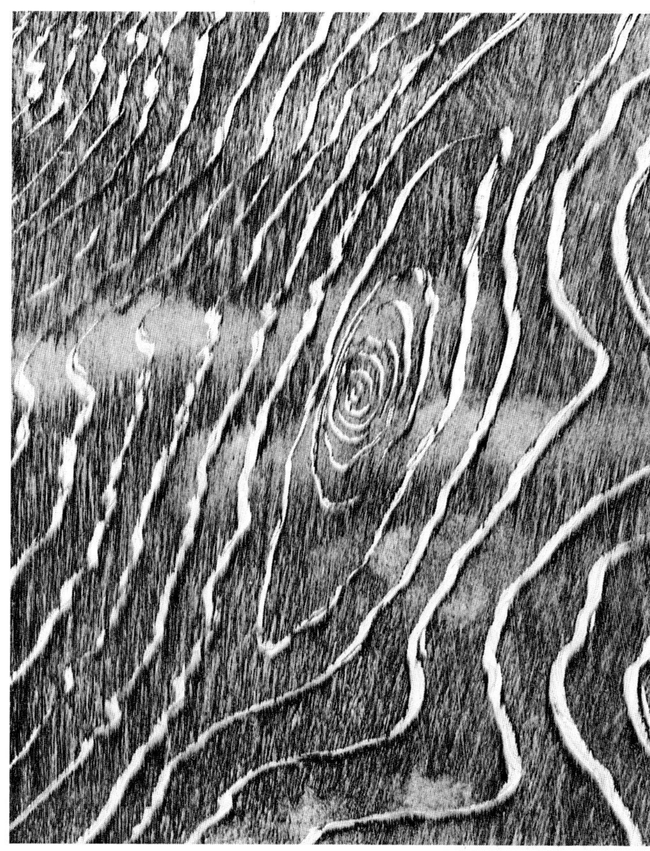

MARMORIEREN

Den Untergrund für einen blassen, gräulichen Marmor bildet eine weiße, halbmatte, leicht geschmirgelte Ölfarbe. Mischen Sie eine mit wenig Umbra Natur und noch weniger Schwarz (Künstler-Ölfarben) getönte Lasur aus zwei Teilen matter oder halbmatter weißer Ölfarbe und aus einem Teil Terpentinersatz. Tragen Sie diese Lasur mit Pinsel oder Schwamm auf.

Mischen Sie, um ein Graubraun zu erhalten, ein bißchen schwarze Künstler-Ölfarbe mit Umbra Natur. Zeichnen Sie nun mit Hilfe eines feinen Pinsels Marmoradern mit lockerem, leicht krakeligem Pinselstrich in die nasse Lasur. Diese sollten diagonal verlaufen, sich nach rechts und links verzweigen und ein Anfang und ein Ende haben – echte Marmoradern beginnen oder enden nicht im Nirgendwo.

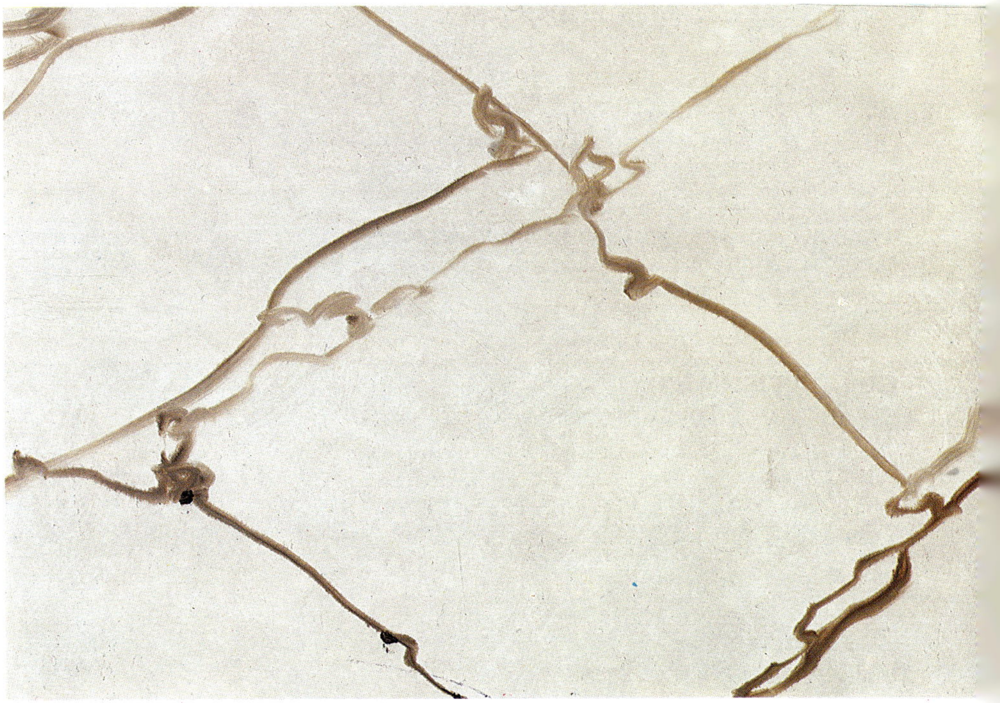

Tupfen Sie die Adern leicht mit einem Schwamm ab, um überschüssige Farbe zu entfernen. Mit einem trockenen Pinsel streicht man nun in diagonaler Richtung über die Adern hin und zurück (zum Beispiel von unten links nach oben rechts) und dann in die andere Richtung (von unten rechts nach oben links), um die harten Linien weicher zu machen. Mischen Sie ein dunkleres Grau aus mehr Schwarz und weniger Umbra Natur, und malen Sie kleinere Verbindungsadern ein. Wie die größeren, sollten auch diese hauptsächlich diagonal verlaufen.

Mit einem Schwamm oder einem Papiertaschentuch nimmt man die überschüssige Farbe von den kleinen Adern. Mit dem Schwamm oder Taschentuch kann man dann leichte Farbtupfer in die freien Stellen stupfen, um die sanfte Fleckigkeit echten Marmors zu imitieren.

Glätten Sie die gesamte Oberfläche nun mit trockenem Pinsel, indem Sie jede Diagonale mindestens dreimal in beiden Richtungen sanft überstreichen.

Wenn die Oberfläche nach ein paar Stunden ziemlich trocken ist, malt man mit verdünnter weißer Ölfarbe noch einige Adern auf und stupft kleine weiße Flecken auf. Nach 24 Stunden überstreicht man die Oberfläche mit einem matten oder halbmatten klaren Kunstharzfirnis. Ist die Firnisschicht fast trocken, poliert man sie mit Scheuerpulver oder Talkum und einem weichen Tuch, um eine matt schimmernde Marmoroberfläche zu erhalten.

Essig-Lasur: Traditionelle Maserer bevorzugen oft Wasserfarben wegen ihrer besonderen Transparenz und ihrer schnellen Trocknung. Die Essig- oder Bier-Lasur, die auf den Seiten 204–207 beschrieben wird, ist einfacher zu verarbeiten als Wasserfarbe, da ihr Zuckergehalt sie ein wenig dickflüssiger macht.

Firnis: Ölfarben müssen nicht gefirnißt werden. Will man sie aber strapazierfähiger machen, überstreicht man sie mit mattem oder glänzendem Firnislack. Essig- oder Bier-Lasuren müssen mit einer Firnisschicht fixiert und geschützt werden.

Marmorieren

Es gibt zwei Kategorien des Marmorierens: die eine ist die hoch kunstvolle Technik, Marmor so naturgetreu wie möglich zu imitieren, die andere Technik ist impressionistisch und gibt sich damit zufrieden, einen Marmoreffekt zu erzielen und mit den reichen Farben und vielfältigen Mustern des Materials zu spielen. Die meisten Dekorateure bevorzugen die zweite Technik, auch wenn sie für wirklich prächtige Räume nicht so geeignet ist; aber ihr Resultat ist eine leichtere und nicht so anspruchsvolle Oberfläche, die auch ein Amateur ohne allzu große Schwierigkeiten malen kann. Meistert man erst einmal den impressionistischen Stil, kann einen nichts mehr davon abhalten, sich ein Stück Marmor genau zu betrachten und zu versuchen, mit getönten Lasuren und geschickter Pinselarbeit, der Natur so nahe wie möglich zu kommen. Da es viele verschiedene Arten von Mamor gibt, ist es unmöglich, diesem Thema in ein paar Abschnitten gerecht zu werden. Aber ein Phantasie-Marmor läßt sich schnell und mit viel Vergnügen malen, und er bietet einen großen Spielraum für Farben und Formen.

Besonders prächtig wirkt eine marmorierte, hölzerne Kaminumrandung, über die man einen Spiegel hängen kann, dessen Rahmen genauso marmoriert ist, oder man bemalt noch zusätzlich anderes Holzwerk wie Fußleisten und Holztäfelungen mit derselben Phantasie-Marmormusterung. Auch ein Badezimmer ist ein geeigneter Ort, sich in der Marmoriertechnik zu üben – angefangen mit der Badewannenverkleidung bis hin zu Holzwerk, Boden und Wänden.

Es ist sicher ratsam, erst einmal an einer kleinen Fläche zu probieren; will man aber eine große Fläche marmorieren, teilt man diese am besten in einzelne Rechtecke auf und zeichnet die Außenlinien, bevor man zu malen beginnt. So kann man einen großen Bereich nach und nach bearbeiten und die Muster so variieren, daß sie nicht eintönig werden. Arbeiten Sie schnell und bestimmt, und haben Sie keine Angst Fehler zu machen; man wird sie wahrscheinlich zum Schluß gar nicht wahrnehmen und wenn doch, wischen Sie sie ab, und malen Sie die Stellen neu.

Vorbereitung Der Untergrund sollte eine matte oder halbmatte, ziemlich trockene, glattgeschmirgelte weiße Ölfarbe sein.

Arbeitsmaterial Matte oder halbmatte weiße Ölfarbe; Künstler-Ölfarbe Umbra Natur und Schwarz; ein 50 mm breiter Malerpinsel; ein feiner Künstler-Pinsel für Details; ein runder oder flacher, 50 mm breiter Vertreiber; ein Naturschwamm; Terpentinersatz; Marmeladenglas; Untertasse; Stofflappen.

Arbeitsmethode

Die hier beschriebene Technik ergibt eine blasse, graugrüne, kühl und zurückhaltend wirkende Marmoroberfläche. Mischen Sie sich in einem Marmeladenglas eine dünne Öllasur aus etwa zwei Teilen Farbe zu einem Teil Terpentinersatz. Tönen Sie diese mit Umbra Natur und ein wenig Schwarz, so daß Sie einen graugrünen Farbton erhalten, der sich vom weißen Untergrund abhebt. Streichen Sie diese Lasur mit dem Malerpinsel auf die gewünschte Fläche auf und tupfen Sie sie dann mit einem Schwamm leicht ab, um eine gebrochene Oberfläche zu erhalten.

Malen der Marmoradern: Tupfen Sie einen Klecks Umbra Natur und einen Klecks Schwarz auf eine Untertasse, und mischen Sie ein wenig Schwarz in das Umbra Natur; so erhalten Sie ein dunkles Graubraun, das Sie mit einem feinen Künstler-Pinsel als große Adern in die nasse Lasur einmalen. Diese Linien sollten nicht gerade, sondern ein wenig zittrig nervös sein. Marmoradern schlängeln sich meist diagonal und verzweigen sich nach rechts und links. Aber alle Aderlinien sollten einen Anfang und ein Ende haben und nicht im Nirgendwo beginnen und enden – man sollte sie wie Straßen auf einer Landkarte miteinander verbinden. Tupfen Sie die gemalten Linien vorsichtig mit dem Schwamm ab, um überschüssige Farbe zu beseitigen. Wischen Sie den Pinsel mit einem Stofflappen trocken, und streichen Sie mit ihm leicht, in diagonaler Richtung, hin und zurück über die Bemalung, um sie ein wenig zu verwischen und weicher zu machen. Tragen Sie danach mit dem feinen Pinsel eine noch dunklere Umbra Natur- und Schwarz-Mischung als weitere Adern auf. Diese Linien sollten wie kleinere Straßen die größeren kreuzen oder in sie einmünden. Man nimmt wiederum überschüssige Farbe mit dem Schwamm ab und glättet mit dem trockenen Malerpinsel. Dieser Tupfvorgang verzaubert die etwas grob wirkenden Farbschnörkel in scheinbar reale Marmoradern. Treten Sie zurück, und begutachten Sie Ihre Arbeit. Vielleicht fehlt hier und da noch eine Ader, oder vielleicht sollte man die von Adern umgebenen Flächen in große oder kleine Kieselsteinformen verwandeln, die man mit dem feinen Pinsel leicht einzeichnet.

Aber malen Sie nicht zuviel hinein; beim Marmorieren besteht die hohe Kunst darin zu wissen, wann man aufhören sollte. Wenn die Oberfläche nach ein paar Stunden trocken ist, krakelt man mit weißer Farbe noch ein paar Adern in das Muster hinein, um dem Marmor einen frischen und leichten Anschein zu geben. Kieselsteinformen kann man mit weißen Glanzlichtern verschönern (siehe Abbildungen auf den Seiten 102–103).

Firnis: Lassen Sie die Oberfläche 24 Stunden lang trocknen, und übermalen Sie sie dann mit einem matten oder halbmatten Firnis. Wenn die Firnisoberfläche fast trocken ist, bestäubt man sie mit Talkum oder Haushaltsmehl und poliert sie mit einem weichen Tuch, um eine marmorglänzende Oberfläche zu erhalten.

Einige Tips: Schauen Sie sich echten Marmor an, und prägen Sie sich die Oberflächenstruktur ein. Seien Sie nicht ängstlich bei der Gestaltung der Maserung. Bei einer großen Oberfläche sollten die Adern die Richtung öfter wechseln, bei einer kleinen Fläche sollte die Musterung relativ gleichmäßig sein.

Möchten Sie einen stärkeren Farbton oder einen intensiveren Marmoreffekt, können Sie den Vorgang des Marmorierens mit einer andersfarbigen Glasur wiederholen – gelb, grün, rotbraun –, die sie über die erste Glasurschicht auftragen. Diese schimmert durch die zweite und vermittelt einen Eindruck von Tiefe wie bei wirklichem Marmor.

Beim Einmalen der Marmoradern hält man den Pinsel locker in der Hand und zieht unruhige, kurvige Linien.

SCHILDPATTMALEREI

Den Untergrund bildet eine hellgelbe, halbmatte, völlig durchgetrocknete und glattgeschmirgelte Ölfarbe. Diese Oberfläche wird mit einem breiten Malerpinsel zügig mit glänzender Lackbeize im Farbton Dunkle Eiche überstrichen. Dabei bilden sich Blasen, die aber kein Grund zur Beunruhigung sind.

Nun malt man mit dem Pinsel lockere, diagonale, etwa 5 cm breite Zickzackstreifen in den nassen Lack, die sofort ineinanderzulaufen beginnen. Als nächstes tupft man etwa walnußgroße Lacktropfen in unregelmäßigen Abständen, aber mindestens 6 oder 7 cm von den diagonalen Linien entfernt, auf die Oberfläche.

Dann folgt mit einem feinen Künstlerpinsel Gebrannte Umbra (Künstler-Ölfarbe) in kleinkurvigen, unregelmäßigen Linien und Bögen entlang der diagonalen Linien, etwa 2 oder 3 cm unterhalb der Lackkleckse.

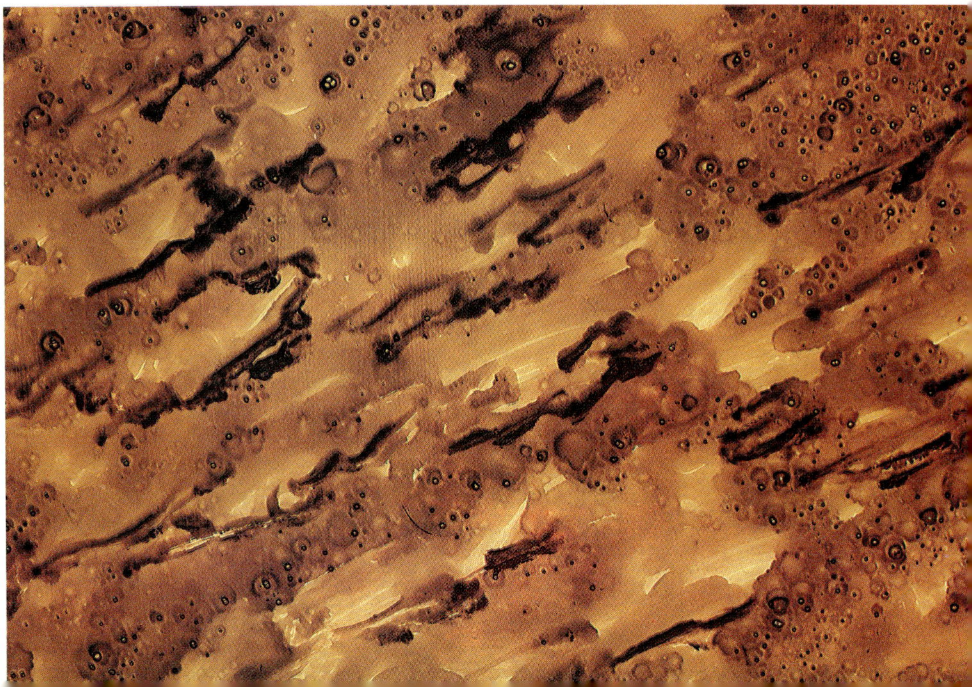

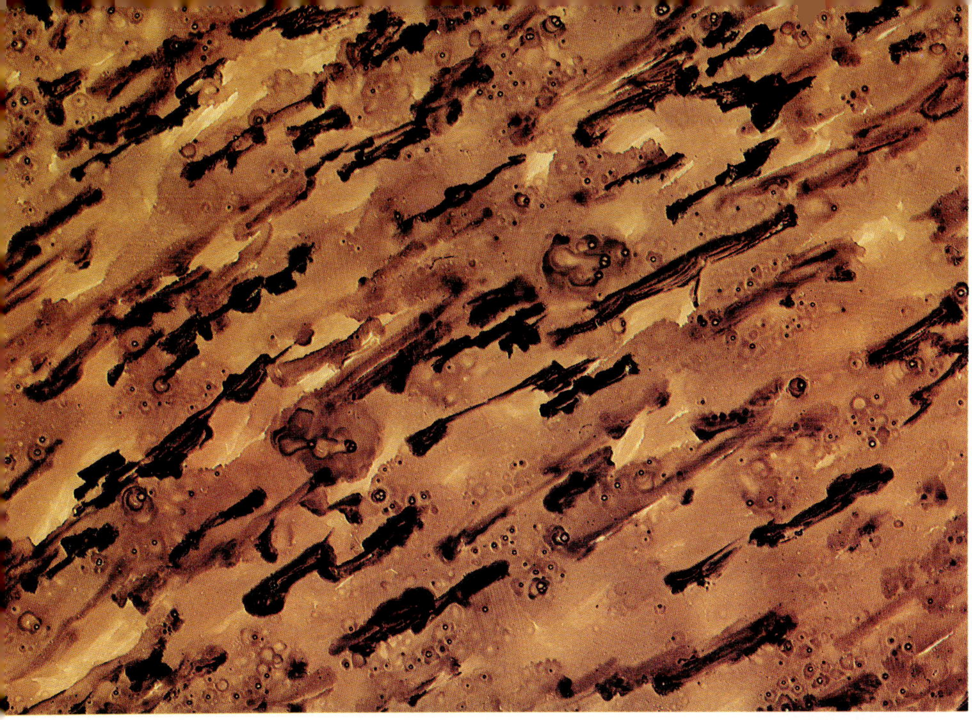

Mit einem weiteren feinen Künstlerpinsel werden nun kaulquappenförmige Muster mit schwarzer Künstler-Ölfarbe in kleinen Gruppen zwischen die anderen Muster gesetzt. Dabei sollten weniger schwarze als umbrafarbige Muster aufgemalt werden.

Mit einem sauberen, trockenen Pinsel streicht man danach leicht und vorsichtig in diagonaler Richtung über den Lack, bei dem nebenstehenden Beispiel also von unten links nach oben rechts, danach noch vorsichtiger und leichter in die entgegengesetzte Richtung – hier also von oben rechts nach unten links. Wiederholen Sie danach diesen zweifachen Glättungsvorgang in der entgegengesetzten Diagonalen – von unten rechts nach oben links und dann von oben links nach unten rechts.

Zum Schluß fährt man noch einmal mit dem Pinsel hin und zurück über die erste Diagonale. Die einzelnen Muster sind nun so miteinander verbunden, daß die Oberfläche wie echtes Schildpatt aussieht.

Schildpatt-malerei

Holz oder sogar Wände so zu bemalen, daß sie wie Schildpatt aussehen, ist ein wunderschönes Beispiel für den intelligenten Umgang mit Farben und Firnis. Ich bezweifele, daß außer einem Farbexperten irgend jemand, der vor einer zauberhaften, in Gelbbraun, Kastanienbraun und glänzendem Schwarz changierenden Tür steht, herausfinden kann, wie dieser Effekt zustandegekommen ist. Hat man die Technik erst einmal begriffen, ist es kein großes Problem mehr, sogar größere Flächen so zu gestalten. Das ganze Geheimnis besteht darin, daß man Farben in nassen Firnislack setzt und diese dann mit einem trockenen Pinsel sanft in diagonal entgegengesetzte Richtungen verstreicht; so ergibt sich das typische Schildpattmuster fast von selbst.

Das bedeutet aber keineswegs, daß man diesen Vorgang mechanisch und variationslos angehen sollte und den Farben die Verantwortung für die Gestaltung überlassen kann. Monotonie wirkt immer leblos. Man sollte sich echtes oder gemaltes Schildpatt einmal genau ansehen, bevor man sich an die Arbeit macht, und die vielfältigen Muster des ursprünglichen Materials oder einer gekonnten Imitation sorgfältig studieren.

Es gibt helles Schildpatt, leopardengeflecktes in transparenten Brauntönen auf umbrafarbigem Grund und dunkleres, das mehr in braunen und schwarzen Farbtönen changiert, wie das hier beschriebene Beispiel. Schildpatt kann sehr dekorativ aussehen, aber man sollte sorgfältig darauf achten, wo es am besten zur Geltung kommt. Eine solch üppige Oberfläche wirkt am beeindruckendsten in kleinen, begrenzten Räumen wie in Fluren mit vielen Türen, engen Arbeitsräumen oder in einem Badezimmer.

Vorbereitung

Den Untergrund für ein dunkelbraunes Schildpatt-Muster bildet eine hellgelbe, halbmatte Ölfarbe. Am besten verwendet man ein helles, leuchtendes Gelb – also eher ein Chromgelb oder das bleifreie Arylamid als ein Ockergelb, da die später aufgetragenen Farbschichten den Untergrund erheblich abdunkeln.

Arbeitsmaterial

Glänzende Lackbeize in der Farbe Dunkle Eiche; Künstler-Ölfarben in den Farben Gebrannte Umbra und Schwarz; zwei 50 mm breite Malerpinsel und zwei kleine, flache, etwa 12 mm breite Künstler-Pinsel – ein Pinsel von jeder Sorte genügt auch, allerdings muß man dann die Pinsel zwischendurch reinigen; Terpentinersatz; saubere Stofflappen.

Arbeitsmethode

Man bestreicht den vorbereiteten gelben Untergrund zügig und nicht allzu sorgfältig mit einem der breiten Pinsel mit der Lackbeize. Die Farbe wird wahrscheinlich Blasen werfen, die bei dem weiteren Verlauf aber nicht stören. Sobald die Farbe aufgetragen ist, malt man mit demselben Pinsel etwa 5 cm breite, lockere, diagonal verlaufende Zickzackstreifen in den nassen Lack. Diese einzelnen Zickzackbänder verlaufen ineinander, und die ganze Oberfläche ist in Bewegung. Nun tupft man noch einige zusätzliche, etwa walnußgroße Lacktropfen entlang der diagonalen Linien. Man sollte sie unregelmäßig, aber mindestens 6–7 cm voneinander entfernt plazieren. Als nächstes malt man mit einem der kleinen Künstlerpinsel Gebrannte Umbra in nervösen, schnörkeligen Linien in die Farbflächen, etwa 2 oder 3 cm unterhalb der eben gesetzten Lackkleckse. Dabei sollte man sich an die ursprünglichen Diagonalen halten und darauf achten, daß diese Farbmuster weder zu regelmäßig werden noch zu dicht beieinander liegen. Nun tupft man mit dem anderen feinen Pinsel mit der schwarzen Ölfarbe kleine Gruppen kaulquappenförmiger Muster in die noch freien Stellen zwischen den anderen Mustern. Zum Schluß sollte es mehr umbrafarbige als schwarze Musterungen geben.

Glätten: Nun wird es spannend: Man streicht mit dem noch trockenen, breiten Pinsel ganz leicht und vorsichtig in Richtung der Diagonale über die nasse Lackoberfläche. Die Farben verlaufen sanft ineinander und beginnen ein weiches Muster zu bilden. Nun wiederholt man diesen Vorgang in die entgegengesetzte Richtung. Danach vollführt man den gleichen, zweifachen Glättungsprozeß in die andere Diagonalrichtung (wenn also die erste Diagonale von oben links nach unten rechts verläuft, streicht man danach von oben rechts nach unten links und zurück über die nasse Lackschicht). Zum Schluß führt man den Pinsel noch einmal über die erste Diagonale hin und zurück. Insgesamt hat man die Fläche also nun sechsmal geglättet; je nach Belieben kann man sie natürlich noch weiter glätten. Während dieser Streichprozeduren entstehen aus den Klecksen und Linien auf geheimnisvolle Weise die zarten, transparenten Muster des Schildpatts. Bis der Lack zu trocknen beginnt, verlaufen die Farben noch weiter sanft ineinander (siehe Illustrationen auf den Seiten 106–107).

Helles Schildpatt: Für ein helles Schildpatt verwendet man Lackbeize in der Farbe Helle Eiche oder Lackbeize in der Farbe Dunkle Eiche, die man mit Terpentinersatz verdünnt. Die Untergrundfarbe ist dasselbe helle Gelb, und für die Muster verwendet man Gebrannte Umbra, die beim Glätten ein kräftiges Rotbraun ergibt, und wenig oder gar kein Schwarz.

Paneele

Eine Schildpatt-Tür, eine Kamineinfassung oder was auch immer bemalt werden soll, bearbeitet man am besten so, daß man keine störenden Ansatzlinien erhält. Will man eine große Fläche wie zum Beispiel eine Wand bemalen, arbeitet man sinnvollerweise zu zweit oder unterteilt sie in einzelne Paneele. Man markiert sich die einzelnen (zum Beispiel 50 × 100 cm großen) Rechtecke mit einem Bleistift und kann sie dann nacheinander einzeln bemalen. Dabei sollte man die Diagonalrichtungen der aneinanderstoßenden Felder wechseln, um die Ansatzlinien zu betonen. Damit die Felder sauber und gerade aneinanderstoßen, klebt man sie mit Klebeband ab. Wichtig ist, daß die bemalte Fläche völlig trocken ist, bevor man mit der danebenliegenden beginnt.

Fußböden

Fußböden sind bei der Gestaltung eines Raumes ein Problem für sich. Sie sind selten schön genug, um sie im Naturzustand zu belassen und hin und wieder mit ein wenig Wachs zu pflegen. Aber es ist andererseits teuer sie abzudecken, besonders wenn man das sowohl bei den Treppen, den Fluren und den meisten Räumen machen muß. Deshalb ist die Möglichkeit blankes Holz zu färben, zu beizen oder zu bemalen und hinterher mit einem Firnislack zu überstreichen immer beliebter geworden, da diese Böden sowohl preiswert als auch dekorativ sind.

Diese freien, dekorativ gestalteten Holzfußböden passen zu vielen Räumen, besonders modernen, besser als Teppiche oder Auslegware. Die Struktur des Bodens liegt offen und betont die guten Proportionen und feinen Details des Holzwerks oder der Profile.

Solche Böden haben allerdings zwei Nachteile. Auch wenn man die Ritzen abdichtet und auf strategisch wichtige Stellen warme Teppiche legt, sind sie nie ganz frei von Zug. Außerdem braucht man für die Bemalung, besonders für die Firnisschichten, eine recht lange Zeit. Aber andererseits bieten sie fast unbegrenzte Gestaltungsmöglichkeiten mit Farben und Mustern und sind bei weitem die preiswerteste Methode, einen Boden – egal in welchem Zustand er sich befindet – hübsch herzurichten. Man kann sie, wenn sie korrekt gefirnißt sind, leicht sauberhalten, und sie sind überraschend stabil. Gemalte Oberflächen halten sich jahrelang, auch wenn sie viel benutzt werden, vorausgesetzt, man hat sie mit mehreren Schutzschichten Firnis lackiert und trägt alle ein bis zwei Jahre eine Erneuerungsschicht auf; wie viele bemalte Dinge werden sie mit der Zeit schöner und sanfter in den Farben.

Färben und Beizen geht schneller als Bemalen, und diese Techniken haben darüber hinaus den Vorteil, daß sie die natürliche Holzmaserung nicht zudecken. Da Fußbodenbretter oft einen gelblichen Ton haben, wirken die meisten Beizfarben angenehm sanft.

Diese Art, transparente Farben einzusetzten, ist eine erfreuliche Möglichkeit, einem Raum eine gemütliche Atmosphäre zu verleihen.

Wenn es aber darum geht, Farben und Muster zu erhalten, bietet eine gemalte Oberfläche unzählige Möglichkeiten. Professionelle Dekorateure haben das schnell begriffen und bieten ihren Kunden, die sich Teppiche sehr wohl leisten können, bemalte Böden an, die aussehen wie Marmorintarsien, Patchwork- oder Orient-Teppiche.

Auch mit Schablonenmalerei kann man einen gemalten, gefärbten oder gebeizten Boden verschönern. Man kann sie als Ränder verwenden, die ganze Bodenfläche mit ihnen schmücken, und sie können – ganz nach Wahl – verschwenderisch, raffiniert oder geometrisch einfach sein.

Farbe bietet wunderbare Gestaltungsmöglichkeiten bei Treppen. So kann man einen neo-orientalischen oder geometrisch gemusterten Treppenläufer einfach aufmalen. Eiscremefarbige horizontal gemalte Streifen wirken sehr hübsch und lassen die Treppe breiter erscheinen. Firnissen Sie die Malereien gut mit einem matten Kunstharzlack, und bearbeiten Sie die letzte Schicht mit einer feinen Stahlwolle, um sie rutschfester zu machen. Man kann aber auch die Auftritte der Treppe in blankem Holz belassen und die Stoßtritte mit Schablonen oder freihändig bemalen – zum Beispiel im Stil mediterraner Kacheln. Vom Fuß der Treppe aus ergibt sich dadurch ein farbenfroher Anblick, der ein dunkles enges Treppenhaus aufheitert. Die Auftritte können unbearbeitet bleiben und einfach geschrubbt werden, damit sie nicht zu glatt sind.

Vorhergehende Seiten: Bemalen Sie Ihren Boden mit Mustern, die auch sonst noch im Raum vorkommen. Dieses Muster, das sich auch auf der Fußleiste fortsetzt, ist die Vergrößerung eines mit Patchworkmustern bedruckten Vorhangs. Der Boden wurde mit einer mattweißen Farbe, die mit Künstler-Ölfarben eingetönt wurde, gestrichen und dann mit einem klaren Kunstharzfirnis versiegelt. Es ist nicht schwer, ein solches Muster freihändig zu malen, doch muß man darauf achten, daß gemusterte und ungemusterte Flächen gut ausbalanciert sind, damit der Gesamteindruck nicht zu unruhig ist.

Weder freihändige Malerei noch das Benutzen von Schablonen ist allzu schwierig; wenn Ihnen diese Techniken aber dennoch zu aufwendig und ehrgeizig erscheinen, können Sie einfachere Gestaltungsmöglichkeiten in Betracht ziehen. Einfarbige, schmucklose Böden wirken schön, wenn man eine phantasievolle Farbe wählt; mischen Sie sich Ihren eigenen Farbton! Marineblau oder Grüngelb sind praktische und heitere Farben für ein Kinderzimmer, matte, verwittert wirkende Erdtöne wie Siena Natur oder Venetianischrot wirken in einem Wohnzimmer warm und freundlich. Zu einem Schlafzimmer mit rustikalen Möbeln paßt ein Fußboden, bei dem jedes Bodenbrett in einem leicht variierten Farbton bemalt ist. Es wäre albern, einen feinen Parkettboden oder breite, alte Eichenbretter zu übermalen, aber für die meisten unebenen, löchrigen und abgetretenen Weichholzböden ist Farbe die beste Gestaltungsmöglichkeit.

Vorbereitung

Ein Fußboden braucht, im Gegensatz zu Möbeln, keinen ultra-glatten Untergrund, um ihn zu streichen. Farbe hat hier sogar den Vorteil, daß man mit ihr eine Reihe von Mängeln zudecken kann, wenn man genügend Farbschichten aufträgt, um eine glatte, harte Oberfläche zu erhalten. Aber dennoch wird man in den meisten Fällen die schlimmsten Risse und Löcher ausspachteln müssen.

Nägel und Heftklammern: Nageln Sie alle losen Bodenbretter fest, und entfernen Sie vorstehende Nägel oder Heftklammern, die von früheren Bodenbelägen übriggeblieben sind. Verwenden Sie dafür eine Beißzange oder einen Klauenhammer. Hartnäckige Nägel schlägt man mit einer 7 mm-Punze unter die Oberfläche.

Abnehmen alter Farbe

Öfter als Farbe muß man im allgemeinen eine Schicht dunklen, klebrigen Firnis vom Fußboden entfernen, bevor man ihn neu streicht. Diese zähe Substanz enthält ein schwarzes Konservierungsmittel, das in das Holz einzieht. Kleine Flächen lassen sich durch heftiges Schrubben mit Brennspiritus reinigen, aber bei großen Flächen muß man die gefärbte obere Holzschicht abschmirgeln. Das kann eine harte und zeitaufwendige Arbeit sein. Ist ein Teil oder der ganze Fußboden mit Firnislack gestrichen, rauhen Sie am besten die ganze Oberfläche leicht mit Sandpapier auf und überstreichen ihn insgesamt. Allerdings schimmern die dunklen Stellen durch, wenn man den Boden färbt oder beizt.

Alte Farbe entfernt man am schnellsten und effektivsten durch Abbrennen mit einer Lötlampe und indem man die aufgeweichte Farbe mit einer Ziehklinge abschabt. Mieten Sie sich eine starke, gasbetriebene Lötlampe, und beachten Sie die Anweisungen des Herstellers. Angebrannte Stellen, die beim Bearbeiten hartnäckiger Farbreste entstehen, muß man mit Sandpapier nachbearbeiten.

Selbstgemachter Ablauger: Es gibt viele fertige chemische Ablauger, aber den stärksten (und billigsten) kann man selbst machen. Mischen Sie eine Dose Ätznatron mit einem Liter Wasser und verdicken Sie diese Mischung mit Mehl oder Reismehl. Dieser Ablauger muß mit großer Vorsicht gehandhabt werden, da die starken Dämpfe, die er entwickelt, in einem abgeschlossenen Raum gefährlich

Oben: Freihändig oder mit Schablonen aufgemalte Muster mit holzfarbenen Beizen wirken wie Intarsien. Die Umrisse werden zuerst mit einem Tapetenmesser leicht in den Boden geritzt, damit die Farbe nicht über das Muster hinaus läuft.

Rechts: Einander abwechselnde, gebleichte und naturbelassene Eichendielen vermitteln den Eindruck eines eleganten Parkettfußbodens – nur sind die Unkosten dieser Technik minimal. Eine Schlußbehandlung durch Firnisschichten und Wachs ergibt eine kostbar schimmernde Oberfläche.

sind. Öffnen Sie alle Fenster, und tragen Sie Gummihandschuhe, Atemmaske und Schutzkleidung. Ätznatron verbrennt Haut, Haare und Kleidung, und wenn man direkt damit in Berührung kommt, muß man es sofort mit klarem Wasser abwaschen. Tragen Sie den Ablauger in kleinen Flächen auf, und bleiben Sie so weit wie möglich entfernt. Er weicht Farbe in einer Zeit von zehn Minuten bis zu einigen Stunden gründlich auf. Lassen Sie ihn nicht trocknen, sondern geben Sie hin und wieder etwas Wasser hinzu, und schrubben Sie die Flächen, um die weiche Farbe zu lösen. Wässern Sie die Flächen gründlich, zuerst mit klarem Wasser, dann mit Wasser mit einem Schuß Essig, um das Ätznatron zu neutralisieren. Ätznatron macht die Holzoberfläche rauh, und deshalb muß das getrocknete Holz zuerst mit grobem, dann mit feinem Sandpapier glattgeschmirgelt werden. Ätznatronablauger verwendet man am besten bei kleinen, übersichtlichen Flächen, wie zum Beispiel Treppenstufen; einen ganzen Fußboden reinigt man besser mit einer Lötlampe.

Ausgleichen

Ein bemalter oder gefärbter Boden sieht schöner aus, wenn die größeren Risse und Löcher ausgefüllt sind. Für eine transparente Oberfläche verwendet man dafür am besten Holzkitt, der sich mit dem Holz dehnt und zusammenzieht. Färben Sie diese Spachtelmasse mit wasserlöslichen Farben etwa in der Farbe des Holzes ein, oder aber tönen Sie sie mit der Beize, die Sie verwenden wollen. Spachteln Sie nicht jeden Riß und jedes Astloch aus, sondern nur die schlimmsten Unebenheiten. Ist die Spachtelmasse trocken, schmirgelt man sie glatt.

Bei einer deckenden Farbe kann man Ölkitt verwenden. Die Risse und Löcher müssen zuerst angerauht und mit ein wenig Grundierung oder Vorstrichfarbe eingestrichen werden, damit der Kitt nicht schrumpft oder sich hebt.

Abdichten der Bretterfugen: Die Freiräume zwischen den Fußbodenbrettern sind ärgerlich, da sie Staub und Zugluft durchlassen. Breitere Fugen kann man mit schmalen, genau zurechtgeschnittenen Holzstreifen schließen, die man von beiden Seiten mit ein wenig Leim bestreicht und dann fest einfügt.

Schmalere Ritzen lassen sich mit einer Art Papiermachémasse stopfen. Zerkleinern Sie Zeitungspapier in kleine Fetzen, und weichen Sie es in Tapetenleim ein, bis es die Konsistenz von Haferschleim hat. Streichen Sie diese Paste fest in die Risse, und glätten Sie sie, solange sie noch feucht ist. Wirklich weit auseinanderliegende Fußbodenbretter, die einen beständigen Luftzug haben, überdeckt man am besten völlig. Holzfaserplatten, die man vor dem Verlegen bemalt und firnißt, sind eine praktische und zeitsparende Lösung (siehe Seite 131 ff.).

Schleifen

Soll ein Naturholzboden nur versiegelt oder mit einer transparenten Oberfläche gestrichen werden, muß er vorher abgeschmirgelt werden, um Schmutz, alten Firnis, Farbe oder Beize zu beseitigen. Mit einer Parkettschleifmaschine geht diese Arbeit schneller voran als mit irgendeinem Heimwerker. Wie man eine solche Parkettschleifmaschine benutzt, wird Ihnen der Verleiher sagen. Verwenden Sie eine große Parkettschleifmaschine für große Flächen und einen kleinen Kantenschleifer für Kanten und Ecken.

Schleifen Sie den Boden ab, bevor Sie mit irgendeiner anderen Dekorationsarbeit beginnen. Entfernen Sie alle beweglichen Gegenstände aus dem Zimmer, und halten Sie die Türen fest verschlossen. Schleifmaschinen produzieren Unmengen von Staub; arbeiten Sie deshalb mit einer Maske oder wickeln Sie sich einen Schal um Nase und Mund. Bewegen Sie die Maschine ständig hin und her, damit sie sich nicht in das Holz eingräbt. Beginnen Sie in einer Ecke, und schleifen Sie den Boden in diagonalen Streifen, die einander um etwa 7 cm überlappen sollten. Ist der Raum einmal ganz abgeschliffen, schleifen Sie ihn noch einmal in entgegengesetzter diagonaler Richtung. Zum Schluß schleifen Sie den ganzen Boden noch einmal mit einem feineren Sandpapier in Richtung der Holzmaserung. Staubsaugen Sie, so gut es geht, und wischen Sie den Boden dann mit Wasser und ein wenig Haushaltsreiniger auf. Bevor Sie ihn nun weiter bearbeiten, muß er gut durchtrocknen.

Kleine noch vorhandene Farbreste oder Risse kann man mit einem um einen Schleifklotz gewickelten Sandpapier entfernen. Schmirgeln Sie zuerst mit grobem und dann mit immer feinerem Sandpapier in Maserrichtung.

Aufhellen

Die folgende Technik, naturfarbenes Holz aufzuhellen, ist besonders hilfreich bei astreichen Bodendielen und Kiefernholz, das schnell einen feurig-orangen Farbton entwickelt, wenn man es firnißt:

Man trägt eine getönte weiße Farbe mit dem Pinsel auf das Holz auf und reibt sie dann wieder ab, so daß Farbreste in Rissen und Poren zurückbleiben. Verwenden Sie eine matte, mit ein wenig Umbra Natur, Ocker und schwarzer Künstler-Ölfarbe getönte Ölfarbe. Streichen Sie die Farbe mit einem harten Pinsel großzügig auf eine kleine Holzfläche, warten Sie einige Minuten ab, ob sie haften bleibt, und reiben Sie sie dann mit einem Stofflappen fest und quer zur Maserung ab. Die freigelegte Maserung ist nun mit einem Schleier bleicher Farbe bedeckt. Wiederholen Sie diesen Vorgang abschnittweise über den ganzen Boden.

Soll die Farbe gleichzeitig noch als Spachtelmasse dienen, vermischt man sie mit ein wenig Holzkitt oder Universal-Spachtelmasse. Diese Flächen müssen dann mit einem Schleifklotz und einem mittelfeinen Sandpapier abgeschliffen werden. Lassen Sie die Farbe gut durchtrocknen.

Bleichen

Die typischen und schönen grauen Holzfußböden alter schwedischer Häuser, die aus gebleichten Holzdielen bestehen, sind das Ergebnis jahrzehnte-, wenn nicht jahrhundertelangen Schrubbens und Scheuerns mit feinem, weißen Sand. Weiches regelmäßig gescheuertes Holz wird mit der Zeit weißlich und läßt die härteren Splinthölzer ein wenig vorstehen. Dieses verwitterte Aussehen bringt nur die Zeit hervor, aber es gibt eine Möglichkeit, einen üblichen Kiefer- oder Tannenboden ein wenig ähnlich aussehen zu lassen, indem man eine Mischung aus rohem Leinöl und Zinkweiß einreibt. Am besten bringt man erst alle Fußbodenbretter durch Abkratzen oder Schleifen auf die gleiche Farbe, da die Bleichmixtur halbtransparent ist und die Holzstruktur durchschimmern soll. Mischen Sie das Zinkweiß (entweder aus der Tube oder als Pigmente) mit dem Leinöl, bis dieses weißlich ist, und reiben Sie diese Paste erst gegen und dann mit der Maserung in den Holzboden. Nachdem die Farbe trocken ist, versiegelt man sie entweder mit einem klaren halbmatten oder matten Firnislack, oder man läßt den Boden unversiegelt und bessert ihn nur hin und wieder mit derselben Farbmischung aus.

Transparente Oberflächen

Färben

Stoff-, Teppich- und Lederfarben lassen sich gut auf blankem Holz verarbeiten, wenn man vorher die Oberfläche von Wachs oder fettigem Schmutz gereinigt hat. Fett und Wachs entfernt man mit Sandpapier, durch Abbürsten und indem man zum Schluß mit einem in Terpentinersatz oder Essig und Wasser getauchten Lappen die Oberfläche abreibt. Bei der Auswahl der Farbe sollten sie einen natürlichen Holzton verwenden. Aber auch Grün, Blau und Kastanienbraun sehen hübsch aus.

Mischen Sie nach Anweisung des Herstellers eine starke Färbelösung an, aber verwenden Sie nur halb so viel Wasser wie angegeben. Probieren Sie die Farbe an einer kleinen Stelle aus, und lassen Sie sie trocknen, um die endgültige Wirkung beurteilen zu können. Gefällt Ihnen das Ergebnis, tragen Sie die Farbe mit einem sauberen, fusselfreien Stofflappen so gleichmäßig wie möglich auf den ganzen Boden auf. Um die ursprüngliche Holzfarbe wahrnehmbar zu verändern, müssen nun noch zwei oder drei weitere Farbschichten aufgetragen werden. Das Ergebnis wird wahrscheinlich ein wenig streifig sein, da Farbe auf Wasserbasis je nach Menge des im Holz enthaltenen Harzes unregelmäßig einsinkt. Aber dennoch sieht ein solcher Boden attraktiv aus.

Der gefärbte Boden muß nun gut durchtrocknen und dann, falls nötig, mit einem mittelfeinen Sandpapier leicht nachgeschliffen werden, um die vom Wasser aufgerauhte Oberfläche zu glätten. Als letztes überzieht man ihn mit einem klaren Kunstharzlack (siehe Seite 120).

Beizen

Beizen dringen tiefer in das Holz ein als Färbemittel (siehe die Tabelle auf Seite 217). Es gibt sie zumeist in Holztönen – von einem hellen Holzton bis hin zum dunkelsten Ebenholz – aber heute auch in Phantasiefarben.

Es sind verschiedene Typen von Beizen verfügbar: Wasserbeizen, lösungsmittelhaltige Beizen und Lackbeizen. Wasserbeizen lassen sich am einfachsten auftragen, neigen aber dazu, fleckig aufzutrocknen. Lösungsmittelhaltige Beizen trocknen sehr schnell, so daß man darauf achten muß, nicht allzu oft dieselbe Stelle zu überstreichen, weil sie sonst dunkler wird als der Rest. Lackbeizen sollte man vermeiden, da sie dicke, klebrige Rückstände hinterlassen.

Der Untergrund für jede Beize muß sauberes, blankes Holz sein – glattgeschmirgelt und mit Terpentinersatz abgerieben. Befolgen Sie die Anweisungen des Herstellers. Die einzige Ausnahme ist Antik-Beize; sie braucht als Untergrund eine Schicht Bodenversiegelung. Antik-Beize erhält man, indem man Bienenwachs oder Paraffinwachs mit Künstler-Ölfarben im Wasserbad schmilzt und sie dann zu einer weichen Paste abkühlen läßt. Diese Paste reibt man dann mit viel Druck mit einem Pinsel oder einem Lappen in die Bretter, anschließend werden sie glänzend poliert. Damit diese Oberfläche glänzend bleibt, muß man sie regelmäßig polieren, und wenn man eine andere Oberfläche haben will, muß die Wachsschicht erst völlig entfernt werden.

Links: Eine einfache Art, einen Holzfußboden zu gestalten, besteht darin, jede einzelne Holzdiele verschieden zu beizen oder zu bemalen. Dabei sollte man die Farben immer dort wechseln, wo die Planken zusammenstoßen. Hier vermitteln Orange- und Rottöne eine warme Atmosphäre, obwohl nur drei kleine Teppiche auf dem großen, blanken Fußboden liegen.

Schablonenmalerei mit Beize

Um Fußböden zu verschönern, können Sie mit Beizfarben Schablonen auf den Boden malen. Ein heller, goldbraun gebeizter Boden kann mit Schablonenmustern, die ein oder zwei Töne dunkler sind als die Untergrundfarbe, versehen werden. So entsteht ein warmer, hübscher Intarsieneffekt, bei dem die Maserung des Holzes sichtbar bleibt.

Arbeitsmethode

Zuerst beizt man die gesamte Bodenfläche in der gewünschten Farbe und läßt sie gut trocknen. (Auf den Seiten 125–131 finden Sie Techniken für Schablonenmalerei). Verwenden Sie große, einfache Schablonen. Stupfen Sie den dunkleren Farbton mit einem fusselfreien Stofflappen durch die Schablonenlöcher; ein Stupfpinsel ist in diesem Fall nicht so günstig, da er zu viel Farbe sammeln kann. Verwenden Sie die Farbe sparsam, damit sie nicht unter die Schablone läuft und die klaren Umrißlinien nicht ausfransen. Man kann dies auch vermeiden, indem man die an die Muster angrenzenden Flächen vorher mit einem schnelltrocknenden Schellack bemalt. Wenn die Beize trocken ist, wischt man den Schellack mit einem in Brennspiritus getauchten Lappen ab.

Der Intarsieneffekt läßt sich verstärken, indem man mit einem Teppichmesser vorsichtig eine kleine Kerbe an den Umrißlinien der Muster schneidet oder sie mit einem schwarzen Filzstift oder Farbe dünn umrandet; dies wirkt wie eine Ebenholzintarsie. Zum Schluß trägt man noch drei bis fünf Schichten Kunstharz-Firnis auf.

Firnis

Kunstharzlack-Firnis ist hart, schmutz- und hitzeresistent und einfach aufzutragen. Man kann ihn direkt auf einen geschliffenen Boden auftragen, wenn das Holz nicht älter als ein paar Jahre ist. Vorher sollte man aber alle Spachtelarbeiten mit einem speziellen Kunstharzkitt ausgeführt haben.

Je nachdem, welche Oberfläche Sie haben wollen, können Sie matten, halbmatten oder glänzenden Kunstharz-Firnis verwenden. Glänzender Kunstharz-Firnis trocknet langsamer und härter. Die Farbe läßt sich verdünnt einfacher auftragen. Gerät die Oberfläche zu glänzend, kann man sie, wenn sie trocken ist, ein wenig matter machen, indem man sie sanft mit mittelfeiner Stahlwolle abreibt. Firnis erhält man in Holztönen, farbig getönt und klar; aber auch ein klarer Firnislack dunkelt die unterliegenden Farben ab und läßt sie gelblicher werden.

Arbeitsmethode

Der Raum sollte so sauber und staubfrei wie nur möglich sein. Tragen Sie den Firnis mit einem sauberen Pinsel, den Sie nur zu diesem Zweck verwenden sollten, auf – die erste Schicht gegen die Maserung, um sie dann in Maserrichtung zu glätten. Ist die Schicht trocken, wird sie abgeschliffen, bevor eine neue aufgetragen wird. Kunstharz-Firnis ist in sechs bis acht Stunden staubtrocken. Ab der zweiten Schicht kann man ihn mit Terpentinersatz verdünnen – drei Teile Firnis mit einem Teil Terpentinersatz. Der verdünnte Firnis kann mit einem Stoffbausch aus fusselfreiem Stoff, in den man Verbandwatte wickelt, aufgetragen werden.

Je mehr Schichten Sie auftragen, um so strapazierfähiger wird der Boden – drei Schichten sind das Minimum und für Böden, die viel begangen werden, fünf. Alle ein oder zwei Jahre muß die Oberfläche erneuert werden.

Eine letzte dünne Wachsschicht läßt die Oberfläche noch schöner aussehen und erhöht die Haltbarkeit des Anstrichs. Aber denken Sie daran, daß diese Wachsschicht vor einem Neuanstrich völlig entfernt werden muß.

Fußbodenversiegelung

Fußbodenversiegelung läßt sich recht einfach auftragen und ist dünn genug, um mit einem weichen Tuch verstrichen zu werden. Die Oberfläche ist nicht so hart wie ein Kunstharzfirnis, trocknet langsamer und erfordert vier bis fünf Schichten, um genügend strapazierfähig zu sein.

Die erste Schicht reibt man gegen die Maserrichtung ein, alle folgenden in Maserrichtung. Zwischen jedem neuen Auftrag schmirgelt man die Oberfläche sanft glatt.

Wie bei einer Kunstharzfirnis-Oberfläche kann man Fußbodenversiegelung, wenn sie mit der Zeit dünn geworden ist, neu auftragen; aber vorher muß auch sie wachs- und fettfrei sein.

Wachs

Wachs riecht angenehm, ergibt einen unvergleichlichen Glanz und bereichert die natürliche Holzfarbe mit einem warmen, angenehmen Ton. Aber es läßt sich nicht leugnen, daß eine solche Fußbodenoberfläche harte Arbeit erfordert.

Tragen Sie das Wachs nicht direkt auf das blanke Holz auf, besonders nicht auf weiches Holz wie Fichte, da das Wachs möglicherweise Schmutz zwischen den Fasern des Holzes fest einschließt. Tragen Sie zuerst eine Schicht Fußbodenversiegelung auf. Diese verhindert, daß das Wachs allzu tief in das Holz eindringt, und macht es einfacher, den gewünschten Glanz zu erzeugen. Reiben Sie die Versiegelung gut in die Holzmaserung, und schleifen Sie diese Schicht mit einem feinen Sandpapier in Richtung der Holzmaserung.

Die älteste, einfachste Art zu wachsen, die nur Bienenwachs und Terpentinöl verwendet, ist meiner Meinung nach noch immer die schönste, da das Wachs angenehm riecht und eine wunderschöne Honigfarbe ergibt. Das ist allerdings heutzutage für große Flächen zu teuer, und es war schon immer eine wahre Knochenarbeit, Wachs aufzutragen und zu polieren; aber für diejenigen, die es trotzdem einmal ausprobieren wollen – besonders auf blankem Kiefernholz sieht es herrlich aus – hier das Rezept. Bienenwachs kann man in der Drogerie oder in einem Bastelgeschäft kaufen.

Bienenwachspolitur: Für Bienenwachspolitur schmilzt man einen Block Bienenwachs mit reinem Terpentinöl (in etwa gleicher Menge) im Wasserbad. Achten Sie darauf, daß weder das Bienenwachs noch das Terpentinöl mit allzu großer Hitze in Berührung kommen, da beide hoch entzündlich sind. Lassen Sie diese Mixtur etwas abkühlen, und reiben Sie sie, wenn sie noch weich ist (aber nicht mehr flüssig) dünn, aber sorgfältig und gründlich mit einem alten, weichen Pinsel oder einem fusselfreiem Stoffbausch in die Oberfläche des Holzes ein. Lassen Sie die Wachsschicht einige Stunden lang völlig durchhärten, und polieren Sie sie dann mit einer sauberen, weichen Bürste – eine Schuhbürste tut gute Dienste. Das ist anstrengender und zeitraubender als es klingt, und Sie werden die Bürste oft reinigen oder gegen eine neue austauschen müssen, wenn sich zuviel Wachspolitur angesammelt hat. Der Lohn allerdings ist eine süß riechende Oberfläche von sanfter Tiefe und reichem Glanz.

Moderne Wachspolituren sind erheblich einfacher aufzutragen; sie enthalten Silikone, um sie strapazierfähiger zu machen, und Trockenmittel zur schnelleren Härtung. Tragen Sie das Wachs mit einem weichen Tuch dünn auf, lassen Sie es einige Stunden trocknen, und bearbeiten Sie die Oberfläche dann mit einer weichen Bürste. Zum Schluß polieren Sie die gesamte Fläche mit einem weichen Tuch.

Deckende Anstriche

Farbe

Nach einer Grundierung läßt sich die nächste Farbschicht einfacher auftragen, sie deckt besser und hält länger. Streichen Sie alte und neue Holzfußböden zuerst mit einer Schicht Holzgrundierung und dann mit ein oder zwei Lagen Vorstrichfarbe. Soll der Boden in einer kräftigen oder dunklen Farbe gestrichen werden, verwendet man dunkel getönte Vorstrichfarbe – aber nicht im gleichen Farbton wie die endgültige Bodenfarbe. So kann man schnell kontrollieren, ob man etwas zu streichen vergessen hat, bevor die Farbe trocknet. Ein Endanstrich sollte für eine unifarbene Oberfläche oder als Untergrund für weitere Dekorationen ausreichen.

Farbe: Für einen Fußbodenanstrich kann man fast alle Farbarten verwenden, da der Endanstrich mit einem harten Kunstharzfirnis auch weichere Farben vor Abnutzung schützt. Man kann sogar mit einfachen, matten Emulsions- oder Latexfarben arbeiten, wenn man sie gut firnißt. Ich halte ihre pudrige, trockene Oberfläche für einen ausgezeichneten Untergrund für weitere Dekorationen. Es ist nicht wichtig, welchen Oberflächenglanz der Anstrich hat, da es Kunstharzfirnis matt, halbmatt und glänzend gibt. Deshalb besteht kein Anlaß, teure Glanzlacke zu verwenden, die sich außerdem nicht gut überstreichen lassen. Professionelle Dekorateure bevorzugen eine matte, weiße, mit Abtönpaste oder Künstler-Ölfarben abgetönte Ölfarbe, weil sie sich leicht auftragen läßt und eine samtige Oberfläche hat. Sie ist besonders für Muster geeignet, die Fliesen imitieren sollten und die hochglänzend zu hart aussehen würden.

Arbeitsmethode

Der Raum sollte leer, sauber und möglichst geschlossen bleiben, während Sie arbeiten – aber öffnen Sie ein Fenster, damit der Farbgeruch abziehen kann.

Fußböden werden wie Wände in jeweils einzelnen Abschnitten gestrichen, und die Farbe wird gut geglättet, um Pinselspuren zu vermeiden (siehe Seite 24). Planen Sie den Anstrich so, daß Sie bei einer Tür enden und nicht in einer Ecke, umgeben von nasser, klebriger Farbe.

Sie sollten jede Farbschicht, wenn sie trocken ist, schleifen, um Schmutz und Unebenheiten zu entfernen und um einen guten Untergrund für den nächsten Anstrich zu erhalten. Verwenden Sie mittelfeines Sandpapier, staubsaugen Sie den Raum, und reinigen Sie den Boden dann mit einem Reinigungslappen (siehe Seite 25).

Ist der Boden in der von Ihnen gewünschten Farbe gestrichen und sollen keine weiteren Dekorationen aufgetragen werden, firnißt man ihn – nachdem er gut durchgetrocknet ist – matt, halbmatt oder glänzend (siehe Seite 120 für Informationen über Firnis).

Links: Hier verwandeln die aus einem türkischen Palast kopierten Motive auf dem Fußboden ein großes, langes Wohnzimmer in ein phantasievolles Interieur. Die Muster wurden in mattweißer, mit Künstler-Ölfarben eingetönter Farbe gemalt und mit zwölf klaren Kunstharzfirnisschichten versiegelt. Und obwohl die Möbel an sich schon ungewöhnlich genug sind, treten sie dennoch hinter der Wirkung des Bodens zurück.

Streifen

Man kann einen Dielenboden hübsch und einfach gestalten, indem man die einzelnen Bretter unterschiedlich, aber Ton in Ton anstreicht (siehe Vorbereitung und Farbart im vorigen Abschnitt). Das wirkt bei ziemlich breiten Dielenbrettern am besten.

Die meisten Fußbodenbretter sind nicht lang genug, um von Wand zu Wand zu reichen; deshalb bedecken die meisten nur etwa zwei Drittel der Distanz. Man bemalt also ein Brett in seiner ganzen Länge und das anstoßende kürzere Brett in einem anderen Farbton. So wirkt der Boden angenehm aufgelockert und hübscher, als wenn man ihn mit regelmäßigen Streifen versieht.

Rautenmuster

Eine einfache Art der Fußbodenbemalung ist die Gliederung in quadratische, zweifarbige Rauten – ein Muster, das in allen Materialien, von Linoleum bis Marmor, sehr attraktiv wirkt. Da man die Rauten seitlich aneinandersetzt, ergibt sich eine den Raum streckende Perspektive. Schwarzweiß-Kontraste machen sich am besten in Fluren, und andere Farbkombinationen, die wie alte Kacheln wirken können, passen gut zu Küchen und Eßzimmern. Diese Technik funktioniert allerdings am besten in klaren, rechtwinkeligen Räumen, da dieses Muster jede architektonische Unregelmäßigkeit hervorhebt. Eine einfache, dunklerfarbige Randlinie ist eine gute Begrenzung für das Muster und ermöglicht, unregelmäßige Wände zu kaschieren.

Vorbereitung

Neues Holz wird grundiert. Nach dem Vorstrich trägt man genügend Schichten der helleren Farbe auf, um eine opake Oberfläche zu erhalten.

Wie man den Boden in Quadrate aufteilt, finden Sie auf den Seiten 128–129. Messen Sie die Bodenfläche aus, und markieren Sie sie genauso mit Kreide. Danach zeichnen Sie die diagonalen Linien, indem Sie eine Linie durch alle horizontalen und vertikalen Schnittpunkte ziehen. So erhält man ein Rautenmuster, dessen Rauten ein wenig kleiner sind als die ursprünglichen Quadrate.

Arbeitsmaterial

Matte oder halbmatte Ölfarbe; ein 25 oder 50 mm breiter Malerpinsel; ein feiner Künstlerpinsel oder ein Strichzieher; Richtlatte oder Lineal; Terpentinersatz; Stofflappen.

Arbeitsmethode

Malen Sie die Außenlinien der dunkleren Rauten mit einem feinen Künstlerpinsel oder dem Strichzieher und einer Richtlatte oder einem Lineal. Füllen Sie die Rauten mit dem Malerpinsel aus. Man kann auch eine Schablone in Rautengröße mit schnell trocknender Farbe benutzen. Beginnen Sie in der von der Tür am weitesten entfernten Ecke, so daß Sie am Ende der Arbeit den Raum verlassen können. Ist die Farbe ganz trocken, malt man die Außenränder.

Firnis: Zum Schluß trägt man mindestens drei Schichten matten, halbmatten oder glänzenden Firnis auf. Für Flure, die viel begangen werden, sollte man fünf Schichten aufstreichen.

Rautenmuster mit stark kontrastierenden Farben wie Schwarz und Weiß oder Rot und Gelb können sehr verwirrend und aufdringlich wirken. Sollten sie etwas zurückhaltender erscheinen, legt man über die hellen Quadrate eine leichte Marmorierung (Marmoriertechniken siehe Seiten 104ff. und 136ff.). Man kann die Rauten aber auch mit Schablonenmustern versehen, wobei man die zwei Grundfarben austauscht oder völlig andere Farben verwendet.

Etwas kühner ist die Gestaltung einzelner Rauten passend zu anderen Stoffmustern und Farben im Raum – das ergibt einen überraschenden Patchwork-Effekt.

Schablonen-malerei

Die wirkungsvollsten Schablonenmalereien auf Fußböden sind meiner Meinung nach solche, die sich mehr an traditionelle Vorlagen halten – dunkle und gedämpfte Farben und regelmäßige, sich wiederholende Muster. Abgesehen vom praktischen Aspekt, daß Schmutz und Staub nicht so sichtbar sind, gibt es noch einen ästhetischen und psychologischen Grund für diese Vorliebe. Ein Raum wirkt optisch ausbalancierter, wenn der Fußboden einen soliden Eindruck macht – ein delikater, blumiger Porzellaneffekt auf einem hellen, blassen Boden mag zwar an sich sehr hübsch aussehen, aber insgesamt kann sich ein vages, unangenehmes Gefühl einstellen; es sei denn, der ganze Raum ist farbig auf diesen etwas unsubstantiell wirkenden Boden abgestimmt. Sehen Sie sich die in diesem Buch gezeigten Beispiele, traditionelle Böden mit Kacheln, Teppichen und alten Schablonenmustern an, und entscheiden Sie selbst.

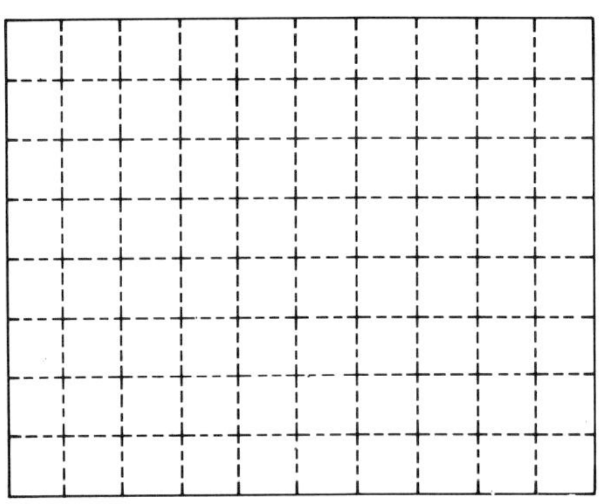

Um einen rautengemusterten Boden zu erhalten, teilt man ihn zuerst in Quadrate auf (siehe Seiten 128–129). Nachdem die Quadrate mit Kreide aufgezeichnet sind, zieht man durch die horizontalen und vertikalen Schnittpunkte Diagonalen. Beginnen Sie in einer Ecke des Raumes, die Linien über den Fußboden zu zeichnen.

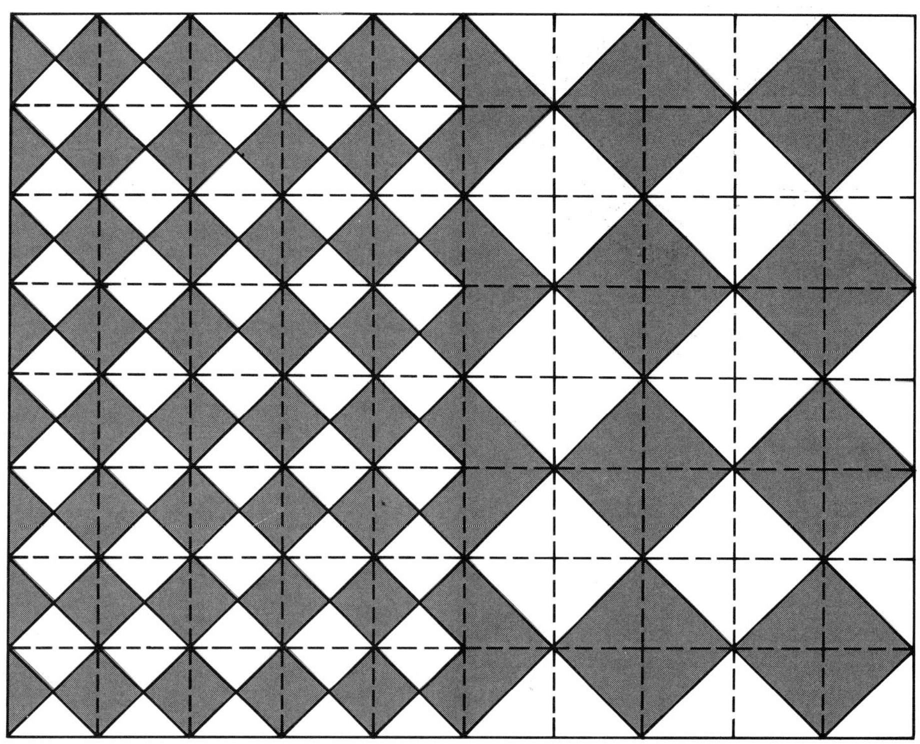

Rechts: Größere Rauten erhält man, indem man nur jeden zweiten Schnittpunkt verwendet.

Oben: Bemalte Böden können erfrischend heiter und lebendig wirken. Diese hübschen blauen Schablonenmuster wurden auf einen weißen Untergrund aufgesprüht. Eine delikate Randverzierung harmoniert mit der Sammlung von blauweißem Porzellan.

Rechts: Einfache geometrische Schablonenmuster in kühlen Farben passen gut zu dem blaßgrauen Untergrund der gebleichten Fußbodendielen.

Aufteilen eines Fußbodens in Quadrate

Um einen Boden in Quadrate aufzuteilen, benötigt man einen Bleistift, ein Lineal und Kästchenpapier; Kreide, Schlagschnur und/oder eine lange Latte; ein Zeichendreieck oder einen Winkel zur Kontrolle der Ecken. Es spart Zeit und Nerven, diese etwas zeitraubende Arbeit zu zweit zu machen.

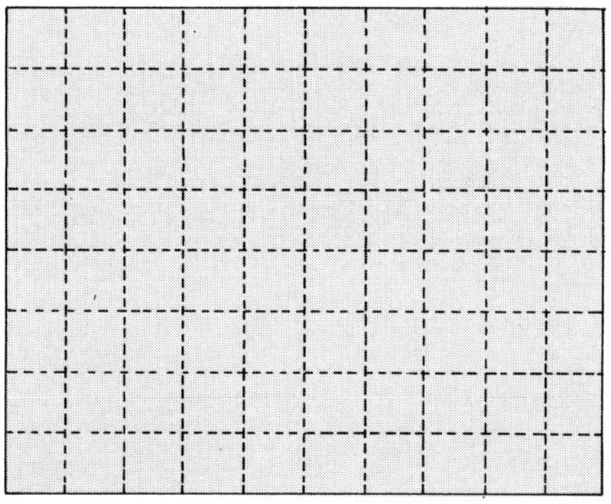

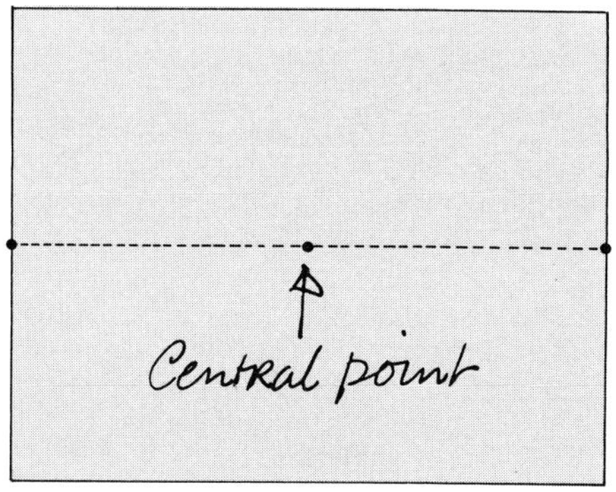

1 Messen Sie den Raum bzw. den Fußboden aus, und übertragen Sie die Maße maßstabgerecht auf Kästchenpapier. Wenn Sie sich für die Größe der Quadrate entschieden haben, markieren Sie sie mit Bleistift an den Umrißlinien des Fußbodenplans, indem Sie jeweils von der Mitte jeder Wand ausgehen. Möglicherweise muß man die Quadratgröße verändern, da die meisten einfachen Muster am schönsten aussehen, wenn sie nicht irgendwo angeschnitten sind. Eine Randleiste bietet die Möglichkeit auszugleichen (siehe linke Illustration).

2 Messen Sie die Mitte zweier gegenüberliegender Wände aus, und markieren Sie diese Punkte. Ziehen Sie zwischen diesen beiden Punkten mit Kreide und Latte oder mittels einer in Kreide getauchten Schnur, die durch den Raum gespannt wird, eine Verbindungslinie. Die Mitte dieser Linie ist die Mitte des Raumes.

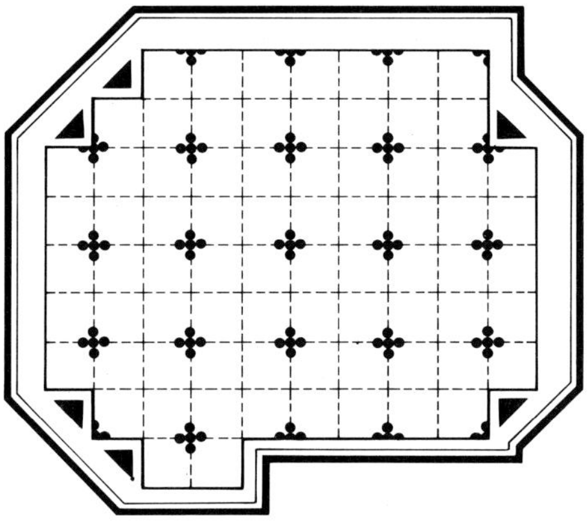

3 Markieren Sie sich nun von diesem Punkt aus die Länge der Quadrate auf der gezogenen Linie. Zeichnen Sie durch die zwei äußeren Punkte zwei parallel verlaufende Linien in der Länge des Raums (im rechten Winkel zur ersten Linie). Beim Ausmessen des Bodens ist Genauigkeit wichtig, da kleine Fehler auf einem großen Boden schnell zu großen werden. Kontrollieren Sie die rechten Winkel mit einem Zeichendreieck oder noch besser mit nachfolgender Formel: Markieren Sie sich auf einer der Parallelen 90 cm, auf der Hauptlinie 120 cm, und verbinden Sie diese beiden Punkte miteinander. Diese dritte Linie sollte genau 150 cm lang sein. Ist sie es nicht, so stimmt der Winkel nicht.

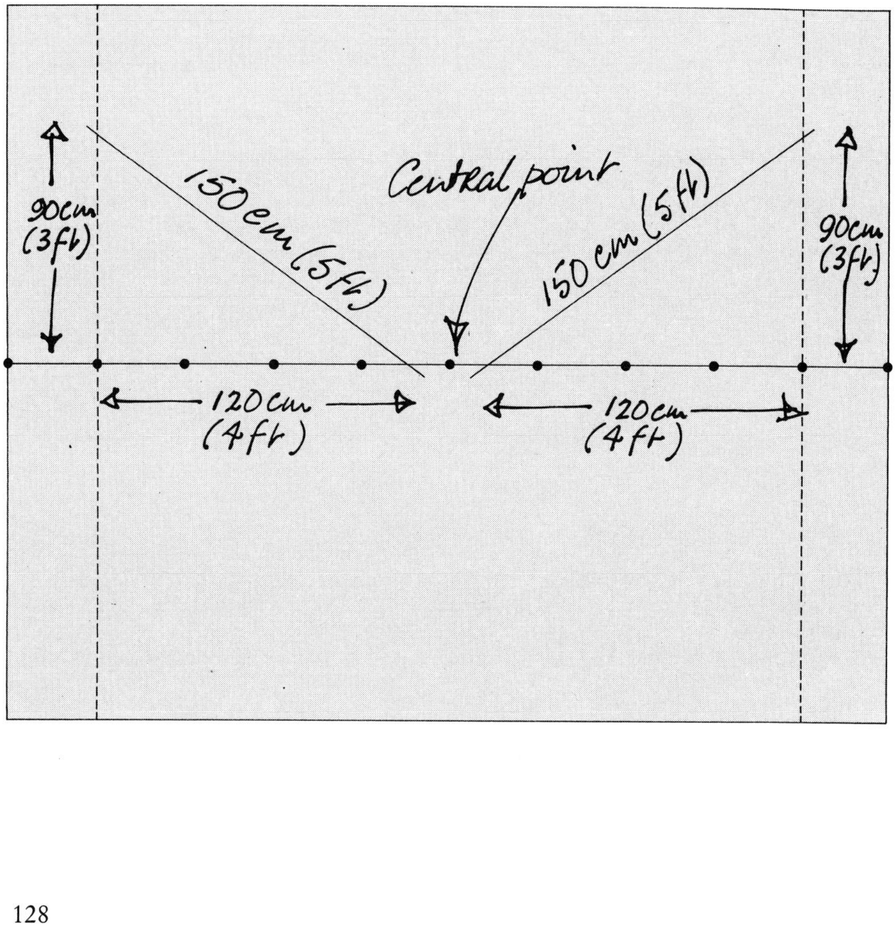

Rein technisch arbeitet man mit Schablonen auf Böden genauso wie auf Wänden (siehe Seiten 55–65).

Vorbereitung

Schablonenmalerei erfordert einen recht gut vorbereiteten Untergrund, wie er auch für einen matten, halbmatten oder glänzenden opaken Anstrich notwendig ist (siehe Seite 123).

Arbeitsmaterial für Schablonenmalerei

Farbe: Einige Dekorateure bevorzugen Sprayfarben, die für Autolackreparaturen verwendet werden, da sie schnell und einfach zu benutzen sind. Ich finde diese Farben schwer kontrollierbar, da sich die Düsen so schnell zusetzen. Hält man die Spraydose etwas schräger, läuft die Farbe oft unter die Schablone und verwischt die Ränder des Musters, die man dann mit einem Lappen sauberreiben muß. Dies kann man vermeiden, indem man die Außenlinien des Musters zuerst mit einem Messer einritzt.

Die besten Farben für Schablonenmalerei sind schnelltrocknende Farben wie verdünnte Acrylfarben und Plakat-Tempera-Farben. Auch matte Ölfarben und Vorstrichfarbe decken gut.

Pinsel: Die schönste und klarste Schablonenmalerei erhält man mit einem Stupfpinsel, mit dem man die Farbe aufstupft. Bei einem sich wiederholenden Muster ist diese Technik allerdings ermüdend. Meiner Meinung nach ist ein einfacher 25 oder 50 mm breiter Malerpinsel völlig ausreichend, um nicht allzu komplizierte Scha-

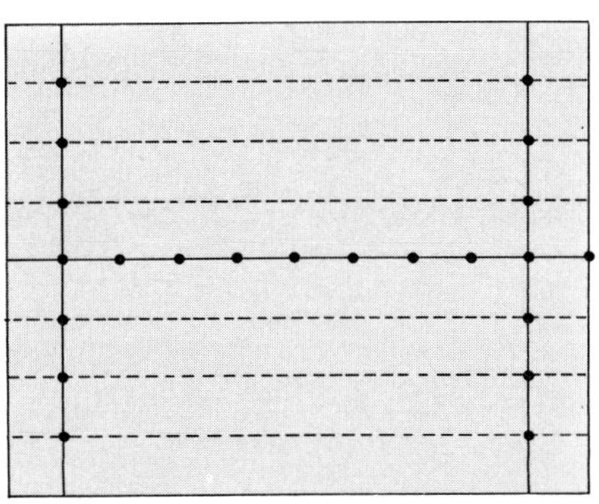

4 Sind diese Linien aufgezeichnet, markieren Sie darauf, wie auf der Hauptlinie, die Quadrate. Nun kann man alle in eine Richtung verlaufenden Linien aufzeichnen, indem man nur die gegenüberliegenden Punkte miteinander verbindet.

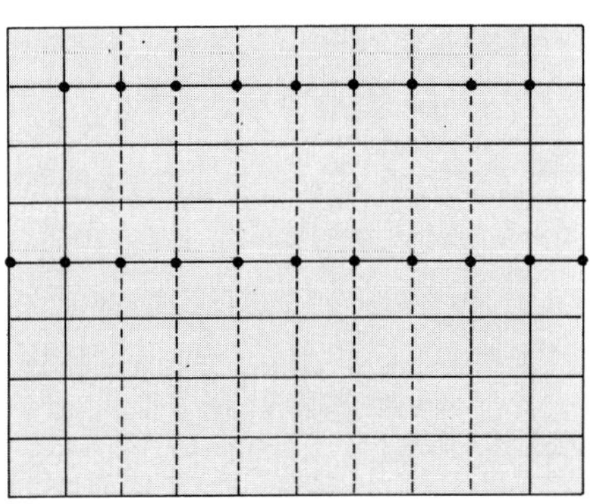

5 Markieren Sie nun wie zuvor auf den parallel zu der Hauptlinie verlaufenden Außenlinien die Quadrate und verbinden Sie auch hier die gegenüberliegenden Punkte.

Eine schablonengemalte Randverzierung umrahmt eine Fußbodenfläche ebenso wie eine Wand und hat den Vorteil, daß man bei regelmäßigen Mustern auf einem unregelmäßigen Boden ein wenig mogeln kann.

Oben: Dieses kunstvolle Muster ist von amerikanischen Volkskunst-Motiven inspiriert und schafft mit seinen warmen Farben auf den blanken Holzdielen eine gemütliche Atmosphäre.

Rechts: Starke, über den ganzen Fußboden verteilte Muster wirken am schönsten mit einem schlichten Rand – hier ist es eine Randverzierung aus sich wiederholenden Blattformen.

blonenmuster aufzutragen. Malen Sie das Muster eher aus, als es einzustupfen. Das geht viel schneller, wenn auch die Ränder nicht ganz so makellos werden. Arbeiten Sie mit zwei Farben, sollten Sie für jede Farbe einen eigenen Pinsel benutzen.

Zusätzliches Arbeitsmaterial: Millimeterpapier; Schlagschnur oder Kreide und Lineal; die üblichen Stofflappen zum Aufwischen; Untertassen zum Farbenmischen; Lösungsmittel für die Farbe; Klebeband.

Arbeitsmethode

Zuerst zeichnet man den Fußbodenplan auf das Millimeterpapier. Übertragen Sie Markierungslinien mit Schlagschnur oder Kreide und Lineal auf den Boden. Soll der ganze Boden mit einem regelmäßigen Muster versehen werden, teilt man ihn in Quadrate auf (siehe Seite 128ff.). Musterbänder plant man, indem man die Länge der Wand durch die Größe des Motivs teilt, um herauszufinden, wie oft sich das Muster wiederholt. Ziehen Sie mit Kreide eine Linie in der gewünschten Entfernung von der Wand, und markieren Sie mit kurzen Strichen den Mittelpunkt jedes Motivs. Markieren Sie auch auf der Schablone selbst den Mittelpunkt des Motives mit zwei sich im rechten Winkel kreuzenden Strichen, so daß man die Schablone genau anlegen kann.

Wie man Farben anmischt und Schablonen plaziert und ausmalt, finden Sie auf den Seiten 55–69. Schablonenmalerei auf Fußböden ist eine den Rücken strapazierende Arbeit; deshalb ist es sinnvoll, nicht allzuviel auf einmal ausmalen zu wollen. Da man in kniender Position dazu neigt, den Pinsel stärker zu belasten, ergeben sich wahrscheinlich mehr Schmierstellen und Kleckse. Wischen Sie diese bei der Arbeit mit sauberen Stofflappen weg, und reinigen Sie die Rückseiten der Schablonen regelmäßig. Heben Sie die Schablone vorsichtig hoch, damit sie nicht über die nasse Farbe wischt. Aber wenn der Boden fertig ist, werden kleine Nachlässigkeiten hier und dort gar nicht auffallen.

Unten links: Eines meiner bevorzugten Fußbodenmuster, schlicht und sehr elegant. Die Umrisse wurden in den Boden eingeritzt, dann erst mit Holzbeizefarben ausgemalt. Die doppelt linierte Umrandung ist in ihrer Einfachheit eine raffinierte Betonung des Musters.

Schablonenmalerei auf Hartfaserplatten

Hartfaserplatten sind der billigste Bodenbelag. Das Material ist stabil, leicht zu schneiden und zu verlegen und bestens geeignet, um häßliche oder zugige Bodenbretter zu überdecken. Hartfaserplatten sind auch praktisch, wenn man keinen großen Arbeitsplatz hat, da man den ganzen Bodenbelag bis hin zur letzten Firnisschicht in einzelnen Abschnitten auf dem Küchentisch vorbereiten kann. Der Haupteinwand gegen dieses Material besteht in seiner dumpfen, braunen Farbe, die recht deprimierend wirken kann, aber es gibt viele Möglichkeiten, diese zu verändern.

Eine Möglichkeit ist, sie mit Schablonenmustern zu versehen. Oder man kann das Braun verschwinden lassen, indem man es ganz übermalt – zuerst mit einer Schicht Acrylgrundierung oder Vorstrichfarbe oder verdünnter Emulsions- oder Latexfarbe und dann mit einem halbmatten Ölanstrich. Für einen hellen Anstrich benötigt man zwei Schichten, für einen dunklen nur eine.

Unten rechts: Eine Randbemalung wie diese macht einen lebhaften Eindruck und demonstriert, daß auch eine ungewöhnliche Gestaltung erlaubt ist. Die stilisierten Gänse wurden freihändig gemalt, aber man kann ähnliche kunstvolle Motive auch mit Schablonen erhalten; dabei sollte man allerdings daran denken, daß solche Muster Zeit und Geduld erfordern.

Man kann die natürliche Hartfaserplattenfarbe aber auch als Untergrund für Schablonenmuster verwenden. Ein Rautenmuster mit zwei weiteren zu dem Braun passenden Farbtönen – Dunkelbraun und Indischrot, Rot und Schwarz oder Grün und ein Senfgelb sind eine hübsche Möglichkeit.

Arbeitsmethode

Messen Sie den Boden aus, und schneiden Sie die Hartfaserplatten in genügend 120 cm große Quadrate, um den Boden bedecken zu können. Viele Holz- und Baumärkte schneiden Ihnen die Platten auf Wunsch zu. Macht man dies selbst, benutzt man für gerade Schnitte eine Paneelsäge und eine Laubsäge oder eine Bügelsäge mit feiner Zahnung für Kurven und Ecken. Schneiden Sie die Hartfaserplatten von der glatten Seite aus, damit sie saubere Ränder erhalten. Wollen Sie die ganze Fläche bemalen, tragen Sie zuerst eine Grundierung auf.

Unterteilen Sie dann jedes Quadrat in 16 kleinere Quadrate, die sie mit einem Filzstift markieren – jedes dieser Quadrate ist eine dekorative Mustereinheit. Möchten Sie, daß der Fußboden wie aus verfugten Kacheln wirkt, schneiden Sie mit dem Teppichmesser eine gerade, sichtbare Kerbe an allen Linien entlang.

Machen Sie sich eine Schablone, die genau in das Quadrat hineinpaßt (siehe Seiten 55–69).

Legen Sie die Hartfaserplatten auf einen großen Tisch, und beginnen Sie mit der Schablonenmalerei. Verwenden Sie dazu eine gut deckende, matt trocknende Farbe wie zum Beispiel Künstler-Acrylfarbe, Plakat-Tempera oder Abtönfarbe. Stellen Sie die Platten zum Trocknen hochkant an die Wand.

Ist die Farbe trocken, überstreicht man die Hartfaserplatten sorgfältig mit Firnis.

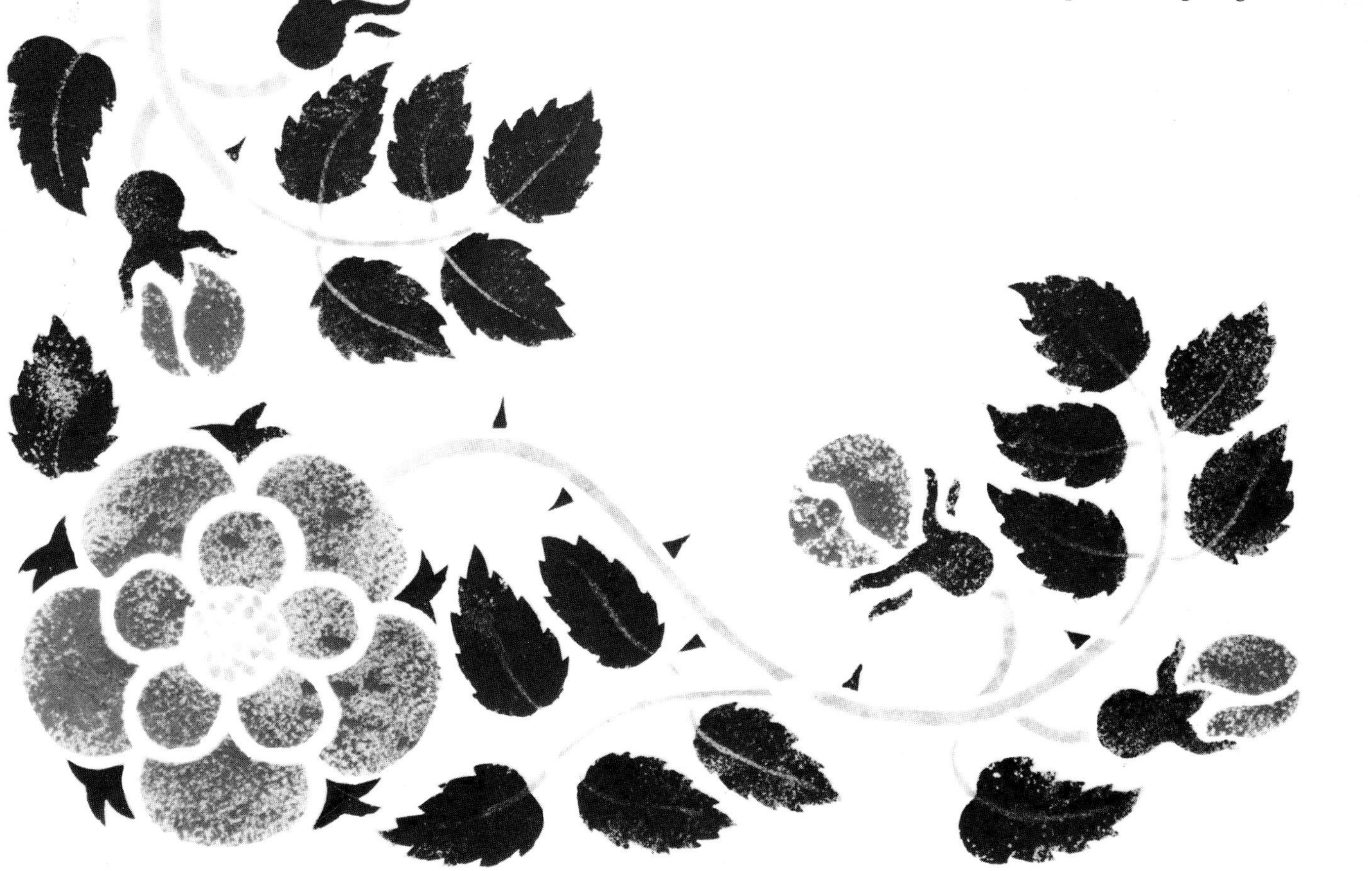

Schablonenmuster auf Hartfaserplatten können kühn und kraftvoll sein. Ein rechtwinkliges Motiv kann man durch Umdrehen zu einem quadratischen Muster zusammenfügen. Ein Beispiel ist dieses lebhafte, dreifarbige Rosenmuster: Grün für die Blätter, Gold für die Zweige und Rot für die Knospen und Blüten.

Verlegen der Hartfaserplatten: Wenn man Hartfaserplatten nicht richtig vorbehandelt, können sie wellig werden. Man reibt sie deshalb auf der Rückseite leicht mit Wasser ein und läßt sie über Nacht trocknen, so daß sie sich an die Feuchtigkeit des Raums gewöhnen. Nageln oder kleben Sie die Platten am nächsten Tag sorgfältig und dicht aneinander auf den Boden.

Marmorierte Fußböden

Marmorierte Fußböden geben jedem Raum gleich ein palastartiges Flair. Sie zu malen, ist gar nicht so schwer, wie es zuerst den Anschein hat, da man gerade auf großen Flächen eine lockere und impressionistische Marmorstruktur aufmalen kann, die immer noch sehr realistisch wirkt. Noch einfacher ist es, wenn man den Boden in Quadrate aufteilt, so daß er wie Marmorfliesen wirkt.

Aber auch kleine, enge Räume wie Flure, Eingangshallen und Korridore wirken mit einem blassen, kühlen marmorierten Boden heller und größer. Ein marmorierter Fußboden, der sorgfältig gefirnißt wird, bietet eine strapazierfähige Oberfläche. Gönnen Sie sich diesen preiswerten Luxus, und marmorieren Sie nicht nur den Badezimmerboden, sondern auch die Badewannenverkleidung und alles andere Holzwerk.

Tragen Sie zuerst als Untergrund eine weiße oder gebrochen weiße, halbmatte Ölfarbe auf, die nach dem Trocknen glattgeschliffen wird. Reiben Sie dann eine dünne Schicht Leinöl mit einem weichen Tuch auf. Mischen Sie zwei Öllasuren an: ein Teil Grundfarbe auf zwei Teile Terpentinersatz und Abtönpaste oder Künstler-Ölfarbe; hier wurde die Öllasur 1 mit Gebrannter Siena und gelbem Ocker gemischt, die Lasur 2 mit Kobaltblau und Umbra Natur. Stupfen Sie die erste Lasur mit einem steifen Pinsel ziemlich regelmäßig verteilt auf die Oberfläche.

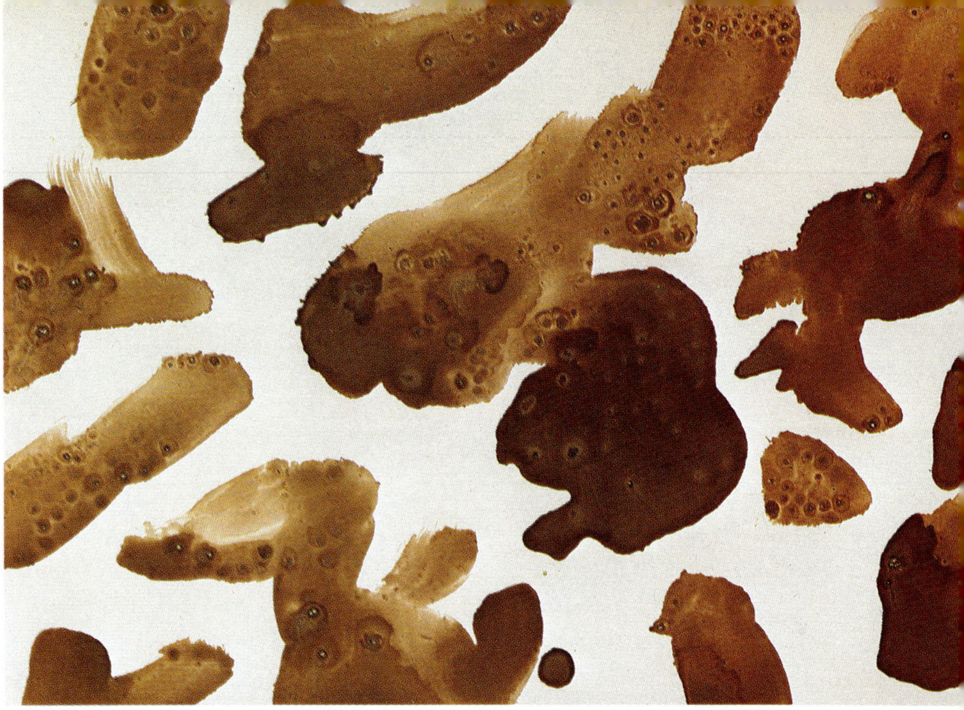

Tragen Sie mit demselben Pinsel die Lasur 2 grob zwischen die ersten Muster auf. Reinigen Sie den Pinsel.

Gehen Sie vorsichtig mit einem Naturschwamm oder einem zusammengeknüllten Papiertaschentuch über die Fläche, um überschüssige Farbe abzunehmen und eine weicher gemusterte Oberfläche zu erhalten.

Nehmen Sie etwas Terpentinersatz auf den Pinsel, und spritzen Sie, indem Sie mit dem Daumen über die Borsten streichen, reichlich Terpentinersatz auf die Oberfläche. Dort, wo der Verdünner auftrifft, öffnen sich kleine Löcher.

Um das Muster noch zu variieren, spritzt man jetzt Spiritustropfen auf die Fläche.

Tupfen Sie nun die Oberfläche wieder mit einem Schwamm oder Papiertaschentuch vorsichtig ab. Ist die Farbe trocken, überstreicht man sie mit drei bis fünf Schichten Kunstharzfirnis, der auf drei Teile mit einem Teil Terpentinersatz verdünnt wird. Schleifen Sie jede Schicht, mit Ausnahme der ersten, leicht glatt.

Fossiler Marmor

Die nachfolgend beschriebene Marmorier-Technik ist besonders wirkungsvoll. Sie ist für jede horizontale Oberfläche – Tischplatten, Bilderrahmen usw. – geeignet; auf vertikalen Flächen läuft die Farbe davon. Der Eindruck von ›fossilem‹ Marmor entsteht durch das Ineinanderspritzen von nasser Öllasur und Verdünner – einfach und überzeugend. Am schönsten wirken matte Kieselsteinfarben – Grüngrau, Mattblau oder Braungelb – und besonders hübsch auf Hartfaserplatten.

Vorbereitung

Schneiden Sie die Platten wie oben beschrieben in 120 cm große Quadrate. Grundieren Sie mit Acrylgrundierung, Vorstrichfarbe oder verdünnter Emulsions- oder Latexfarbe.

Bedecken Sie Ihre Arbeitsfläche mit Zeitungspapier oder Plastikfolie. Bemalen Sie die Platten mit einer weißen oder gebrochen weißen, halbmatten Ölfarbe. Ist die Oberfläche trocken, schleift man sie mit mittelfeinem Sandpapier. Die Oberfläche muß nicht nur glatt sein, sondern das Weiß muß auch decken; deshalb wird man drei Farbschichten auftragen müssen, die jeweils geschliffen werden. Ein glatter Untergrund ist für diese Marmorierungstechnik wichtig, da Unebenheiten und Pinselspuren das Auseinanderlaufen der Lasur behindern. Zum Schluß trägt man eine ganz dünne Leinölschicht (rohes oder gereinigtes Leinöl) auf, die gerade dick genug ist, um einen matten Glanz zu zeigen und die sich bewegende Lasur daran hindert, sich unkontrolliert auszubreiten.

Spachteln der Holzmaserung: Wenn Sie eine Tischplatte aus rauhem und großporigem Holz marmorieren wollen, sollten Sie die Fläche vor dem Bemalen glatt spachteln. Dazu verwendet man Holzkitt, Allzweck-Spachtelmasse oder GESSO. Sind genügend Schichten aufgetragen, schleift man die Oberfläche mit Sandpapier und bemalt sie dann mit Vorstrichfarbe und einer halbmatten Ölfarbe. Tischplatten sollten, da man sie genauer betrachtet, eine harte, glatte Oberfläche haben.

Arbeitsmaterial

Zwei farbige Lasuren – ein Teil matte oder halbmatte Ölfarbe und zwei Teile Terpentinersatz, abgetönt mit Abtönpaste oder Künstler-Ölfarben. Die Lasuren sollten die Konsistenz von Milch haben und dunkel genug sein, um sich von dem weißen Untergrund abzuheben – probieren Sie sie an einer Ecke der Hartfaserplatte aus.

Außerdem brauchen Sie einen 75 mm breiten Pinsel; einen harten Stupfpinsel; Brennspiritus; einen Naturschwamm oder einige geknüllte Papiertaschentücher.

Arbeitsmethode

Legen Sie sich jeweils ein Hartfaserquadrat auf Ihre abgedeckte Arbeitsplatte, und stupfen Sie eine Öllasur mit dem Pinsel auf – wie die schwarzen Felder auf einem Schachbrett. Dann tauchen Sie den Pinsel in die zweite Öllasur und stupfen die Farbe in die leeren Zwischenfelder, wobei sich die Lasuren ruhig hier und dort überlagern dürfen. Dann stupft man mit dem Schwamm die ganze Oberfläche ab, um allzu dicke Lasurschichten abzutragen und um eine knittrige, leicht ineinandergezogene Oberfläche zu erhalten.

Spritzen Sie nun mit dem Stupfpinsel, indem Sie mit dem Daumen über die Borsten reiben, reichlich Terpentinersatz auf die nassen Öllasuren. Innerhalb von Sekunden gerät die Oberfläche in Bewegung – kleine Löcher öffnen und verbreitern sich. Man kann nun, um das Muster zu variieren, Brennspiritus aufspritzen, der ganz andere Muster bildet. Kleine Wassertropfen hinterlassen saubere, kleine Ringe. Allzu große Spritzer, die sich zu sehr ausdehnen, kann man mit einem

Papiertaschentuch abtupfen. Die Abbildungen auf den Seiten 134 und 135 geben einen Eindruck vom Ablauf.

Diese Technik macht Spaß, und die einzige Schwierigkeit besteht darin zu wissen, wann man aufhören soll. Ist man mit dem Muster zufrieden, läßt man die Platte waagerecht gut durchtrocknen.

Firnis: Wenn die marmorierten Platten ganz trocken sind, trägt man bis zu fünf Schichten klaren, glänzenden Kunstharz-Firnis auf – drei Teile Firnis zu einem Teil Verdünner.

Die fertigen Platten werden dann von hinten naß abgerieben, über Nacht getrocknet und dann verlegt.

Um eine perfekte glatte Oberfläche zu erhalten, schmirgelt man die letzte Firnisschicht nicht ab, sondern bearbeitet sie mit pulverisiertem Bimsstein, englischer Erde oder Haushaltsscheuerpulver und ein wenig Babyöl oder Salatöl. Tragen Sie diese klebrige Masse mit langen Bewegungen in Maserrichtung mit einem Stück Filz oder mit einem weichen Flanellstoff auf, wischen Sie mit einem feuchten Lappen nach, und polieren Sie die Oberfläche mit einem weichen, sauberen Tuch.

Marmorierte Fußbodendielen

Man kann einen Fußboden direkt marmorieren, wenn er ausreichend glatt ist und keine sichtbaren Risse hat (siehe Seite 113ff. über das Vorbereiten von Holzfußböden). Neues muß grundiert werden; nach ein oder zwei Vorstrichen versieht man die Oberfläche mit einer halbmatten Ölfarbe im Grundton des Marmors. Die Marmoriertechnik ist auf den Seiten 104–108 beschrieben. Unterteilen Sie die Bodenfläche in große Quadrate (siehe Seite 128f.). Markieren Sie die Quadrate sorgfältig mit Lineal und schwarzem Filzstift, da diese Linien Teil des Designs sind. Marmorieren Sie jeweils ein Quadrat; so unterteilt man die Arbeit sinnvoll, und das Ergebnis sieht hübscher aus, weil man die Marmoradern von Quadrat zu Quadrat in verschiedene Richtungen laufen lassen kann. Zum Schluß firnißt man den Boden mit drei bis fünf Schichten (drei Teile klaren, glänzenden Firnis zu einem Teil Verdünner).

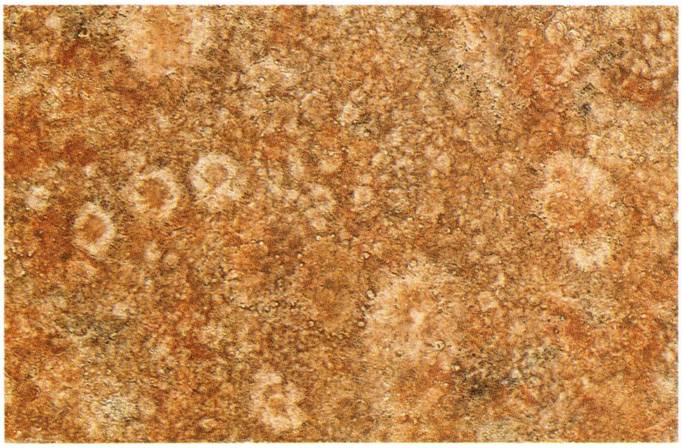

Lasur 1: Gebrannte Siena, ein wenig Gebrannte Umbra, ein wenig Ockergelb. Lasur 2: Ockergelb, Umbra Natur.

Lasur 1: Umbra Natur. Lasur 2: viel Kobaltblau, wenig Umbra Natur.

Lasur 1: Gebrannte Siena, gelbes Ocker. Lasur 2: Kobaltblau, Umbra Natur. Mehr Verdünnerspritzer und stärkeres Überarbeiten mit dem Schwamm.

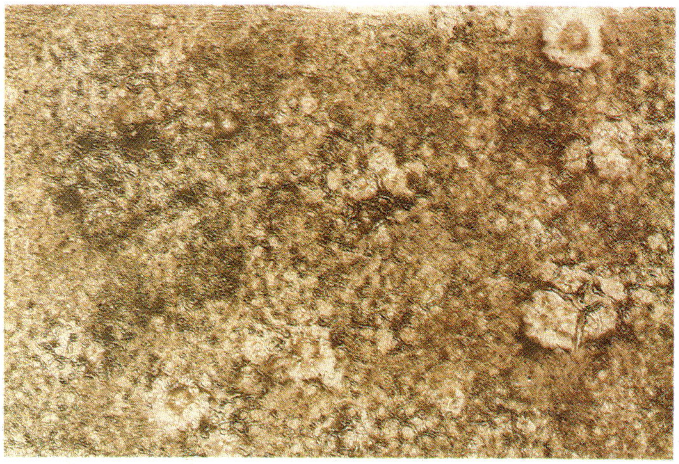

Lasur 1: Gebrannte Umbra. Lasur 2: Umbra Natur.

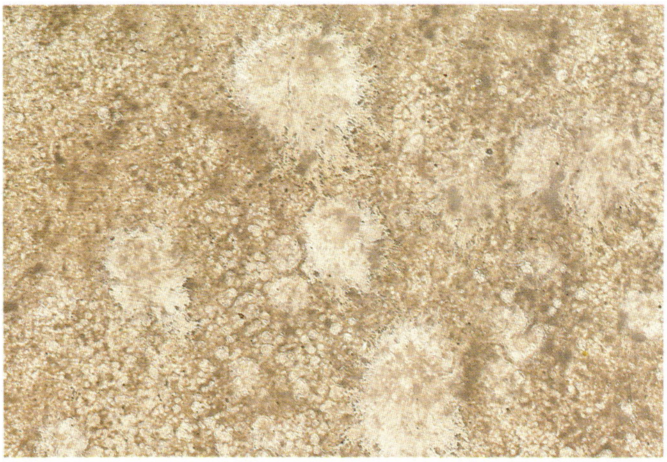

Lasur 1: Umbra Natur. Lasur 2: Kobaltblau und Umbra Natur.

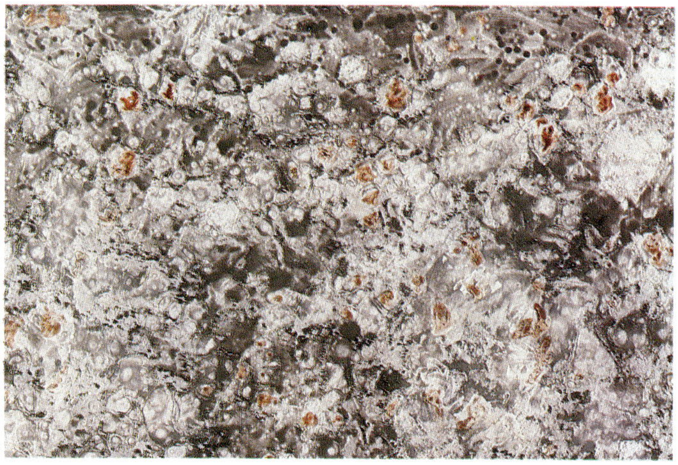

Lasur 1: Grau. Lasur 2: Indigoblau, gefleckt mit Oxydrot.

Links: Jeder fossile Marmoreffekt wurde mit zwei – wie zuvor beschrieben – angemischten Lasuren erzielt.

Oben: Ein marmorierter Holzfußboden mit Umrandung aus fossiler Marmorimitation.

Kammzug-technik

Nehmen Sie feste Pappe oder dicke Plastikfolie, und formen Sie daraus Ihre eigenen Kämme mit Zähnen in den verschiedensten Größen und Abständen.

Kammzugtechnik-Effekte wirken ein wenig wie groß gemalte Holzmaser-Effekte, und sie sehen in stark kontrastierenden Farben am besten aus. Es war ein amerikanischer Designer, der die Idee hatte, diese Technik für Fußböden zu benutzen; er verwendete leuchtende Bonbonfarben und strukturierte die Böden durch quadratische Schachbrettmuster in verschiedenen Richtungen und Farben. Die Kammzugtechnik ist eine schnelle und einfache Möglichkeit, Fußböden zu mustern; man kann sie aber auch auf Hartfaserplatten anwenden (siehe Seite 131).

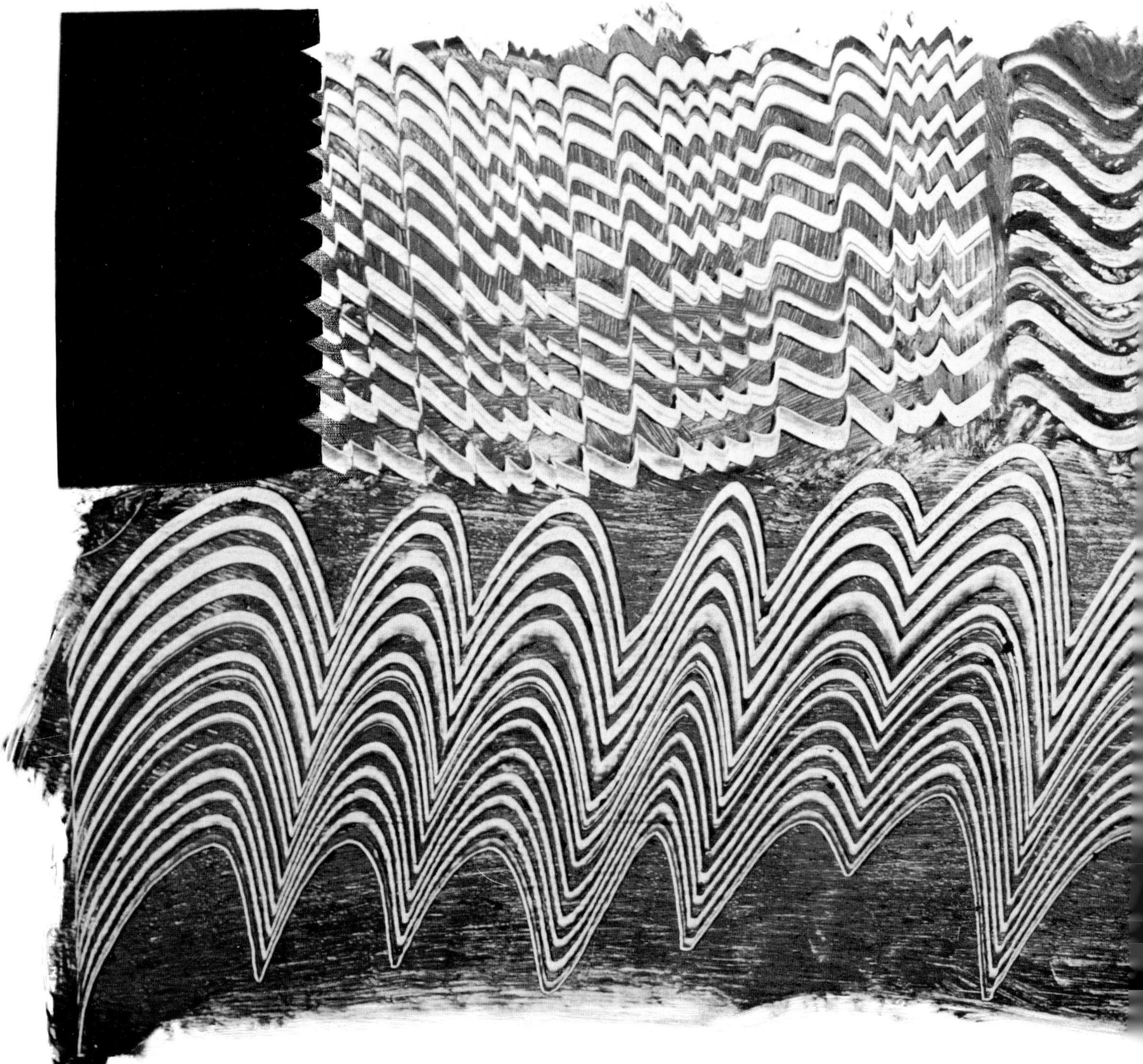

Vorbereitung

Neues Holz muß grundiert werden. Nach dem Vorstrich werden Fußboden oder Hartfaserplatten mit genügend Schichten einer matten oder halbmatten Ölfarbe versehen, um eine gut deckende Oberfläche zu erhalten. Wählen Sie eine Grundfarbe, die gut zur nächsten, gekämmten Farbe paßt – zum Beispiel stark kontrastierende Farben wie Rot und Grün oder, zurückhaltender, verschiedene Töne der gleichen Farbe.

Auf den Seiten 128–129 finden Sie Informationen über das Einteilen des Fußbodens. Sollen die Quadrate klar umrissen sein, markiert man sie mit dünnem Klebeband.

Arbeitsmaterial für gekämmte Böden

Matte oder halbmatte Ölfarbe; Abtönpasten; Kammspachtel; 75 mm breiter Pinsel; Terpentinersatz; Klebeband; Stofflappen.

Kammspachtel kann man in Bau- und Eisenwarengeschäften bekommen, aber es ist einfacher und billiger, sie selbst zu machen. Sie können jedes stabile, schneidbare Material – Pappe, Schablonenpappe, dicke Plastikfolie, Sperrholz usw. – verwenden. Schneiden Sie es in Kammform mit regelmäßigen Zähnen. Die Größe der Zähne und ihr Abstand bestimmen die Größe des Musters. Machen Sie die Kämme ziemlich groß, so daß jedes Quadrat in möglichst wenigen Bewegungen gefüllt werden kann.

Arbeitsmethode

Verdünnen Sie die zweite Farbe mit einem Teil Verdünner zu drei Teilen Farbe. Ist die Farbe zu dünn, überdeckt sie die Grundfarbe nicht genügend.

Beginnen Sie Ihre Kamm-Malerei in einer Ecke des Raumes, so daß Sie bei der Tür enden. Am besten streicht man den halben Raum in einem Zug, läßt ihn trocknen und streicht dann den restlichen Teil. Tragen Sie die zweite Farbe gleichzeitig auf zwei oder drei aneinanderstoßende Quadrate auf – größere Flächen sind ungünstig, da die Farbe vorzeitig trocknen könnte. Setzen Sie den Kamm an einer Seite eines Quadrates auf und ziehen Sie ihn bis zur gegenüberliegenden Linie durch die nasse Farbe. Bearbeiten Sie das nächste Quadrat genauso, nur führen Sie den Kamm im rechten Winkel zur vorigen Fläche. So geht es von Quadrat zu Quadrat weiter, immer im Wechsel von horizontalen und vertikalen Linien. Die zweite Quadratreihe sollte an die vorige anschließen und wieder in wechselnden Richtungen bemalt werden. Reinigen Sie den Kamm nach wenigen Quadraten mit einem Lappen, da er sonst zuviel Farbe ansammelt.

Es ist nicht schlimm, wenn die Linien ein wenig krumm sind und die Quadrate nicht ganz sauber – gekämmte Oberflächen wirken durch solche Unregelmäßigkeiten besonders hübsch. Aber ziehen Sie die Farbe nicht in die nächste Quadratreihe hinein, denn so entsteht eine verschmierte Linie von angetrockneter Farbe, die man nicht mehr bearbeiten kann. Das Abkleben der Linien verhindert dieses Malheur.

Firnis: Wenn die gekämmte Farbe hart und trocken ist, überstreicht man sie mit klarem Kunstharzfirnis.

Oben: Das lebhafte Muster auf einem einfachen Holzfußboden entstand durch das Überstreichen eines weißen Emulsionsuntergrundes mit einer graugrünen Emulsionsfarbe, die dann mit einem Kammspachtel gemustert wurde.

Links: Die Arbeit fällt leichter, wenn man eine Fläche in ziemlich große Quadrate unterteilt. Diese Detailaufnahme zeigt die vielen Variationsmöglichkeiten einer gekämmten Oberfläche.

Fußbodenbeläge

Fußbodenbeläge aus bemalten Leinwänden, die man wie Teppiche auf den Boden legte und die einen Raum schmücken und außerdem lästige Luftzüge verhindern sollten, erreichten die Höhe ihrer Popularität in Europa und Amerika im späten 18. Jahrhundert, bevor sie von maschinell gefertigten Bodenbelägen verdrängt wurden. Heute sind sie mit den schnell trocknenden modernen Grundierungen, Farben und Firnislacken sehr viel leichter und schneller herzustellen als vor 200 Jahren. Ein selbstgemachter Bodenbelag kann ganz individuell für die Küche, das Badezimmer, die Eingangshalle oder das Kinderzimmer gestaltet werden.

Die erste Frage, die stets gestellt wird, wenn jemand einen handgemalten Bodenbelag sieht, ist: »Kann man darauf gehen?« Die Antwort lautet »ja«, sogar mit Pfennigabsätzen. Ein gut grundierter und gefirnißter Bodenbelag ist bei normalem Gebrauch recht strapazierfähig – sogar auf Treppen –, und man kann die Bemalung natürlich einfach erneuern, wenn die Firnisschicht oder das Muster zu abgelaufen und schäbig ist.

Die Entscheidung über die Größe des Bodenbelags hängt von dem Platz ab, den Sie zur Arbeit zur Verfügung haben. Ein kleiner Bettvorleger kann auf dem Küchentisch entstehen, wenn es noch einen anderen Platz gibt, wo sie den Bodenbelag zum Trocknen auslegen können. Ein raumgroßer Bodenbelag wird am besten an Ort und Stelle gemalt, was den Raum für die Zeit der Arbeit natürlich blockiert. Dazwischenliegende Formate sind wahrscheinlich das größte Problem, da die Leinwand zum Grundieren und Trocknen gespannt sein muß. Eventuell kann man sie auf einem verhältnismäßig glatten Rasen bei schönen Wetter aufspannen.

Muster

Es gibt unendlich viele Möglichkeiten der Gestaltung. Die einfachsten Muster, die man mit Schablonen übertragen kann, entstammen den beliebtesten Vorlagen des 18. Jahrhunderts und basieren auf Fußbodenkacheln und Marmorfliesen. Imitieren Sie provenzalische, unglasierte und ineinandergreifende Fliesen oder die farbenfrohen Muster Delfter, italienischer, spanischer oder alter maurischer Kacheln. Studieren Sie Bücher über Keramik, und lassen Sie sich davon inspirieren. Verwenden Sie Farben, die zu anderen im Raum passen, so daß es eindeutig ist, daß dieser Bodenbelag ganz nach Ihren Wünschen gestaltet ist und niemand ihn für einen maschinengefertigten, gekauften Bodenbelag halten kann.

Andere Anregungen erhält man beim Betrachten alter Patchwork-Decken. Ihre einfachen dekorativen Muster und ihre lebhaften Farben lassen sich wunderbar mit Schablonen auf Leinwand übertragen. Eine letzte, leicht mit Umbra Natur oder Siena Natur abgetönte dünne Öllasur sorgt für den verblichenen Eindruck, und eine matte Firnisschicht macht den Effekt vollkommen.

Wenn Sie sich für eine freie Malerei entscheiden, können Sie sich von etruskischen Wandgemälden oder alten Wandteppichen oder von Matisses Papierarbeiten inspirieren lassen.

Eine seltsam gefährliche Inspirationsquelle sind konventionelle Teppiche und Läufer, da ihre Muster fast immer im Hinblick auf die üppige Wollfloroberfläche entworfen wurden und diese, wenn man sie in Malerei überträgt, nicht wirken. Flach gewebte Muster wie die auf Kelimteppichen und Navajodecken können Anregungen bieten.

Aber bevor man sich für ein solches Muster entscheidet, sollte man genau überlegen, ob es auch ohne die reiche Oberfläche und die Farben des ursprünglichen Materials funktioniert.

Arbeitsmaterial

Leinwand; Teppichmesser zum Schneiden der Leinwand; Spannrahmen; Reißnägel oder Heftmaschine zum Aufspannen kleiner Leinwände, 50 mm lange Nägel zum Aufspannen größerer Leinwände; Grundierung; diverse Pinsel; Klebstoff; Firnis; Terpentinersatz; Lineal oder Meßschnur; Untertassen oder Marmeladengläser zum Anmischen von Farbe; Kreide oder Bleistift zum Aufzeichnen der Muster; mittelfeines Schleifpapier; Stofflappen und Makulaturpapier.

Wenn Sie mit Schablonen arbeiten möchten, siehe Seiten 56–58.

Leinwand: Kaufen Sie dichtgewebten Leinwandstoff in der von Ihnen gewünschten Größe plus 25 bis 50 mm Rand zum Umschlagen. Segelmacher führen die meisten unterschiedlichsten Breiten. Künstlerbedarfsgeschäfte sind teurer, aber sie haben eine Vielzahl unterschiedlich schwerer Malleinwände. Schmale Leinwandstreifen kann man mit der Nähmaschine zusammennähen – einige Segelmacher führen das für Sie aus.

Spannrahmen: Ein Spannrahmen ist nicht unbedingt notwendig, aber eine gut gespannte Leinwand ohne wellige Kanten und Falten ergibt einen professionelleren Bodenbelag. Nageln Sie etwa 25 × 25 mm breite Latten zu einem rechteckigen Rahmen zusammen und spannen Sie die Leinwand mit Reißhägeln oder Heftklammern auf. Eine aufgespannte Leinwand kann man außerdem einfach zum Trocknen beiseite stellen. Kleine Leinwände kann man auf einem Tisch, dem Boden oder an einer Holzwand befestigen, größere lassen sich mit langen, dünnen Nägeln auf einem Rasen spannen; sobald der Stoff trocken ist, kann man die Leinwand lösen, zusammenrollen und beiseite stellen.

Grundierung: Die Grundierung erfüllt mehrere Aufgaben: Sie ebnet die Webstruktur, bietet einen guten Maluntergrund und schützt die Leinwand vor Verschleiß; aber gleichzeitig muß sie so flexibel sein, daß man den fertigen Bodenbelag noch zusammenrollen kann, um ihn zu transportieren.

Die preiswerteste Grundierung ist eine Emulsionsfarbe auf Polyvinylacetat-Basis; sie haftet gut und ist flexibel. Zwar sind die ersten Schichten etwas mühsam aufzutragen, aber sie trocknen schnell und bilden nach dem Schleifen eine glatte

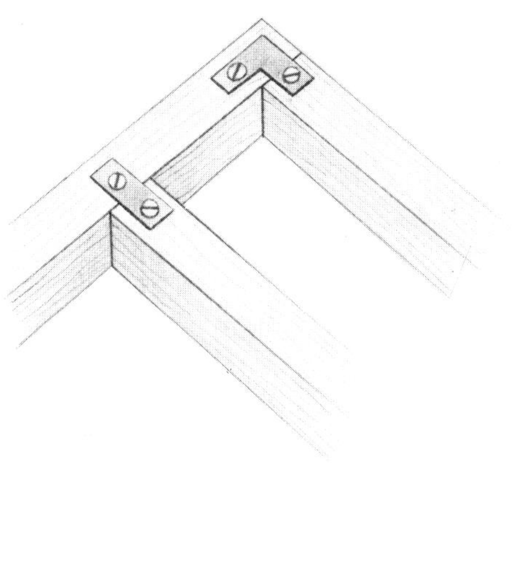

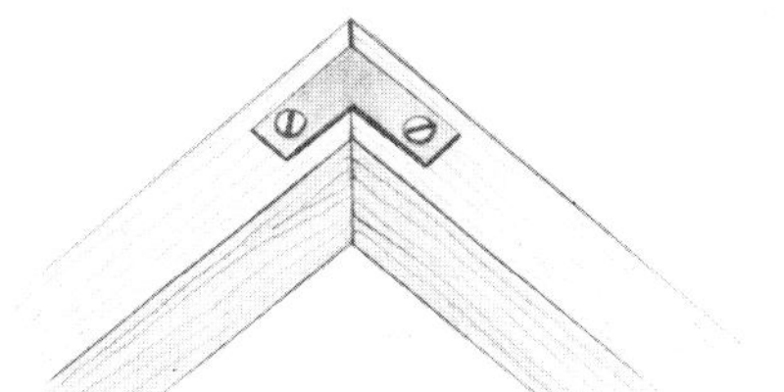

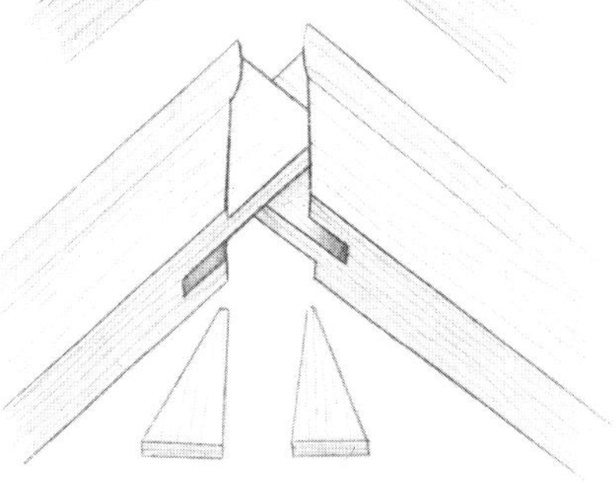

Ganz links: Einen stabilen Rahmen erhält man, indem man vier 25 × 25 cm breite Holzlatten mit Metallwinkeln zusammenschraubt. Ein großer Rahmen sollte noch mit einer Mittellatte stabilisiert werden.

Oben links: Auf Gehrung geschnittene Ecken ergeben einen festeren Rahmen.

Unten links: Man kann auch Künstler-Keilrahmen, die nach Größe zu bestellen sind, verwenden. Die Ecken sind mit Nut und Zapfen gearbeitet, um stabil zu bleiben.

Einfache geometrische Muster, wie sie auf Fußbodenbelägen des 18. Jahrhunderts beliebt waren, wirken auch heute reizvoll. Wählen Sie Farben, die andere Farbtöne des Interieurs aufgreifen.

Ganz rechts: Dieser stark strapazierte Bodenbelag in einer Diele greift die Farben und Muster der alten, bemalten pennsylvanischen Truhe auf.

Oberfläche. Auf diesen Untergrund kann man direkt malen – soll der Untergrund farbig sein, tönt man die letzten zwei Schichten mit Abtönfarbe oder Künstler-Acrylfarbe.

Eine Acrylgrundierung, die man in großen Dosen in Baumärkten erhält, ist teurer als Emulsionsfarbe, aber sie trocknet extrem schnell und erreicht mehr Stabilität in weniger Schichten. Das gleiche gilt für einen synthetischen Leimgipsgrund – GESSO –, den man nur in guten Künstlerbedarfsgeschäften erhält. Er ist die teuerste Grundierung, aber sehr angenehm zu verarbeiten, und er bildet schnell eine glatte, kreidige, makellose Oberfläche.

Farbe: Synthetischen Leimgipsgrund und Acrylgrundierung überstreicht man mit einer Schicht Polyvinylacetat-Emulsionsfarbe oder mit einer matten Ölfarbe, die man vorher passend eintönt.

Für dekorative Malereien oder Schablonenmuster verwendet man schnell trocknende, stark pigmentierte und gut deckende Farben. Künstler-Acrylfarben kann man unverdünnt verarbeiten; mit Wasser oder Acrylmalmittel verdünnt, werden sie transparenter. Plakatfarben, die man mit ein wenig Kunstharz-Firnis vermischt, sind billiger, bieten aber weniger Farben. Mit Lösungsmittel verdünnte Künstler-Ölfarben ergeben reiche, saftige Farben, die allerdings langsam trocknen – mischen Sie ein wenig Trockenmittel bei.

Pinsel: Für die Grundierung nimmt man einen großen, 100 bis 125 mm breiten, alten Pinsel – je größer der Pinsel, um so schneller geht es; zum Auftragen der Untergrundfarbe einen ebenso breiten Pinsel. Für das Aufmalen der Muster benötigen Sie unterschiedliche Pinsel, je nach Feinheit des Motivs. Außerdem braucht man noch einen großen Firnispinsel (siehe Seite 231).

Klebstoff: Verwenden Sie einen milchigen Kleber auf Polyvinylacetat-Basis, der nach der Bemalung flexibel bleibt und nicht durch den Stoff schlägt.

Vorbereitung

Schneiden Sie die Leinwand in die gewünschte Größe plus einen 25 bis 50 mm breiten Rand, der später flach umgeschlagen wird.

Alle Näharbeiten sollten jetzt ausgeführt werden. Nähen Sie Bahnen mit einem Überwendstich entlang der Webkante zusammen. Verwenden Sie eine stabile Nadel und Segeltuchzwirn oder gewachsten Faden. Man kann die Bahnen auch auf der Nähmaschine zusammennähen, die zwei Webkanten auseinanderfalten und sie mit der Rückseite festkleben.

Grundieren: Spannen Sie die Leinwand straff auf einen Rahmen, einen Tisch, auf den Boden oder einen Rasen. Die Grundierung schützt die Leinwand und bildet einen guten, glatten Untergrund für die Bemalung. Um die Webstruktur einzuebnen benötigt man drei oder vier Schichten GESSO oder Acrylgrundierung oder fünf Schichten Emulsions- oder Latexfarbe auf Polyvinylacetat-Basis. Je mehr Grundierschichten Sie auftragen, um so glatter und härter wird der Bodenbelag werden. Grundieren Sie auch zum Schutz mehrmals die Unterseite der Leinwand.

Streichen Sie die Grundierung mit einem breiten Pinsel gleichmäßig bis zu den Rändern der Leinwand auf. Die Kanten können sich zu Anfang wellen, wenn man sie später aber festklebt, werden sie wieder glatt genug.

Das Auftragen der ersten Grundierschichten wird einige Zeit in Anspruch nehmen, da die Leinwand die Farbe unterschiedlich annimmt und aufsaugt.

Nachdem die dritte Grundierung trocken ist, schleift man sie mit einem mittelfeinen Sandpapier, wie nach jedem weiteren Anstrich. Das macht die Leinwand glatt und elastisch.

Soll das Muster auf einem farbigen Untergrund liegen, tönt man den letzten Anstrich mit Künstler-Acrylfarben oder Ölfarben – eine dunkle Farbe erfordert, bis sie richtig deckt, drei Schichten, eine hellere Farbe zwei. Ist diese Schicht trocken, schmirgelt man sie sanft ab.

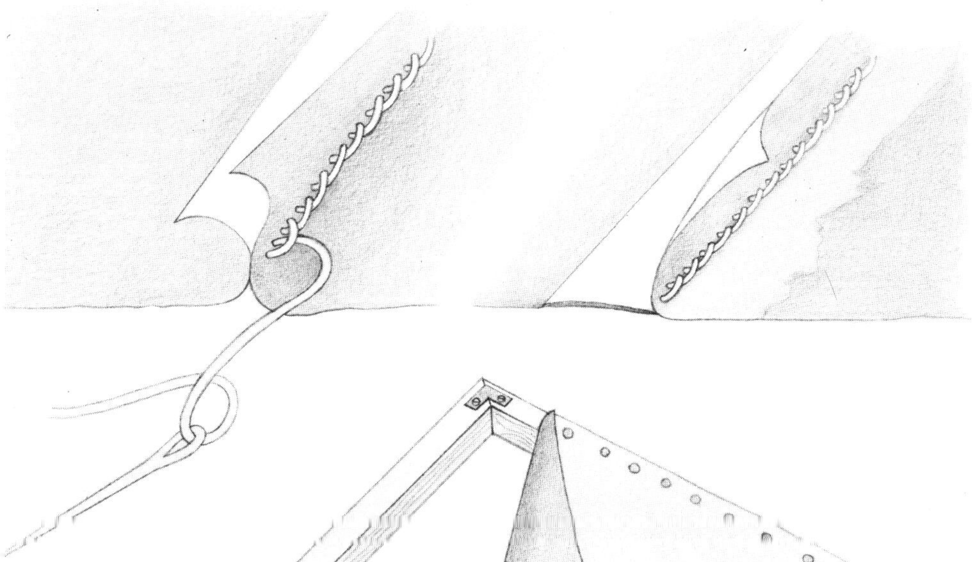

Um zwei Leinwandstücke aneinanderzunähen, benötigt man gewachsten Faden oder festen Zwirn und eine starke Nadel mit großem Öhr. Nähen Sie die beiden Teile mit Steppstich zusammen. Biegen Sie die Naht auseinander, und kleben Sie die Webkanten mit Kleber auf Polyvinylacetat-Basis fest. Zum Grundieren und Malen spannt man die Leinwand mit Heftklammern, dünnen Nägeln oder Heftzwecken auf einen Rahmen oder flachen Untergrund gut auf. Die Klammern, Nägel und Heftzwecken sollten etwa 50 mm voneinander entfernt sein.

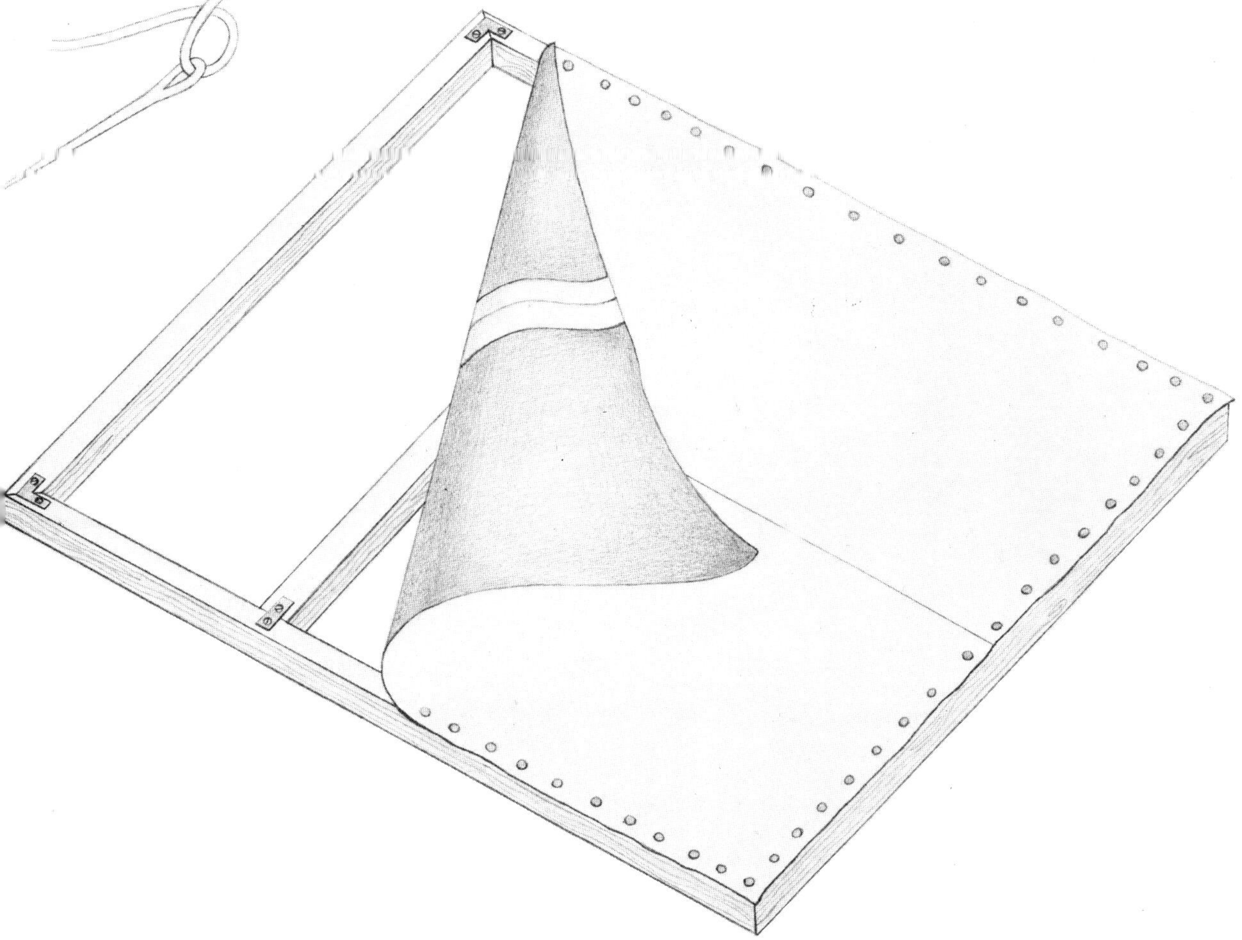

Oben: Mit eingekerbten rechteckigen Schablonen kann man ein perfektes, sich regelmäßig wiederholendes Muster erhalten.

Rechts: Ein gutes Beispiel für sich wiederholende Muster stellt dieser Fußbodenbelag mit seinem warmen Rot und Grün und den formalisierten Motiven eines alten Patchworkmusters dar.

Außen rechts: Für jede Farbe in einem Motiv schneidet man eine eigene Schablone: Markierungslinien auf der Acetatfolie ermöglichen, die einzelnen Schablonen exakt übereinander zu legen.

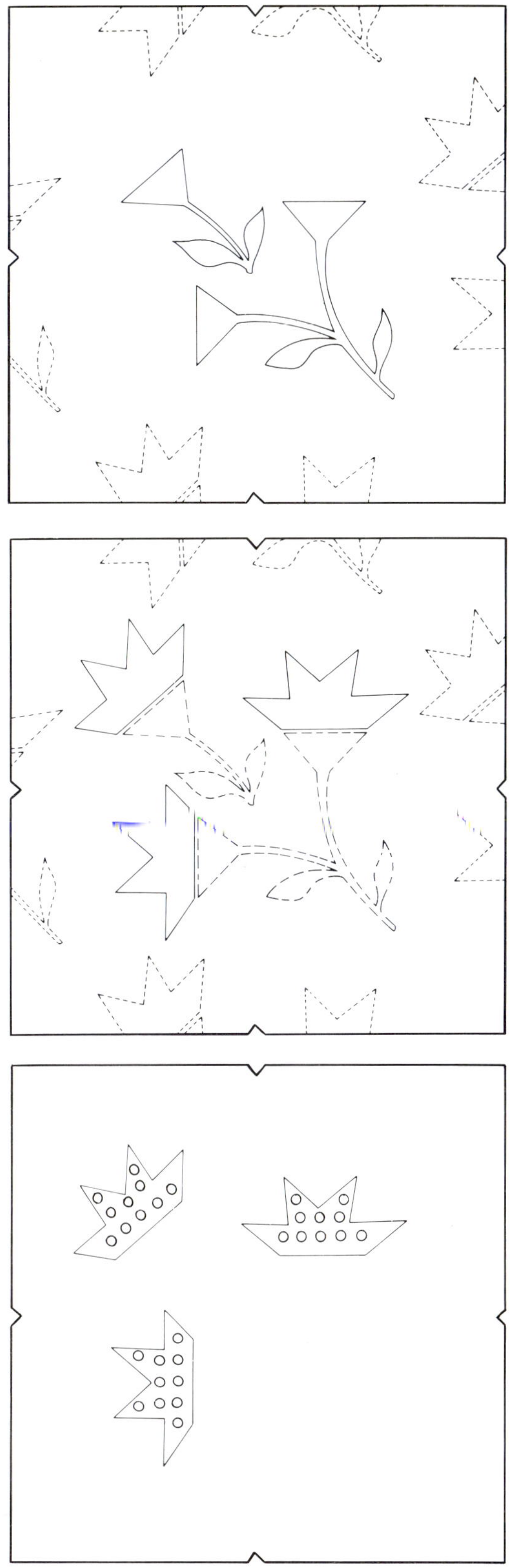

Die Leinwand sollte, während sie trocknet, immer gespannt sein. Ist sie trocken, kann man sie zusammenrollen und beiseite legen. Beim Umgang mit dem Bodenbelag sollte man allzu harte Knicke vermeiden, da diese die Farboberfläche zerbrechen und sich ein feines Craquelé wie auf alten Gemälden bildet. Auch wenn das recht hübsch aussieht, bedeutet es doch, daß die Oberfläche etwas unstabil ist.

Malerei und Schablonenmuster

Bevor Sie Ihre Arbeit mit Farbe und Pinsel beginnen, markieren Sie Ihr Muster mit farbiger Kreide oder kleinen Bleistiftpunkten auf dem Bodenbelag. Sich regelmäßig wiederholende Motive, wie Patchwork- oder Kachelquadrate, plaziert man, indem man die horizontale und vertikale Mittellinie aufzeichnet und sich von dort aus zu den Rändern hin ausbreitet (siehe Seite 128f.). Mit Schablonenmustern arbeiten Sie in der bereits bei Wänden und Fußböden besprochenen Technik.

Es ist sicher eine Frage des Temperaments, wie geduldig man die einzelnen Muster mit mathematischer Genauigkeit über die Leinwand verteilt. Einige markieren sich haargenau jede Position und Form, andere plazieren sie freihändig bei der Arbeit – das geht zwar schneller, kann aber zu Fehlern führen. Wenn man sich aber einen großzügigen Spielraum für einen Rand läßt, kann man Fehler hinterher korrigieren, indem man die Breite und den Stil des Randes ändert.

Malen Sie bei einer mehrfarbigen Schablonenmalerei zuerst alle Elemente der gleichen Farbe aus. Im allgemeinen ist die Farbe trocken, wenn Sie die nächste auftragen wollen. Mischen Sie sich weniger Farbe an, als Sie glauben zu benötigen – Schablonenmalerei ist sehr sparsam mit der Farbe, und ein paar Eßlöffel Farbe auf einer Untertasse reichen für einen etwa 180 × 240 cm großen Bodenbelag aus. Weiche, sanft nuancierte Farben erhält man mit dem Stupfpinsel (probieren Sie den Effekt auf einem Stück Papier vorher aus), indem man ihn mit ein wenig Farbe durch die Schablonenlöcher stupft. Diese Technik ist besonders für Patchwork-Effekte geeignet, da die Farben alt und verblichen wirken sollten. Für kräftige, glänzend-saftige Farben mischt man der Farbe etwas Firnis bei und malt sie sorgfältig mit einem Pinsel auf. Ein glänzender Schlußfirnis bringt diese Farben dann zum Leuchten.

Wasser- und Öllasuren

Man kann die Farben des Bodenbelags mildern oder verändern, indem man nach der Bemalung, aber vor der Firnisschicht eine getönte Wasser- oder Öllasur aufträgt. So dämpft und vereinheitlicht eine mit Umbra Natur getönte Lasur harte oder zu leuchtende Farben. Tragen Sie die Lasur über jeweils einen Quadratmeter mit einem Schwamm auf, zählen Sie bis 30, und wischen Sie sie mit einem Lappen ab, so daß nur noch eine dünne Schicht in der Webschicht haften bleibt. Allzu dunkle Stellen kann man mit einem mit Wasser oder Verdünner getränkten Lappen nachbearbeiten.

Es gibt keinerlei Komplikationen, wenn man eine Öllasur über Acryl- oder Ölfarben oder eine mit Acryl getönte Wasserlasur über Ölfarben aufträgt. Wenn man aber eine Acryl-Wasserlasur über Acrylmalerei legt, muß die Untergrundfarbe völlig trocken sein, da sonst die Gefahr besteht, daß man sie beim Abwischen der überflüssigen Lasur abreibt. Um sicher zu gehen, sollte man die Lasur zuerst an einer kleinen Ecke testen. Sie können aber auch eine schnelle klare Firnisschicht auftragen und dann lasieren. Man kann Öl- und Wasserlasuren ohne Schwierigkeiten auf eine solche Schutzschicht streichen.

Soll die Grundfarbe vor der Bemalung noch verändert werden, kann man das auch mit einer Lasur erreichen: eine mit Siena Natur und ein wenig Schwarz eingetönte Lasur verwandelt eine weiße Grundfarbe in einen cremigen Ton, der gut zu Patchwork-Mustern paßt; ein wenig Kobaltblau mit einem Hauch Schwarz gibt einem weißen Untergrund einen blaßblauen Schimmer, der ideal für Keramikmuster ist.

Noch schneller sind Farbtöne zu beeinflussen, wenn Sie ein wenig Farbe in die erste Firnisschicht mischen – verrühren Sie die Farben gut miteinander, damit keine Streifen entstehen, und mischen Sie nicht zuviel Farbe unter, sonst kann der Bodenbelag zum Schluß einfach nur düster und muffig wirken – probieren Sie es am besten wieder an einer kleinen Ecke aus.

Firnis

Kunstharz-Firnis trocknet auf einer gut grundierten Leinwand schnell, besonders in trockener und warmer Umgebung. Aber es ist trotzdem gut, jede Schicht sechs bis acht Stunden trocknen zu lassen, da Firnis noch weiter durchhärtet, auch wenn er schon staubtrocken ist. Am besten firnißt man die Leinwand in der Nähe eines Fensters, so daß man genau sieht, ob alle Stellen gestrichen sind. Verdünnen Sie die ersten zwei Schichten mit Terpentinersatz (drei Teile Firnis zu einem Teil Terpentinersatz). Die nachfolgenden Schichten verdünnt man mit vier oder fünf Teilen Firnis zu einem Teil Terpentinersatz. Tragen Sie die Schichten dünn und schnell mit einem möglichst breiten Pinsel auf. Je mehr Firnisschichten aufgetragen werden, um so härter wird die Oberfläche des Bodenbelages – vier oder fünf sollten reichen; zu viele Schichten dunkeln die Farben beachtlich ab, denn auch sogenannter klarer Firnis hat einen sichtbar gelblichen Schimmer. Schützen Sie auch die Rückseite des Bodenbelags mit ein oder zwei Schichten Firnis.

Möbel

Vorhergehende Seiten: Der Maler dieser amerikanischen Truhe aus dem frühen 19. Jahrhundert ist mit den Mustern nicht ängstlich umgegangen: Einfache Malerei kombinierte er mit wilden Schwammstupfeffekten, gekämmten Rändern und Rosettenmustern, die dadurch entstanden, daß er fächerartig gefaltetes Zeichenpapier in die nasse Farbe drückte. Die Technik der Essigmalerei ist ideal für diese Effekte, und man sollte sich an diesem begabten Handwerker ein Beispiel nehmen und mutig mit Mustern umgehen.

Bemalte Möbel gibt es seit urdenklichen Zeiten. Man bemalte sie im allgemeinen, um eine farbenfrohere oder texturierte Oberfläche zu erhalten, manchmal, um schlechteres Holz zu schützen oder zu verbergen, oder einfach, um grobe handwerkliche Arbeit zu überdecken. Jede Zeit entwickelte eigene technische Verfeinerungen oder besondere dekorative Elemente.

Die allerschönsten gemalten Oberflächen besitzen chinesische und japanische Lackarbeiten, bei denen die Farben mit dem Saft des japanischen Lackbaums gebunden wurden. Die Japanlack-Techniken, die später von europäischen Künstlern angewandt wurden, um chinesische Lackarbeiten zu simulieren, wirken im Vergleich dürftig, obwohl man ihnen eine gewisse Raffinesse nicht absprechen kann.

Es gibt keine phantasievoller bemalten Möbel als die venezianischen, die von der Renaissance an entstanden. Aber der kunstvolle Umgang mit Kreidegründen und Temperamalereien diente mehr dem prosaischen Grund, schlechtes Holz und unsaubere Schreinerarbeit zu überdecken. Französische und englische Möbel des späten 18. Jahrhunderts sind unvergleichbar in ihrer Eleganz, Farben und Muster bezeugen Stil, vornehme Zurückhaltung und vollendete Technik. Die Künstler der Empire-Zeit bereicherten die Möbelmalerei mit einem Schuß Witz, mit funkelnden Farben und üppig vergoldeten Formen, die wie heitere Parodien gotischer oder chinesischer Elemente wirken.

Im späten 19. Jahrhundert entwickelte sich durch die Anregungen und den Einfluß des englischen Künstlers William Morris, der vielleicht die theatralischsten und romantischsten Möbel überhaupt gestaltet hat, eine kurze, ganz neue Bewegung in der Möbelmalerei.

Diese Art bemalter Möbel gehörte in die Welt der ›feinen Leute‹; aber parallel dazu entwickelte sich eine rustikale Form – die man heute allgemein als Bauern-Möbel bezeichnet. Die Verarbeitung dieser Möbel ist weniger kunstvoll als vielmehr solide, und die Formen sind oft plump; die Malerei aber ist meist kraftvoll und unerschrocken farbenfroh. Es ist eine lebendige Malerei, und wie die Motive auf Delfter Kacheln oder Staffordshire Figuren, ist sie, trotz aller malerischen Mängel voller Kunstfertigkeit. Diese folkloristisch bemalten Möbel, deren knallige Farben durch Zeit und Gebrauch milder geworden sind, passen wunderbar in die zwanglosen Wohnungen unserer Zeit.

Es ist allerdings heute recht schwierig, ein attraktives altes Möbelstück preiswert zu erstehen. Und die Chancen werden immer geringer. Die einzig wirklich preiswerten Dinge scheinen heute nur noch 20–30 Jahre alte Wirtshaus- und Büromöbel zu sein, die im allgemeinen zwar solide verarbeitet, aber meist mit einer sirupartigen Lackoberfläche überzogen sind, die in jeder Umgebung schrecklich aussieht. Eine einfache, normale Lackierung läßt sie zwar unauffällig werden, aber eine dekorative Bemalung kann sie in wirklich attraktive, farbenfrohe Möbelstücke verwandeln, die man mit Vergnügen betrachtet und benutzt.

Es ist verführerisch, Möbelmalerei einmal auszuprobieren, da man die Vorbereitungen und die restliche Arbeit auf kleinstem Raum ausführen kann, ohne die ganze Wohnung auf den Kopf zu stellen. In den meisten Fällen sind die Materialien preiswert und einfach zu erhalten: Spachtelmasse oder Kitt, Farbe, Ölfarben oder Künstler-Ölfarben, Firnis.

Für jedes Möbelstück gibt es eine dekorative Oberfläche, die seine attraktiven Elemente betont und gleichzeitig seine Schwachstellen verbirgt. Häßliche, rauhe Holzoberflächen überdeckt man mit einer modernen Variante des venezianischen Kreidegrundes, der einen harten, porenfreien Farbuntergrund liefert. Große, häßliche Kleiderschränke, Geschirrschränke und Kommoden wirken optisch kleiner, wenn man sie mit einer einfachen, ruhigen gebrochenen Farbe im Ton der Wandfarbe streicht und sie mit einer matten oder halbmatten Oberfläche versieht, da matte Oberflächen kleiner als glänzende, reflektierende erscheinen.

Suchen Sie sich intakte, stabile Möbel aus: Schubladen, die sich leicht bewegen lassen; Scharniere, die funktionieren; Türen, die richtig sitzen und Stühle, die nicht wackeln. Wählen Sie einfache, solide wirkende Formen und sinnvolle Proportionen – mit anderen Worten ein Möbelstück, das den klassischen Modellen verwandt ist. Überflüssigen Zierat oder alberne Schmuckkinkerlitzchen kann man einfach entfernen, hingegen stilvolle Ornamente mit der richtigen Oberfläche hervorheben. Möbel mit eingearbeitetem Zierat – wie Reliefschnitzereien auf Paneelen oder gedrechselten Knäufen – können ebenfalls bemalt werden. Ein phantastisches Stück im gotischen Stil läßt sich gut folkloristisch bemalen, wenn man starke, kontrastierende Farben wählt und einen matten Schlußfirnis aufträgt, der die Farben alt und pudrig erscheinen läßt. Außergewöhnliche Farben wirken am besten: dunkles Rot, Kastanie, dunstiges Gelb, verblichenes Indigo, Nußbraun – alle diese Farbtöne erhält man, wenn man der Grundfarbe ein wenig Umbra Natur beimischt.

Im Gegensatz dazu wirken flache Holzreliefs, die mehr gepreßt als geschnitzt aussehen und meist im Stil der 30er-Jahre-Muster vorkommen, überraschend urban und attraktiv, wenn man sie mit einer Oberfläche aus dieser Zeit versieht – hyperglatte, cremefarbene lackierte Oberflächen, die man durch geduldiges Schleifen und Überstreichen erhält. Die passenden Farben sind Creme, Schwarz und Zinnoberrot.

Nicht zusammengehörenden Stühlen kann man mit einer gewolkten oder gesprenkelten Oberfläche einen optischen Zusammenhalt geben (siehe Seite 176). Bemalen Sie Stühle mit Rohrgeflechtsitzen in mattem Blau und Grün und das Rohrgeflecht selbst mit einem Gittermuster. Verwenden Sie diese Farben und Muster auch, wenn Sie einer Kücheneinrichtung, die aus allen möglichen einfachen und alten Möbeln zusammengestückelt ist, den Charme einer provenzalischen Küche verleihen möchten.

Aber Möbel müssen natürlich nicht in einem grauenhaften Zustand sein, um für eine Bemalung in Frage zu kommen. Niemand würde übereilt ein Möbelstück aus teurem oder seltenem oder schön gestaltetem Holz übermalen. Am besten eignen sich Möbel, aus neuerer Zeit, deren Holz überdeckt besser aussieht. Manchmal muß ein altes Möbelstück übermalt werden, um eine häßlich ausgeführte Reparatur zu kaschieren oder um eine alte abgetragene Farboberfläche zu erneuern – aber seien Sie damit vorsichtig, da eine alte, noch halbwegs intakte Bemalung den Wert eines Gegenstandes steigert. Wenn Sie ein Objekt bemalen, sollten Sie darauf achten, daß Technik und Oberfläche zu ihm passen.

Es macht großen Spaß, kleinere Gegenstände aus Holz wie zum Beispiel Bilderrahmen, Schachteln, Tabletts oder Hängeregale zu bemalen, und man kann verschwenderisch viele Farbschichten auftragen, da man für jeden Farbauftrag nur wenige Minuten braucht.

Marmorierte Bilderrahmen und Holzschachteln mit heller Schildpattbemalung wirken umwerfend elegant, Tabletts und Tischplatten sehen zauberhaft aus, wenn sie mit klaren, formalen Schablonenmustern geschmückt werden, und moderne, rechteckige Tische werden durch eine Porphyroberfläche zu wahren Kostbarkeiten – eine einfache Technik, solange man einen Platz hat, an dem man ungehemmt mit Farbe herumspritzen kann.

Auch wenn es Phantasiemaserungen in ganz Europa gab, sind die hier abgebildeten frühen amerikanischen Möbel doch die schönsten Beispiele für kraftvolle und lebhafte Bemalung.

Oben: Eine gemaserte Truhe des frühen 19. Jahrhunderts aus New England.

Eine pennsylvanische Kieferntruhe aus dem Jahr 1830, die mit stilisierten Formen traditioneller deutscher Motive verziert ist – ein sechseckiger Stern auf dem Truhendeckel, zwei Augen auf der Vorderseite und Tulpen auf den Seitenteilen.

Links: Eine Kieferntruhe, um 1835 in New England bemalt.

Links: Eine Kieferntruhe – die zwei oberen Schubladen sind nur aufgemalt – mit kraftvollen roten und grünen Mustern auf einem gelben Untergrund.

Unten: Eine in dramatischen Mustern gehaltene Truhe mit Schubladen aus Massachusetts. Eine Detailaufnahme sehen Sie auf den Seiten 154–155.

Ebenso wie bei dem Rosettenmuster auf der Truhe links wurden die Muster dieser Kommode aus New England wahrscheinlich mit fächerartig gefaltetem Papier in die nasse Farbe gepreßt.

Vorbereitung für die Bemalung

Dekorative Oberflächen, wie sie in diesem Kapitel beschrieben werden, wirken nur dann gut, wenn der Untergrund bestens vorbereitet ist. Jeder Fehler – wie rauhe Oberflächen, ungefüllte Risse oder Schraubenlöcher – bleibt unter der neuen Farbe sichtbar und mindert den Gesamteindruck. Und obwohl es schon mühsam genug ist, ein altes Möbelstück mit einer erstklassigen Oberfläche zu versehen, sollte man doch Zeit und Mühe auf die Vorbereitungen verwenden, um einen Gegenstand zu erhalten, der aussieht, als käme er aus einer professionellen Werkstatt.

Abnehmen alter Farbe

Am wichtigsten ist es, die alte Farbe zu entfernen, um wieder sauberes, blankes Holz zu erhalten. Manchmal ist die alte Farbe noch gut genug, um übermalt zu werden. Farbe, die mit der Zeit dünn und kreidig geworden ist, bildet einen exzellenten Untergrund, und kleine Risse und Löcher füllt man mit einer Universal-Spachtelmasse aus. Aber meistens wurde die alte Farbe schlecht aufgetragen – manchmal einfach direkt über die Firnisschicht – und ist nun blättrig, blasig und faltig. Tragen Sie beim Abschleifen eine Papiermaske (die Sie in der Drogerie oder der Apotheke kaufen können) oder einen Schal um Mund und Nase, da alte Farben meistens Blei enthalten, das man sonst mit dem Staub einatmet. Die Firnisschicht muß immer entfernt werden, da die neue Farbschicht nicht genügend auf ihr haften kann, es sei denn, Sie streichen ein Möbelstück mit einem Leimkreidegrund. Der Firnis läßt sich leicht mit einem üblichen Anlauger entfernen, und einen Schellackfirnis löst man mit Brennspiritus.

Oft ist es schwierig herauszufinden, um welche Firnisart es sich handelt – versuchen Sie es zuerst mit ein wenig Brennspiritus, und wenn dieser die Farbe nicht aufweicht, nehmen Sie Anlauger. Verwenden Sie in jedem Fall Anlauger bei kleineren Gegenständen, besonders bei solchen, die feine Details aufweisen wie Schnitzereien, Gitterwerk oder gedrechselte Ornamente, oder bei Möbelstücken, die möglicherweise aus besserem Holz gemacht sein könnten. Schrauben Sie die Türen ab, und entfernen Sie Schubladengriffe und andere Metallteile. Bedecken Sie den Boden mit Plastikplanen, tragen Sie Handschuhe, und streichen Sie den Anlauger nach Anweisung des Herstellers mit einem alten Pinsel auf. Wenn die oberste Farbschicht nach etwa zehn Minuten weich ist, heben Sie die klebrige Masse mit einer flachen Ziehklinge von den großen Flächen ab; achten Sie darauf, die Holzoberfläche nicht zu zerkratzen und zu verletzen. Säubern Sie kompliziertere Partien erst mit rauher, dann mit feinerer alter Stahlwolle. Manchmal müssen mehrere Schichten Anlauger verwendet werden, um alle Farbreste zu entfernen. Kleine spitze Messer und Nagelfeilen sind hilfreich, um Farbe aus Rissen und Löchern zu kratzen.

Ablauger: Große, mit mehreren Farbschichten gestrichene Flächen reinigt man am besten mit einem starken Ablauger (Rezept siehe Seite 116). Diese Arbeit sollte man mit Gummihandschuhen im Freien machen und die Mixtur mit einem Spachtel auftragen. Lösen Sie die Farbschichten mit einer alten Schrubberbürste. Ein Wasserschlauch ist praktisch, um weiche, lockere Farbe abzuspülen. Manchmal muß man mehrere Ablaugerschichten auftragen, um alle Farbreste zu entfernen, und der Schmutz, der dabei entsteht, ist beachtlich. Aber bei großen Flächen ist es sehr viel billiger, selbstgemachten Ablauger als fertigen zu verwenden. Legen Sie, um sich die Arbeit zu erleichtern, möglichst viele Teile waagerecht, damit die Farbe nicht hinunterlaufen kann. Ätznatronablauger macht das Holz rauh und farblos, aber mit sanftem Schleifen mit immer feinerem Sandpapier erhält man wieder eine glatte Oberfläche. Einige Firmen bieten einen Ablauger-Service in einer speziellen Wanne an, was sehr hilfreich sein kann, wenn man in einem Apartmenthaus lebt.

Grundierung

Wie der Name schon sagt, ist die Grundierung die erste Schicht in einem Farbsystem. Experten tragen auf jedes neue Holz zuerst eine Grundierung auf, um die Holzoberfläche unporös zu machen, damit die folgenden Farbschichten nicht in das Holz einsinken können.

Es gibt alle möglichen Arten der Grundierung, wie zum Beispiel farblosen Einlaßgrund oder weiße Grundierfarbe. Auf sehr harziges oder gefirnißtes Holz kann man eine Aluminiumgrundierung auftragen. Eine Acrylgrundierung ist Grundierung und Vorstrich in einem.

Harzige Stellen und Äste werden mit Terpentin gereinigt und dann mit einer Schellackschicht isoliert. Das ist wichtig, da Harz die Farbe verfärbt und zerstört.

Spachteln

Um einen glatten Maluntergrund zu erhalten, sollten Risse, Löcher und unebene Oberflächen gespachtelt werden. Verwenden Sie dazu einen Holzkitt oder eine Universal-Spachtelmasse. Mischen Sie diese zu einer cremigen Paste, und tragen Sie sie mit einem Pinsel auf. Die erste Schicht streicht man in Maserrichtung auf, läßt sie trocknen und trägt dann, wenn nötig, eine weitere Schicht in Gegenrichtung auf. Die trockene Schicht schmirgelt man kräftig mit einem mittelfeinen Sandpapier in Richtung der Maserung ab. Holz mit rauher Oberfläche wie Eiche benötigt möglicherweise zwei Schichten. Größere Löcher, Einkerbungen und Spalten werden mit einer steiferen Spachtelmasse mit einem Palettenmesser gefüllt und glattgeschmirgelt, nachdem die Masse trocken ist.

Schleifen Sie die grundierte und gespachtelte Oberfläche glatt, bevor Sie Vorstrichfarbe auftragen. Besondere Objekte sollte man nun noch mit einer Schicht Schellack versehen – sie verbessert den nachfolgenden Farbauftrag und die Wirkung der Farboberfläche. Verdünnen Sie zwei Teile Schellack mit einem Teil Brennspiritus.

Vorstrich

Vorstrichfarbe enthält mehr Pigmente als fast alle anderen Farben, und sie bietet eine ideale glatte Oberfläche für nachfolgende Farbschichten. Vorstrichfarbe muß, um eine gleichmäßige Deckung zu erzielen, gut ausgestrichen werden und mit den Pinselspitzen sanft geglättet werden, um Pinselspuren zu verwischen. Tragen Sie ein oder zwei Schichten auf (wenn Sie zwei auftragen, verdünnen Sie die Farbe mit ein wenig Terpentinersatz, je nachdem wie der Untergrund ist). Weiße Vorstrichfarbe ist gut für helle, blasse Farben; bei dunkleren Farbtönen sollte man sie im Farbton anpassen.

Schleifen Sie die trockene Farbe mit einem mittelfeinen Sandpapier gründlich glatt. Größere Flächen schmirgelt man zuerst in kreisförmigen Bewegungen, dann in Maserrichtung; kleinere stets in Maserrichtung. Um eine superglatte Fläche zu erhalten, füllt man alle kleinen Unebenheiten mit einer schnelltrocknenden, feinen, schon fertig gemischten Spachtelmasse aus. Achten Sie darauf, daß der Deckel der Spachteldose geschlossen bleibt, weil die Masse in Verbindung mit Luft schnell eintrocknet.

Will man sich die Arbeit sparen, Grundierung, Kitt und Vorstrich aufzutragen, kann man einen synthetischen Leimgipsgrund, GESSO genannt, auftragen, der diese drei Funktionen in einem erfüllt und weniger Zeit in Anspruch nimmt.

Je nördlicher das Land, um so farbenfroher die Bemalung der Möbel. Diese Möbelstücke aus Schweden und Dänemark zeigen eine Vielfalt an Farben und Formen, die weit entfernt ist von den einfachen Formen der Kiefernmöbel, die wir heute mit typisch skandinavischem Design assoziieren.

Links: Ein wunderschöner schwedischer Eckschrank aus dem 18. Jahrhundert, der mit großzügiger Marmorierung in Blautönen, roten Profilen und cremefarbenen Füllungen mit Malereien in Umbra Natur und Schwarz verziert ist.

Leimgipsgrund Leimgipsgrund verwendet man traditionell für qualitativ hochwertig bemalte Möbel. Er setzt sich aus Gips und Leim zusammen und bildet nach vielen Schichten (manchmal bis zu 40 Stück) und sorgfältigem Schleifen eine Oberfläche, die so hart und porenlos ist wie Porzellan. Ein Leimgipsgrund bietet nicht nur eine makellose Malfläche, sondern überdeckt rauhe Oberflächen und schlechte Ansatzstücke.

Professionelle Dekorateure und Restauratoren benutzen diesen traditionellen Leimgipsgrund noch heute; aber es ist schon eine Kunst für sich, ihn richtig

Oben: Dieses Detail – ein kleiner vornehmer Herr umgeben von Vögeln – von einem dänischen Schrank aus dem 19. Jahrhundert verdeutlicht den naiven Stil der frühen Bauernmalerei. Doch anstatt ein solches Detail zu kopieren, sollte man einmal versuchen, ein ähnliches Porträt von einem Familienmitglied zu malen. Mischen Sie Umbra Natur in Ihre Grundfarbe, um diese zauberhaften Farben zu imitieren.

Rechts: Ein wunderschön bemalter dänischer Schrank, der mit ähnlichen Farben wie der Schrank links gestaltet wurde, aber einen ganz eigenen Stil hat.

Links: Dieser geometrische Stil war in einer Gegend von Massachusetts Anfang des 18. Jahrhunderts sehr beliebt. Die Muster sind einfach zu kopieren, die eigentliche Wirkung aber beruht auf der besonderen Textur des cremefarbenen Untergrundes. Bemalen Sie ein stark gemasertes Holz wie zum Beispiel Eiche, reiben Sie die Farbe dann so ab, daß der Untergrund hier und dort durchschimmert, überstreichen Sie die Fläche dann mit einer umbrafarbenen Antiklasur, und versiegeln Sie die Oberfläche mit einem matten Firnis.

herzustellen und zu verwenden, und für einen Amateur, der die Vorteile eines solchen Malgrundes für ein paar Bilderrahmen oder ein Möbelstück nutzen will, viel zu aufwendig.

Aber glücklicherweise gibt es heute eine Alternative, sogenanntes GESSO, das zur Grundierung von Leinwänden dient und in Geschäften für Künstlerbedarf zu kaufen ist. GESSO ist zwar teurer und weniger vielseitig verwendbar als die traditionelle Grundierung, aber es reicht für die allgemeinen Anforderungen aus und läßt sich so leicht wie Farbe auftragen.

Eine GESSO-Grundierung ist sowohl ideal für Möbel aus Tischler- oder Spanplatten als auch für alle Möbel, die man heute noch wirklich preiswert erstehen kann, weil sie noch zu neu sind um Stilmöbel zu sein und zu häufig hergestellt wurden, um interessant zu sein. Bedecken Sie diese Möbelstücke vor der Bemalung mit einer feinen, harten Schicht GESSO, so gewinnen sie auf mysteriöse Weise Würde und Charakter, und ihre schäbigen Materialien und Konstruktionen werden unsichtbar.

Auftragen von GESSO-Grundierung: GESSO läßt sich wunderbar leicht auftragen. Man muß die Möbelstücke noch nicht einmal von alter Farbe und Firnis reinigen, obwohl auch GESSO besser haftet und schneller arbeitet, wenn der Untergrund vorher geschmirgelt wurde. Je nach Zustand der alten Oberfläche verwendet man zuerst ein grobes, dann ein mittelfeines Schmirgelpapier. Füllen Sie Risse und Löcher mit Holzkitt oder Universal-Spachtelmasse, und schleifen Sie die trockenen Oberflächen. Wischen Sie das ganze Möbelstück mit einem Terpentinlappen ab, um es fettfrei zu bekommen.

Streichen Sie mit einem alten Pinsel über das ganze Objekt eine dünne Schicht GESSO; kümmern Sie sich dabei nicht um Innenteile, aber überstreichen Sie alle schon bemalten Teile, wozu im allgemeinen Türkanten und Schubladenränder gehören.

Die erste Schicht braucht etwa eine Stunde Trockenzeit, jede weitere etwa eine Dreiviertelstunde. Schmirgeln Sie jede Schicht mit festen, langen und gleichmäßigen Zügen in der Richtung der Maserung, stauben Sie die Oberfläche ab, und wiederholen Sie den gesamten Vorgang, bis eine glatte, weiße und ebene Oberfläche entstanden ist.

An Tür- und Schubladenrändern schmirgelt man fester, damit sie später nicht klemmen. Zum Schluß bildet GESSO eine feine und kompakte Schicht, die nur noch an scharfen Kanten die ehemalige Oberfläche durchscheinen läßt.

Die Anzahl der benötigten Schichten hängt von der Art und dem Zustand des Holzes und der vorigen Oberfläche ab. Schlecht gefirnißtes, grob gemasertes Holz erfordert wahrscheinlich vier bis fünf Schichten, kurz zuvor bemaltes Holz nur zwei oder drei. Oft benutzte Gegenstände wie Stühle können weniger Schichten haben, die jeweils stärker geschliffen werden sollten.

Benötigen Sie einen Untergrund für transparente Wasserfarben, müssen wenigstens fünf Schichten aufgetragen werden, um eine weiße, schattenfreie Oberfläche zu erhalten.

Universal-Spachtelmasse: Ein GESSO-Untergrund lohnt sich bei allen besonderen Objekten. Für weniger wichtige Möbelstücke reicht eine Universal-Spachtelmasse, die man mit Wasser zu einer cremigen, aufstreichbaren Konsistenz anrührt. Man verarbeitet sie genauso wie GESSO, aber sie braucht länger um zu trocknen und ist härter zu schleifen.

Schleifen

Das Schmirgeln der einzelnen Schichten glättet die Oberfläche und bereitet sie gleichzeitig für den nächsten Farbauftrag vor. Gewissenhaftes Schleifen verbessert das Aussehen einer Oberfläche ungemein, und der Aufwand steht in keinem Verhältnis zum Resultat. Professionell behandelte Möbelstücke werden in jedem Stadium geschliffen.

Sandpapier ist ein mit verschiedenen Substanzen – wie zum Beispiel Glas oder Silikon-Karbid – beschichtetes Papier. Diese Schleifpapiere gibt es in verschiedenen Gradationen zwischen grob und fein. Man beginnt mit einem groben Schmirgelpapier und benutzt dann zunehmend feiner werdende Gradationen. Je glatter eine Oberfläche werden soll, um so feiner muß das Schmirgelpapier sein.

Beim Schleifen einer flachen Fläche wickelt man das Schleifpapier um einen Schleifklotz aus Holz oder Kork. Dieser verteilt den Druck gleichmäßig. Enge, gerundete Oberflächen wie Armlehnen oder Stuhlbeine schleift man, indem man sie mit einem kleinen Streifen Sandpapier umwickelt.

Besonders schöne Oberflächen erhält man mit wasserfestem Schleifpapier. Die zu schleifende Fläche wird mit einem seifenwassergetränkten Schwamm befeuchtet und dann unter mäßiger Feuchtigkeit in Strichrichtung des Anstrichs geschliffen. Am Schluß wird der Schleifschlamm mit Wasser und einem Schwamm entfernt.

Statt wasserfestem Schleifpapier kann man auch Stahlwolle nehmen, die es ebenfalls in unterschiedlichen Gradationen gibt. Nach Gebrauch wirft man sie weg, da sie schnell rostet.

Möbelmalerei

Farbe

Der Hauptunterschied zwischen dem Auftragen einer erstklassigen Farboberfläche und einer üblichen Hobby-Bemalung besteht darin, daß man für erstere mehr Zeit aufwenden muß.

Bei dieser Art der Oberflächenbehandlung geht es erst einmal darum, einen glatten, ebenen Maluntergrund zu schaffen, der dünn genug sein muß, um geschnitzte und gedrechselte Details nicht einzuebnen, und geschmeidig genug, um jeden weiteren Farbauftrag problemlos möglich zu machen. Je sorgfältiger die Grundbemalung ausgeführt wird, um so schöner wirkt der Endanstrich und um so haltbarer wird sich die Oberfläche mit der Zeit erweisen.

Mischen Sie sich Ihre Farben selbst, und tönen Sie sie, wie auf den Seiten 218–219 beschrieben, ein. Das hat nicht nur den Vorteil, daß man feinere Farbtöne mischen kann, sondern eine Dose Farbe und die Abtönfarben nehmen auch weniger Platz weg als eine entsprechende Anzahl verschiedenster Farbdosen.

Für eine qualitativ hochwertige Möbelmalerei verwendet man keine glänzenden Emaillelacke. Glänzende Farben bieten keinen gut haftenden Untergrund für weitere Farben, und sie passen nicht gut zu alten Möbelstücken. Eine gewünschte Glanzoberfläche wird später mit klaren oder getönten Firnisschichten aufgebracht, die dann noch speziell poliert werden können.

Die meisten professionellen Dekorateure und Restauratoren verwenden als Grundfarbe eine matte, weiße Ölfarbe. Da diese Farbe relativ weich ist, muß man sie mit mehreren Firnisschichten vor Abnutzung schützen. Eine matte, mit ebenfalls mattem Firnis überstrichene Farbe bildet die ideale Oberfläche für große, lebhaft gemusterte Bauernmöbel, die mit einer glänzenden Oberfläche zu grell wirken würden. Man kann auch eine halbmatte Ölfarbe verwenden (siehe Seite 214); diese ist zwar stabiler, muß aber für einen schimmernden Glanz abgerieben werden.

Emulsions- und Latexfarben sind fast überall erhältlich, einfach aufzutragen, schnelltrocknend und ergeben eine hübsche kreidige Oberfläche, die der Wirkung alter Bleifarben, wie man sie auf vielen antiken Bauernmöbeln findet, sehr ähnlich ist.

Bemalen Sie Möbelstücke, die am besten mit einer einfachen, rustikalen Oberfläche aussehen, mit matter Emulsionsfarbe, und tragen Sie dekorative Muster mit Acrylfarbe auf diese Untergrundfarbe auf. So erhält man eine schnelle und recht gute Imitation der alten Gouache-Malerei auf Leimgipsgrund. Firnis macht einen Emulsionsanstrich so haltbar wie jeden anderen Anstrich. Tragen Sie zwei klare, matte Firnisschichten auf, um die Oberfläche zu schützen und gleichzeitig den matten, kreidigen Eindruck zu erhalten.

Links: Wenn Künstler sich mit Innendekoration beschäftigen, so entstehen unweigerlich zauberhafte Effekte, die oft mit den sparsamsten Mittel erzielt werden. Diese Zimmerecke im Haus des berühmten schwedischen Illustrators Carl Larsson zeigt nur einige wenige wohlausbalancierte Farben, die sich an der Decke, an der Wand und am Bett sowie in der Girlande wiederholen. Die scheinbare Einfachheit ist der besondere Reiz dieses Interieurs. Sieht man sich das Bild über dem Bett genauer an, so zeigt sich, daß Carl Larsson hier ganz ähnliche Elemente gemalt hat.

Pinsel

Große Möbelstücke bearbeitet man mit einem normalen Malerpinsel. Für kleine, delikat detaillierte Möbelstücke verwendet man Pinsel mit weichen, feinen Haaren, wie zum Beispiel Künstler-Rundpinsel. Diese Pinsel lassen die Farbe gut fließen, so daß man hinterher nur wenig wieder abreiben muß.

Arbeitsmethode

Auftragen von Ölfarbe: Nachdem man die Farbe eingetönt hat, mischt man sie gut mit Terpentinersatz, bis sie eine dünne, cremige Konsistenz hat – etwa ein Teil Terpentinersatz zu vier Teilen Farbe.

Achten Sie darauf, daß jede Farbschicht lange genug durchtrocknen kann, am besten über Nacht, bevor Sie eine neue auftragen. Die meisten Komplikationen entstehen durch das Überstreichen eines noch nicht trockenen Untergrundes. Für eine schöne Oberfläche oder für einen guten Untergrund für weitere Dekorationen benötigt man zwischen zwei bis fünf Farbschichten. Viele dünne Schichten ergeben ein professionelleres Aussehen, und gründliches Schleifen ist unabdingbar. Die erste Schicht schmirgelt man mit mittelfeinem Sandpapier, alle weiteren mit Naßschleifpapier und Wasser und Seife.

Auftragen von Emulsionsfarbe: Man kann Emulsionsfarbe zwar direkt auf rohes Holz auftragen, aber sie sinkt ein und läßt das Holz aufquillen. Es ist besser, man streicht das Holz zuerst mit einer Grundierung und dann mit zwei oder drei Schichten Emulsionsfarbe. Ohne Grundierung benötigt man drei bis vier Schichten Emulsionsfarbe, die alle geschliffen werden müssen.

Um die trockene Textur dieser Farbe noch zu betonen, kann man weitere Muster und Verzierungen mit Acrylfarben direkt auftragen. Dabei darf man sich allerdings keine Fehler erlauben, denn – wie bei jeder Malerei mit Wasserfarben – ist eine aufgemalte Farbe nicht wieder abzuwaschen. Man kann eine Zwischenschicht aus klarem, matten Firnis auftragen, aber damit verliert man auch ein wenig der eigentlichen Oberflächenstruktur. Hat man eine wirkliche Malkatastrophe angerichtet, bleibt als letzte Rettung nur, das Ganze mit einigen Schichten Emulsionsfarbe zu überstreichen und noch einmal ganz neu anzufangen.

Öl- und Wasserlasuren: Wie man Öl- und Wasserlasuren macht und verarbeitet, siehe Seiten 224–229. Zwar werden getönte Öllasuren noch heute bei der Möbelmalerei verwendet, da sie aber so lange trocknen, benutzt man heute immer häufiger schneller trocknende getönte Firnisse.

Transparente Farbe

Getönte Anstrichfarben ergeben eine deckende Oberfläche. Um eine besonders reiche, unnachahmlich tiefe und von weißen Farbpigmenten unbeeinflußt strahlende Oberfläche zu erhalten, kann man eine transparente Farbe oder getönten Firnis herstellen, indem man einen transparenten Firnis mit Abtönpaste oder Künstler-Ölfarben eintönt.

Tönen

Mischen Sie mit einem Palettenmesser ein wenig Terpentinersatz mit Künstler-Ölfarbe oder Abtönpaste auf einer Untertasse an. Schütten Sie löffelweise klaren, halbmatten Kunstharzfirnis hinzu, und rühren Sie gründlich um. Zum Schluß erhält man eine Farbe, die etwas dickflüssiger als Firnis ist. Läßt sich diese Mischung nicht gut aufstreichen, verdünnt man sie mit Terpentinersatz.

Probieren Sie die Farbe auf einem Blatt Papier aus. Transparente Farben sollten die Grundfarbe nur sanft verändern; aber schon zwei Schichten können sehr intensiv sein, deshalb sollte man sie nicht zu dunkel einfärben.

Auftragen von transparenter Farbe

Reinigen Sie die Oberfläche mit einem mit Terpentinersatz oder Essig befeuchteten Lappen, um Fett zu beseitigen. Streichen Sie die transparente Farbe schnell und dünn wie Firnis auf (siehe Seite 170ff.). Wenn die Farbe trocken ist, reibt man sie mit feiner Stahlwolle, Wasser und Seife und dann mit klarem Wasser ab. Die Stahlwolle nimmt den Glanz völlig weg – möchte man eine glänzende Oberfläche, streicht man das Möbelstück zum Schluß mit zwei glänzenden Firnislackierungen.

Schellack

Schellack ist ein nur mit Brennspiritus auflösbarer Firnis, den es in verschiedenen Farbtönen von Braun bis zu klarem Weiß gibt. Er wird häufig bei der Möbelpolitur verwendet; da er aber auf die meisten anderen Lösungsmittel nicht anspricht und sehr schnell trocknet – eine Schicht benötigt etwa eine Stunde, zwei ein wenig länger –, wird er oft zur Möbelrestaurierung und in der Malerei als Sperrschicht zwischen zwei anderen Farbschichten aufgetragen. Bei erstklassigen Objekten versiegelt man mit ihm die Grundierung, bevor man den Vorstrich aufstreicht. In einem späteren Stadium kann man Schellack auf die Grundfarbenschicht auftragen und dann erst die Lasuren. So kann man, wenn nötig, die Lasur wieder abwischen, ohne die darunterliegende Farbschicht zu beschädigen. Ist man sich über die Verträglichkeit von Farben nicht im klaren, ist eine Schellackschicht ein guter Schutz gegen das, was die Fachbücher düster als ›Zusammenbruch‹ des Farbsystems beschreiben.

Kaufen Sie nicht zuviel Schellack auf einmal, da er sich nicht gut hält. Deshalb kaufen Sie ihn am besten in einem Geschäft, bei dem die Ware nicht zu lange herumsteht.

Pinsel

Man kann Möbel auch bemalen, ohne jemals Schellack zu benutzen. Aber da er nicht teuer ist, sollte man ihn zur Hand haben. Streichen Sie ihn mit einem weichen, speziell für ihn reservierten Pinsel. Waschen Sie diesen nach Gebrauch zuerst in Brennspiritus, dann in ein wenig mit Salmiak vermischtem, warmen Wasser aus – auf keinen Fall mit Seife oder Reinigungsmittel. Wenn die Borsten hart werden, taucht man sie wieder in Brennspiritus.

Auftragen von Schellack

Die Hersteller empfehlen oft, Schellack – bevor man ihn verwendet – durchzuschütteln; aber dabei entstehen Blasen, die auf der Anstrichoberfläche zu sehen sind. Es ist besser, man schüttet einen Teil Brennspiritus mit zwei Teilen Schellack zusammen auf eine Untertasse und rührt diese Mischung vorsichtig um. Schellack verarbeitet sich am besten in warmer, trockener Umgebung – wenn man ihn unter feuchten und zugigen Bedingungen verwendet, bilden sich auf der Oberfläche weiße Ausblühungen, die im allgemeinen verschwinden, wenn der Schellack trocknet. Wenn das Wetter feucht ist, sollte man bei geschlossenem Fenster und in einem leicht geheizten Raum arbeiten.

Es kann ein wenig schwierig sein, Schellack aufzutragen, da er so schnell trocknet, daß ein Pinselstrich schon halb trocken ist, bevor der nächste ihn überschneidet. So entsteht eine etwas fleckige Oberfläche. Nehmen Sie mit dem Pinsel viel Schellack auf, und entfernen Sie überschüssige Farbe, indem Sie den Pinsel gegen die Innenseite des Farbgefäßes drücken. Beginnen Sie in der Mitte der Fläche und streichen Sie zügig zu den Außenrändern hin, wenn möglich, ohne Farbe überlappen zu lassen. Glätten Sie den Schellack mit leichten und schnellen Pinselstrichen von Rand zu Rand.

Ist das Endergebnis ein wenig fleckig, korrigiert man die auffallendsten Fehler mit feiner Stahlwolle und ein wenig Seifenwasser.

Firnis als Sperrschicht Anstatt Schellack kann man auch eine Schicht klaren Kunstharzfirnis als Sperrschicht auftragen. Dieser ist zwar viel härter als Schellack, aber er trocknet viel langsamer.

Firnis

Für Möbel gibt es drei klare Firnisoberflächen, matt, halbmatt und glänzend, die für fast alle Zwecke richtig sind; außerdem lassen sie sich einfach verarbeiten und sind recht haltbar. Manche klaren Kunstharzlacke haben einen grüngelben Schimmer, sie dunkeln die Farben nach wenigen Schichten ab.

Matter Firnis trocknet ohne jeden Glanz auf, ist fast unsichtbar und muß nicht abgerieben werden. Er ist richtig für Objekte, die eine einfache, rustikale Oberfläche brauchen und hilfreich bei unebenen und rauhen Holz- oder Wandoberflächen, da matter Firnis im Gegensatz zu glänzendem Oberflächenfehler nicht betont. Halbmatter Firnis ist für die meisten Oberflächen der richtige Abschluß.

Glänzend auftrocknender Firnis ergibt die härteste Schutzschicht. Verwenden Sie ihn für kleine, oft benutzte Objekte wie Tabletts und Schachteln und auch für Oberflächen, die oft abgewischt werden müssen wie Tischplatten. Glänzt eine Oberfläche zu stark, kann man sie durch Abreiben ein wenig stumpfer machen. Oder man überstreicht zwei oder drei Schutzschichten aus glänzendem Firnis mit einem Schlußanstrich aus halbmattem Firnis. Glanzfirnis wird auch für Hochglanzlackierungen verwendet; dabei wird jede Firnisschicht sorgfältigst geschliffen und die letzte zum Schluß poliert. Dazu verdünnt man drei Teile Firnis mit zwei Teilen Terpentinersatz, um dünne, gleichmäßige Schichten zu erhalten.

Vorbereitung Firnis sollte man an einem trockenen Tag in einem etwa 21 Grad warmen Raum auftragen. Wenn man bei feuchtem Wetter firnißt, sollte man fast alle Fenster schließen und den Raum beheizen; aber heizen Sie nicht mit Gas- oder Paraffinöfen, die Feuchtigkeit abgeben und so vielleicht das Trocknen verlängern. Ebenso sollte man vermeiden, ein frisch gefirnißtes Objekt in die Nähe eines Heizkörpers oder in die pralle Sonne zu stellen, da konzentrierte Hitze Blasen bewirken kann.

Ist der Firnis durch Kälte dickflüssig geworden, stellt man die Dose einige Minuten lang in heißes Wasser. Ist der Lack klumpig, siebt man ihn durch einen alten Nylonstrumpf in ein sauberes Gefäß. Einige professionelle Dekorateure füllen den Firnislack durch einen Plastiktrichter in eine möglichst langhalsige Flasche um, damit nur eine kleine Oberfläche mit Luft in Verbindung kommt. Ist der Firnis der Luft allzusehr ausgesetzt, kann er nämlich fest werden und möglicherweise unbenutzbar.

Bevor man eine Fläche mit Firnis bestreicht, muß man sie mit einem Terpentinersatz- oder Essigwasserlappen abwischen, da Fett Firnis abstößt. Berühren Sie die gereinigte Oberfläche so wenig wie möglich, da Fingerabdrücke Fettflecken hinterlassen. Wenn Sie das Objekt abreiben, wischen Sie es hinterher ab, und überarbeiten Sie es noch einmal mit einem Reinigungslappen (siehe Seite 25).

Pinsel Es ist sinnvoll, sich einen speziellen Firnispinsel zu kaufen, wenn man vorhat, viel mit Firnis zu arbeiten (siehe Seite 231). Die Haare eines Firnispinsels können mehr Flüssigkeit aufnehmen als ein normaler Pinsel und lassen sie gleichmäßig fließen. Aber ansonsten kann man auch einen normalen 50 oder 75 mm breiten Malerpinsel verwenden, den man allerdings nur für diese Aufgabe reservieren sollte. Für kleinere Objekte und Flächen ist ein 25 mm breiter Rinderborsten- oder Kunstfaser-Firnispinsel ausgezeichnet. Firnispinsel kann man über Nacht in einer Dose

Links: Kleine Blumenmotive auf einem sanften, gustavianischen Blau sind ein Zeichen für typisch skandinavisches Design. Die Profile wurden bewußt abgeschliffen, um einen verwitterten Eindruck zu erwecken.

mit Terpentinersatz aufbewahren; dabei bedeckt man die Dose mit einem Stück Pappe, das in der Mitte ein Loch für den Pinselgriff hat. Man muß das Lösungsmittel auf einem Blatt Papier ausstreichen, bevor man mit dem Pinsel zu malen beginnt.

Arbeitsmethode

Auftragen von Firnis: Firnis wird nicht wie Farbe aufgetragen. Der Pinsel wird bis zur Hälfte der Haarborsten in den Firnis getaucht und dann sofort auf die Malfläche geführt. Wirkt der Pinsel zu überladen und droht der Firnis herunterzutropfen, drückt man den Pinsel gegen die Innenseite der Dose – streichen Sie ihn nicht über den Rand der Dose, da dabei Blasen entstehen. Beginnen Sie in der Mitte der Fläche, und streichen Sie den nassen Firnislack zu den Rändern hin aus. Dann fahren Sie noch einmal ganz leicht mit dem Pinsel von Außenkante zu Außenkante über die nasse Firnisschicht; um Unregelmäßigkeiten zu glätten und Blasen zu beseitigen, heben Sie Haare und andere Schmutzpartikel mit den

Pinselspitzen ab. Wiederholen Sie diesen Vorgang, bis die gesamte Fläche gestrichen ist. Bei etwas komplizierteren Formen, wie zum Beispiel bei einem Stuhl, beginnt man, indem man ihn auf den Kopf stellt und die Beine mit einem schmalen Pinsel streicht. Danach stellt man ihn wieder richtig hin und firnißt nacheinander die Rückseite, die Vorderseite, die Armlehnen und dann die Sitzfläche.

Lassen Sie das frisch gestrichene Objekt mindestens 24 Stunden in einem warmen, staubfreien Raum trocknen – ist das Wetter feucht, sogar noch länger. Wenn es ein kleines Objekt ist, kann man es, um es vor Staub zu schützen, unter eine große Kiste stellen, in die man Löcher für die Luftzirkulation gebohrt hat.

Um eine wirklich professionelle Oberfläche zu erhalten – die sich bei feinen, alten Stücken wirklich lohnt –, streichen Sie die erste Firnisschicht mit der Maserung, die zweite in entgegengesetzter Richtung und die dritte wieder in Maserrichtung. Einige Restauratoren verwenden nach den ersten zwei Schichten anstelle eines Pinsels einen Bausch aus alten Nylonstrümpfen. Damit kann man schneller als mit einem Pinsel arbeiten und erhält gleichzeitig den allerdünnsten Auftrag. Schütten Sie ein wenig Firnis auf eine Untertasse, und tupfen Sie den Nylonbausch hinein; gleitet der Firnis nicht leicht über die Fläche, verdünnt man ihn mit etwas Terpentinersatz.

Wie gewöhnlich sind viele dünne Schichten besser als wenige dicke. Ein matter Firnis benötigt nur zwei oder drei Anstriche, ein halbmatter Firnis vier oder fünf, aber eine glänzende Oberfläche braucht bis zu sieben Schichten, besonders wenn sie häufigem Abwaschen, Alkoholflecken und heißen Tellern widerstehen muß. Viele Firnisschichten machen die Oberfläche nicht nur strapazierfähiger, sondern ebnen sie auch ein, wenn man jede Schicht sorgfältig schleift.

Schleifen des Firnislacks: Um eine schöne, glatte und sich angenehm anfühlende Oberfläche zu erhalten, kann man einige der Firnisschichten abschleifen. Die ersten beiden Schichten sollte man nicht schleifen, da die Schicht noch so dünn ist, daß man leicht die darunterliegende Farbschicht verletzen kann, und auch die letzte Firnisschicht bleibt ungeschliffen.

Matter Firnis muß nicht geschliffen werden. Halbmatte und glänzende Firnisschichten bearbeitet man mit Naßschleifpapier oder feiner Stahlwolle. Geschliffener Firnis sieht trocken weniger transparent aus, aber die etwas stumpfe Oberfläche bietet eine gute Grundlage für die nächste Firnisschicht.

Polieren

Um eine absolut makellose Oberfläche zu erhalten, wird die letzte Firnisschicht mit der Hand poliert. Professionelle Restauratoren verwenden dazu eine Paste aus englischer Erde – einem feinen, grauen Pulver, das man in Spezial- oder Geschäften für Künstlerbedarf kaufen kann – und Zitronenöl, Babyöl oder Salatöl. Man reibt diese Paste mit einem Filz- oder Nylonbausch in kreisenden Bewegungen ein, wischt sie dann mit einem sauberen Tuch ab und poliert die Oberfläche zum Schluß mit einem Stück weichen Flanell.

Können Sie keine englische Erde bekommen, nehmen Sie Bimssteinpulver, Talkum oder Haushaltsmehl! Wenn der Firnis dick genug ist und das Objekt nicht zu kostbar, kann man auch Scheuerpulver benutzen, das eine stärkere Schleifwirkung hat und deshalb vorsichtiger aufgerieben werden sollte.

Lohnt sich das wirklich?

Ich möchte wetten, daß einige Leser sich fragen, ob das Ergebnis wirklich all diese Mühen rechtfertigt und ob all diese Extra-Anstrengungen wirklich einen sichtbaren Erfolg erzielen. Die Antwort lautet uneingeschränkt ja. Der Unterschied zwischen einer erstklassigen Malerarbeit und einem Standard-Anstrich mit der üblichen Reihenfolge von Vorstrich plus ein oder zwei Schichten schnell trocknender, nicht tropfender Farbe ist so immens, daß er einem förmlich ins Auge springt. Um es einmal so zu sagen: Er ist so groß wie der Unterschied zwischen einem selbstgebackenen Brot und einem Fabrikbrot. Für jedes Objekt, das qualitätvoll wirken soll oder dessen Möglichkeiten ausgeschöpft werden können, ist ein wirklich sorgfältiger, professioneller Anstrich die wichtigste Voraussetzung für die angestrebte Verwandlung. Die Arbeit mag zwar lange dauern, aber langweilig ist sie nicht. Eine Sache gut und gründlich zu machen ist eine befriedigende, sinnvolle und sinnenfrohe Angelegenheit, wie die Erfahrung bestätigt.

Schnelle Farbe

Man kann aber auf keinen Fall leugnen, daß die perfektionistische Malarbeit, für die ich plädiert habe, eine langwierige Sache ist. Wenn auch das Auftragen der einzelnen Schichten nicht viel Zeit in Anspruch nimmt, so bedeuten die Trocknungszeiten zwischen den Anstrichen, daß man mit mehreren Tagen rechnen muß. Aber hin und wieder kann es Gelegenheiten geben, bei denen Abkürzungen nicht nur eine Hilfe sondern sogar eine Notwendigkeit sind – so zum Beispiel, wenn man eine Schachtel, ein Tablett oder einen Bilderrahmen schnell als Geschenk fertigmachen muß.

Und hier kommen die modernen, superschnell trocknenden Farben ins Spiel. Acrylfarben trocknen so schnell, daß man die Basisfarbe eines Objektes in wenigen Stunden fertig haben kann. Sie sind für größere Flächen und Objekte zu teuer, aber für kleine Stücke sind sie ideal.

Hier ist der übliche Ablauf für eine Schnellbemalung: Tragen Sie nach dem Spachteln von Rissen und Unebenheiten und dem Schleifen – diesen Vorgang kann man nicht verkürzen – fünf Schichten GESSO auf. Das wird ungefähr einen halben Tag in Anspruch nehmen – für die sonst üblichen Anstriche mit Grundierung und Vorstrichfarbe müßte man zwei oder drei Tage rechnen. Darüber legt man, wenn die letzte GESSO-Schicht trocken ist, zwei oder drei Lagen mit Wasser leicht verdünnter Acrylfarbe im gewünschten Farbton. Die zweite und dritte Schicht werden, wenn sie trocken sind, mit feiner Stahlwolle geschliffen. Nun kann man weitere Dekorationen mit Acrylfarbe direkt auf diesen Untergrund aufmalen; für goldene Muster verwendet man Metallpulver mit Gummi Arabicum (siehe Seiten 65–68). Ich trage aber in den meisten Fällen, bevor ich mit dem Malen beginne, eine dünne braune oder weiße Schellackschicht auf, um einen harten und glatten Untergrund zu erhalten und um mögliche Fehler wegwischen zu können, ohne die Untergrundfarbe zu beschädigen (siehe Seite 169f.). Wenn die Bemalung trocknet, kann man sie mit einer dünnen, mit dem Schwamm auf das ganze Objekt aufgetragenen Acryllasur antik aussehen lassen. Danach trägt man zwei matte, halbmatte oder glänzende, verdünnte Firnisschichten auf. Schleifen Sie die erste ganz sanft mit Stahlwolle, und polieren Sie die zweite mit englischer Erde oder Scheuerpulver (siehe gegenüberliegende Seite). Zum Schluß poliert man die Oberfläche mit einem weichen Tuch.

Auf diese Art und Weise erhält man eine hochwertige Oberfläche in 48 Stunden, für die man im allgemeinen eine Woche oder gar zehn Tage benötigt. Die längste Zeit nimmt das Trocknen des Firnisses in Anspruch. Hat man keine Zeit, eine zweite Firnisschicht aufzutragen, kann man die erste mit Boden- oder Möbelwachs polieren. Man erhält so einen hübschen, sanften Glanz und außerdem noch eine Schutzschicht.

Farboberflächen und dekorative Verzierungen

Marmorieren

Traditionell marmorierte man Flächen, die wirklich aus Marmor hätten sein können – die Deckplatte einer Kommode, eine Tischplatte oder die Füllungen einer Schranktür. Dazu verwendete man vielfältige Farben in vielen Strukturen, und ein Marmorierer kombinierte oft verschiedene ›Marmorarten‹, um den Gesamteindruck eines bestimmten Objekts oder des ganzen Raums zu bereichern.

Während des 17. und 18. Jahrhunderts entwickelten sich neue und freiere Marmorierstile, die man lose unter dem Begriff ›Bauernmöbelmalerei‹ zusammenfassen könnte. Die besten Beispiele dieser gröberen, aber auch kraftvolleren Verwendung dekorativer Marmorierungen stammen aus Nordeuropa – Deutschland, Holland und besonders Skandinavien. Diese Bauernmaler waren keiner Tradition verhaftet, hatten keinerlei Ehrgeiz, ›richtig‹ zu malen. Da sie keine erstklassigen Vorbilder hatten, die sie aus der Nähe hätten studieren können, malten sie oft nach der Kopie einer Kopie; eine solche Malerei entfernt sich natürlich mehr und mehr vom Original, führt aber auch oft zu einer individuelleren, manchmal lebendigeren und pittoreskeren Darstellung.

In der letzten Zeit ist die Marmorierung als Verzierung bestimmter Möbel wieder in Mode gekommen. Bei der Entscheidung, zu welchen Möbelstücken eine Marmorierung paßt, sollte man ihren Zweck, ihre Entstehungszeit und ihren Stil berücksichtigen. Bemalte Oberflächen verdecken gnädig häßliches Sperrholz, doch wäre es eine Schande, edles Holz wie z. B. Mahagoni zu überstreichen. Üppige Marmorierung, dekorative Girlanden und Blumenmotive sehen auf einem Küchenschrank aus dem 19. Jahrhundert hübsch aus, aber auf einem Nachttischchen der 50er Jahre wären sie wenig überzeugend.

Links: Diese attraktive Truhe, die wahrscheinlich früher das Unterteil eines großen Schrankes war, wurde mit einer geschickten, auf Marmorierung basierenden Kombination von Mustern aufgewertet. Die unterschiedlichen Malarten – gezogene und gestupfte Lasuren – verleihen dem zwar praktischen, aber ansonsten nicht weiter bemerkenswerten Möbelstück Eleganz und Stil.

Vorbereitung

Das Objekt sollte mit den üblichen Farbanstrichen versehen sein – Grundierung, eine oder zwei Schichten Vorstrich und ein oder zwei Anstriche mit der Untergrundfarbe. Die Grundfarbe bestimmt den Farbton des fertig gemalten Möbelstücks und sollte deshalb zur allgemeinen Dekorationspalette passen. Der beste und glatteste Untergrund ist eine halbmatte Farbe. Alle Anstriche sollten, wenn sie trocken sind, geschliffen werden.

Arbeitsmaterial

Transparente Öllasur; Künstler-Ölfarben; Terpentinersatz; wenn man mag, Schlämmkreide (siehe Seite 247); gereinigtes Leinöl (siehe Bemerkung Seite 200); Papier, Stofflappen oder Plastiktüte; Malerstaubpinsel oder Vertreiber; Künstler-Marderhaarpinsel oder kleiner Strichzieher, um die Adern einzumalen.

Arbeitsmethode

Überstreichen Sie die Fläche, die marmoriert werden soll, mit einer transparenten Öllasur – ein Teil Öllasur zu vier Teilen Terpentinersatz –, damit die Oberfläche dünnflüssig genug ist, um die Muster realistisch zu verwischen. Trocknet diese Lasur zu schnell, gibt man noch einen Teelöffel (oder weniger) gereinigtes Leinöl hinzu. Einige Dekorateure mischen ein wenig Schlämmkreide in die Lasur, damit die Farbe etwas mehr Festigkeit bekommt.

Phantasiemarmor: Lösen Sie die Künstler-Ölfarbe in einer Untertasse mit Terpentinersatz auf. Zerknüllen Sie das Papier, den Stofflappen oder die Plastiktüte, tupfen Sie damit in die Farbe, und stupfen Sie bewußt unregelmäßig in die nasse Lasur. Überstreichen Sie diese Muster ganz leicht mit dem Vertreiber oder Staubpinsel, so daß die Linien weicher und unschärfer werden. Dieses sanfte Glätten und Ineinanderstreichen der Farben ist das Geheimnis einer schönen Marmorierung, und daher sollte man es vorher auf einem überflüssigen Probebrettchen ausprobieren. Das Ziel ist, die unregelmäßigen Drucke leicht wolkig wirken zu lassen, so wie ›sedimentäre Adern‹ in echtem Marmor. Beim Glätten sollte man immer wieder die Pinselrichtung ändern, um einen allzu einheitlichen Effekt zu vermeiden.

Marmorimitation: Um ›echten Marmor‹ nachzuahmen, stupft man noch weitere, unterschiedlich farbige Musterschichten auf (sehen Sie sich ein Stück echten Marmor genau an), um Vielfalt und Tiefe zu erhalten. Zum Schluß malt man mit einem feinen, spitzen Marderhaarpinsel, einem Linienzieher oder einer Gänsefeder, klarere und eindeutigere Adern ein, die sich wie bei echtem Marmor verzweigen und weder im Nichts beginnen noch dort enden sollten. Malt man sie in die noch feuchte Lasur, müssen sie möglicherweise nicht geglättet werden. Auf einer trockenen Oberfläche wirken sie geglättet überzeugender.

Firnis: Lassen Sie die Oberfläche 24 bis 48 Stunden trocknen, bevor Sie sie mit zwei oder drei halbmatten Firnisschichten versiegeln. Für eine ultra-glatte Oberfläche schleift man die letzte Firnisschicht sanft mit feinem Naßschleifpapier, Wasser und Seife ab. Man kann sie auch mit feiner Stahlwolle abreiben. Eine Schlußbehandlung mit Wachs gibt der Oberfläche einen echt wirkenden, matten Marmorglanz.

Spritztechnik

Eine der einfachsten und schönsten Arten, eine gebrochene Oberfläche zu erhalten, ist, sie mit unzählig vielen kleinen Farbflecken zu übersprenkeln. Da die Farbe dabei in winzig kleine Partikel aufgebrochen ist, wirkt eine solche Oberfläche niemals schwer oder aufdringlich, wie es bei anderen, aufgestrichenen Lasuren durchaus möglich ist.

Sprenkeln Sie eine strahlende Farbe auf einen glatten, einfarbigen Untergrund. Viele leuchtend grüne Sprenkel ergeben zum Beispiel auf einem Türkis ein lebhaftes Blaugrün, das viel mehr Tiefe und Lebendigkeit hat, als wenn man die beiden Farben in einem Topf vermischt oder sogar eine grüne Lasur über den türkisfarbenen Untergrund gestrichen hätte. Eine feine, schwarze Spritzschicht über einer roten Lackoberfläche ergibt eine hauchzarte Textur, die den glänzenden Untergrund nicht auflöst. Man kann in dieser Spritztechnik natürlich auch mit neutralisierenden Farben wie Umbra oder Schwarz arbeiten, um einen etwas dunkleren Gesamtton zu erhalten oder aber einer Fläche eine Textur zu geben.

Farben: Man sollte daran denken, daß komplementäre Farben mit der gleichen Farbintensität sich neutralisieren, wenn man sie aus einigem Abstand betrachtet.

So erscheinen gesprenkelte Oberflächen aus Farben annähernd ähnlicher Intensität, zum Beispiel Rot und Grün (wie auch Orange und Blau oder Violett und Gelb), unbestimmt neutral.

Vorbereitung

Leider machen Spritztechniken in einem recht großen Radius ziemlich viel Schmutz – besonders, wenn man sie zum ersten Mal ausprobiert. Am besten ist es, wenn man das Objekt an einem schönen Tag im Garten bearbeitet. Arbeitet man in einem Zimmer, muß man den Boden mit Zeitungspapier abdecken und noch einige Zeitungen zu einer Schutzwand aufeinanderlegen.

Der Untergrund sollte aus einer matten, mit Künstler-Ölfarben abgetönten Ölfarbe bestehen.

Arbeitsmaterial

Farbe: Man kann jede Farbe oder Lasur aufspritzen, nur muß sie vorher zu einer wässerigen Konsistenz verdünnt worden sein, die sich gut wegschnellen läßt. Es empfiehlt sich, mit wasserlöslichen Farben wie Gouache- oder Acrylfarben herumzuexperimentieren, da man sie mit einem feuchten Schwamm wieder abwaschen kann.

Gouache-Farben sind besonders günstig, wenn man mehrere Farbschichten aufspritzen möchte, da man sie immer wieder abwaschen kann. Allerdings muß man sie zum Schluß mit einer besonders stabilen Firnisoberfläche versehen.

Pinsel: Am besten eignet sich ein Schablonenstupfpinsel mit einem Griff. Man kann auch einen runden Schweineborstenpinsel oder einen alten Künstlerpinsel benutzen, dessen Borsten man bis zur Hälfte abschneidet, so daß er eine gerade Kante bildet und steife Borsten hat. Schwedische Maler verwendeten ein Bündel Birkenreisig.

Man spritzt die Farbe, indem man mit dem Finger oder einer Metallkante (ein Messer, ein Lineal oder ein Kamm) über die mit Farbe versehenen Borsten streicht. Man kann eine sehr ebenmäßig gesprenkelte Oberfläche erreichen, wenn man den mit Farbe getränkten Pinsel an einem mittelfeinen, runden Maschensieb reibt. Will man einen hauchfeinen Spritzfilm erhalten, verwendet man eine Fixativspritze, die man in Geschäften für Künstlerbedarf kaufen kann (siehe Seite 180). Sollen die Spritzer größer sein, kann man einen Stupfpinsel über einen weitzinkigen Kamm streifen.

Weiteres Arbeitsmaterial: Geeignete Verdünnung für die Farbe; Papier zum Üben; Stofflappen; Untertassen zum Anmischen der Farben.

Arbeitsmethode

Man nimmt ein wenig, zu Wasserkonsistenz verdünnte Farbe auf die Pinselborsten und streift dann, nicht zu schnell und gleichmäßig, mit Finger oder Kante über die Borsten.

Probieren Sie die Methode auf einem Blatt Papier aus – mit ein bißchen Übung findet man schnell heraus, wie man die Farbe gleichmäßig und genau aus geringer Distanz aufspritzen kann. Nehmen Sie nicht zuviel Farbe auf den Pinsel, da sie sich dann nicht gleichmäßig verteilt und einige Farbkleckse auslaufen können. Passiert das doch einmal, saugt man sie am besten schnell mit der Ecke eines Papiertaschentuchs auf.

Ganz feine Spritzschichten trocknen fast sofort, dickere Schichten sollte man gut trocknen lassen, bevor man eine neue Farbe aufträgt. Zum Schluß schützt man die Oberfläche mit Firnis.

Porphyr

Natürlicher Porphyr ist ein Erstarrungsgestein mit einer granitähnlichen Textur, das oft mit goldfunkelndem Eisenkies durchsetzt ist. Ein tiefes Rot mit leicht kastanienbraunem Schimmer ist seine charakteristische Farbe, aber es gibt auch grüne, violette, graue und braune mit Rosa durchsetzte Spielarten. Spritzt man Farben auf einen mit dem Schwamm gewolkten Untergrund, erhält man eine gute Porphyrimitation. Früher war diese Oberfläche eine beliebte Gestaltungsvariation für Tischplatten und Kamineinfassungen, heute paßt sie gut zu den geradegeschnittenen Möbeln moderner Wohnungen.

Methode für eine rote Porphyroberfläche

Mischen Sie mit einer weißen Ölfarbe und einer Menge Gebrannter Siena, ein wenig Gebrannter Umbra und gelbem Ocker eine terrakottafarbene Grundfarbe. Tragen Sie diese mit einem Schwamm auf einen mit weißer Ölfarbe gestrichenen Untergrund auf, und warten Sie, bis die Farbe nach etwa zwei Stunden staubtrokken ist.

Mischen Sie sich nun die Spritzfarben an; um einen Porphyreffekt zu erhalten, benötigt man zwei Farbtöne – einen cremefarbigen, der aus einer mit gelbem Ocker eingefärbten weißen Ölfarbe besteht und einen schwarzen, den man einfach aus schwarzer Künstler-Ölfarbe macht. Beide Farben verdünnt man mit Terpentinersatz zu einer wässerigen Flüssigkeit.

Spritzen Sie zuerst die helle Cremefarbe dünn und gleichmäßig auf den terrakottafarbenen Untergrund auf. Wenn diese Farbe nach einigen Minuten trocken ist, sprenkelt man die schwarze Farbe viel dünner als die erste Farbe auf.

Goldsprenkel: Um eine noch üppiger wirkende Oberfläche zu erhalten, sprenkelt man noch eine Goldschicht auf, die ganz besonders schön auf einem dunklen Porphyrgrund wirkt. Mischen Sie Metallpulver mit Gummi Arabicum zu einer dünnen Farbe zusammen, und spritzen Sie diese Farbe sparsam über die gesamte Fläche.

Blauer Porphyr: Für einen Phantasie-Porphyr mischt man eine Untergrundfarbe aus weißer Ölfarbe mit einem Kobaltblau und ein wenig Schwarz und Rot. Tragen Sie diese Farbe mit einem Schwamm wie bei einer roten Porphyroberfläche über einen weißen Untergrund auf, und spritzen Sie, wie oben beschrieben, eine weiße und eine schwarze Sprenkelschicht auf.

Firnis

Roten Porphyr kann man mit zwei braunen Schellackschichten überstreichen. Eine weitere klare, glänzende Firnisschicht erhöht den Schutz der Oberfläche. Schleifen Sie sie vorsichtig und sanft ab, aber polieren Sie die Fläche nicht.

Gespritzte Muster

In der Blütezeit der Hobbies, Mitte des 19. Jahrhunderts, war die Technik, Muster so zu spritzen, daß man einen Negativdruck erhielt, ganz besonders beliebt; die beliebteste Spritzform war die damals geschätzteste Topfpflanze, der Farn. Gepreßte Farnwedel sind noch heute ideale Schablonen, die man zu Mustern zusammenfügt und mit simpleren Blätterformen einrahmt. Man kann sich aber auch aus Papier Schablonen schneiden oder alle möglichen fertigen Formen verwenden. Bei dieser Technik arbeitet man am besten mit einer Fixativspritze.

Farben: Frühe Beispiele imitierten Holzintarsien, indem sie dunkle Sprenkel über Farben wie Rotbraun oder Goldbraun spritzten. In diesen Farben sehen Farnmu-

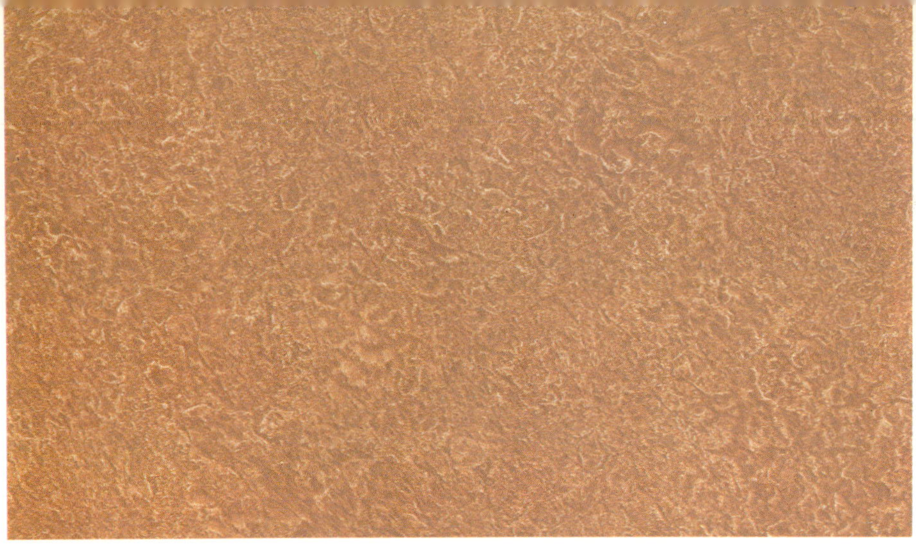

Tragen Sie zuerst eine matte weiße Ölfarbe auf, und lassen Sie die Oberfläche sechs bis zwölf Stunden trocknen, bevor sie glattgeschmirgelt wird. Mischen Sie sich eine Terrakottafarbe aus mattweißer Ölfarbe mit Gebrannter Siena, wenig Gebrannter Umbra und gelbem Ocker. Tragen Sie diese Farbe mit einem Schwamm auf, und lassen Sie sie etwa zwei Stunden trocknen.

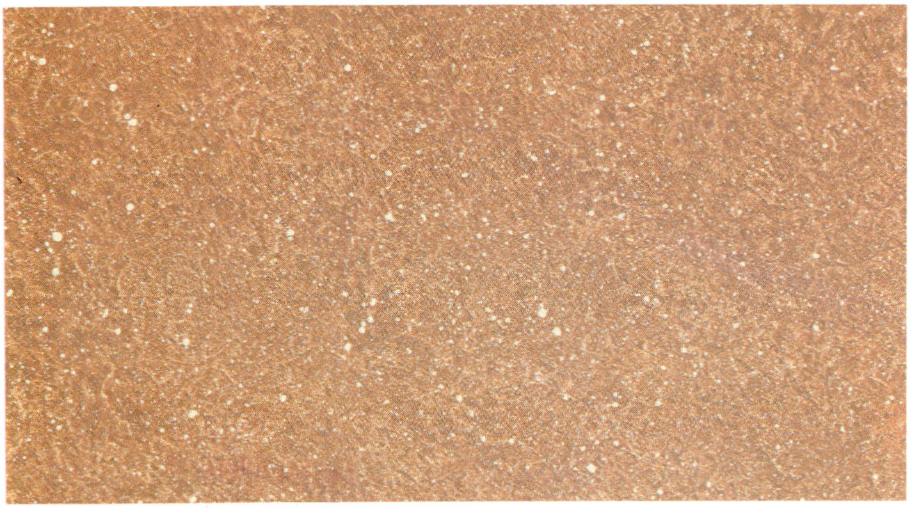

Mischen Sie nun eine cremefarbene Spritzfarbe aus mattweißer Ölfarbe mit gelbem Ocker. Verdünnen Sie die Farbe mit Terpentinersatz, bis sie wässerig ist. Tauchen Sie die Borsten eines harten Pinsel leicht in die Farbe, und streichen Sie mit dem Finger fest darüber, um eine Spritzschicht zu erhalten. Lassen Sie die Farbe einige Minuten trocknen. Reinigen Sie den Pinsel.

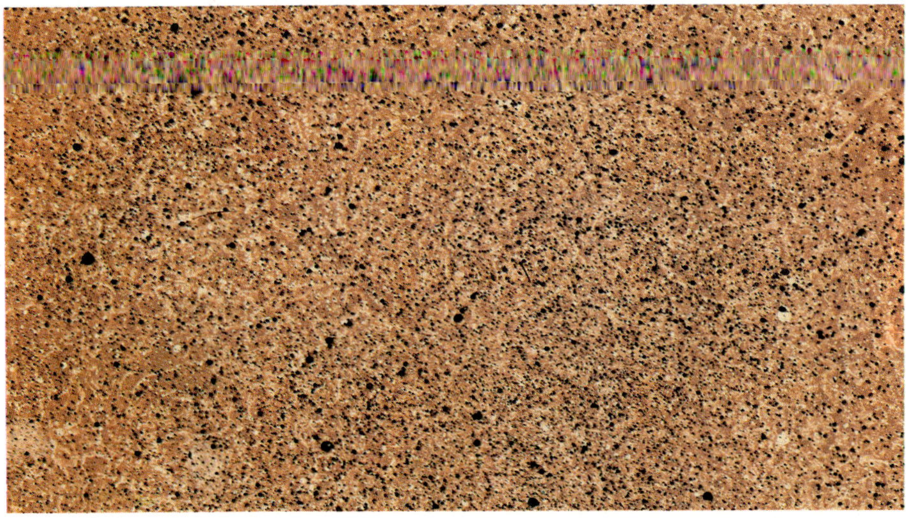

Verdünnen Sie schwarze Ölfarbe mit Terpentinersatz. Spritzen Sie die Farbe dünner als die vorige auf. Lassen Sie die Farbflecken gut trocknen. Überstreichen Sie dann die gesamte Fläche mit zwei Schichten braunem Schellack, um die Farbe zu intensivieren.

Zum Schutz trägt man dann eine Schicht glänzenden, klaren Kunstharzfirnis auf. Diese Oberfläche reibt man, wenn sie trocken ist, mit Naßschleifpapier oder feiner Stahlwolle ab, um den Glanz zu mildern.

ster sehr hübsch aus, da sie dann wie ein leichtes Relief auf einem dunklen Untergrund wirken. Eine weitere gute Kombination ist Olivgrün über einem hellen oder goldbraunen Untergrund. Will man eine spektakulärere Oberfläche, die wie Marmorintarsien wirkt, kann man Farbtöne wie für die Porphyroberfläche ›wolken‹ und die Schablonen auf einen schwarzen oder grauen Untergrund befestigen.

Spritztechnik mit Fixativspritze

Zum Spritzen kann man zwar Ölfarben wie für eine Porphyroberfläche verwenden, aber mit Wasser verdünnte Gouache-Farben ergeben einen sanfteren, dichteren Sprühfilm. Es eignen sich auch Acrylfarben oder farbige Zeichentuschen. Doch ganz gleich, welche Farbe man verwendet, man muß sie in einem Marmeladenglas oder einem ähnlichen Gefäß gut durchrühren. Tauchen Sie dann ein Ende der Fixativspritze in die Farbe, und blasen Sie kraftvoll durch das Mundstück am anderen Ende. Dieses Blasen erzeugt ein Vakuum, das die Farbe dazu zwingt, in dem Röhrchen hochzusteigen. Halten Sie den von den zwei Röhrchen gebildeten Winkel in die Richtung der Fläche, die bespritzt werden soll, sobald Sie dann blasen, bedeckt sich die Fläche mit einem feinen Farbnebel. Probieren Sie die Fixativspritze erst an einem flach liegenden und an einem vertikal angebrachten Papier aus, um herauszufinden, wie man die Sprührichtung kontrolliert.

Die besten Ergebnisse für Spritzdrucke erhält man mit einer Fixativspritze. Stellen Sie das eine Ende des Geräts vertikal in das Farbgefäß, richten Sie den rechten Winkel auf die Schablone, und blasen Sie durch das Mundstück.

Eine so zerstäubte Farbe ist zu fein, um zu tropfen oder zu laufen; deshalb kann man auch auf vertikalen Flächen arbeiten. Behandeln Sie jede Fläche für sich; beginnen Sie an einem Ende, und arbeiten Sie sich bis zum anderen Ende vor. Lassen Sie die Farbe trocknen, heben Sie die Schablone ab, und retuschieren Sie leere Stellen in derselben Farbe mit einem spitzen, kleinen Pinsel. Weitere Details wie Blattadern oder Weinranken malt man mit einem feinen Marderhaar-Künstlerpinsel ein.

Lackoberflächen oder Japanlacktechnik

Die originalen Lackarbeiten aus China und Japan, die mit dem milchigen Saft des Lackbaums gemacht wurden, haben die perfektesten Oberflächen, die je von Menschenhand gefertigt wurden. Sie bestehen oft aus 40 Schichten, die alle einzeln abgerieben und glattgeschliffen wurden. Dazu benutzte man eine Paste aus Öl und Knochenasche, die mit den Fingern aufgetragen wurde. So enstanden die härtesten und glänzendsten Oberflächen, die man sich vorstellen kann.

Als diese exquisiten handwerklichen Meisterstücke in den Westen kamen, war es daher nicht überraschend, daß europäische Handwerker bald versuchten, diese teuren, importierten Waren zu imitieren. Die Verwirrung wuchs, als ein Harz, das den Namen *Coccus lacca* trug, aber in Wirklichkeit aus den Sekreten von Insekten gewonnen wurde, in den Westen kam. Nach einigen Versuchen entstand ›Samenlack‹, den wir heute Schellack nennen, ein sehr schnell trocknender harziger Firnis, der im Gegensatz zu allen anderen Firnissen nur in Alkohol löslich ist. Die europäischen Handwerker mischten Schellack mit Farben, womit es ihnen gelang, eine Reihe technisch zwar nicht korrekter, aber ästhetisch sehr ansprechender Pseudo-Lackarbeiten herzustellen. Ein Holzobjekt wurde sorgfältig grundiert, gestrichen und dekoriert – oft mit verschwenderischen Goldmustern – und dann zum Schluß mit vielen Schellackschichten versehen, um die Tiefe und Üppigkeit der fernöstlichen Vorbilder zu imitieren. Die Ähnlichkeit war jedoch nur oberflächlich; aber je mehr Zeit verging und je mehr weitere Verfeinerungen erfunden wurden, um so mehr entwickelten diese Lackarbeiten einen eigenen Stil und Charme.

Es ist absolut möglich, die warme Ausstrahlung der Farben und die Patina alter Lackarbeiten nachzuahmen, indem man ein Objekt mit den richtigen Farben bemalt, es mit fernöstlich inspirierten Mustern schmückt und dann so viele Firnis- oder weiße Schellackschichten aufträgt, wie die Geduld es zuläßt. Das Ergebnis ist vielleicht nur die Kopie einer Kopie, aber ohne Zweifel eine extravagant schöne Kopie.

Je mehr Mühe man sich gibt – Muster in Gold oder in Bronze, ein Schildpattuntergrund, Schablonenmuster oder handgemalte Szenen, getönte Firnisse –, um so kostbarer und luxuriöser wirkt das fertige Objekt. Ganz im Gegensatz dazu kann man einen moderneren, streng einfachen Lackeffekt anstreben, bei dem man viele klare, glänzende und stets abgeriebene Firnisschichten über strahlende, glänzende Farben legt.

Möbel mit klaren, starken Formen eignen sich besonders gut für diese wunderbaren Oberflächen. Der moderne Lackstil paßt ausgezeichnet zu Eßzimmerstühlen und Kaffeetischen. Das Holz spielt dabei keine Rolle; selbst das schlechteste Sperrholz, solange es nicht völlig brüchig und verwittert ist, sieht schön aus, nachdem man es mit GESSO-Schichten geglättet, dann gestrichen, bemalt und mit vielen Schichten Firnis verdeckt hat.

Vorbereitung

Ein GESSO-Untergrund verbessert die Oberflächen von offenporigem und schlechtem Holz. Außer bei glattem und feinporigem Holz, für das eine Schicht Vorstrich reicht, sollte man die Fläche mit vier oder fünf GESSO-Schichten oder einer zu Farbkonsitenz verdünnten Allzweck-Spachtelmasse grundieren (siehe Seiten 164–165). Jede Schicht reibt man, wenn sie trocken ist, mit einer mittelfeinen Stahlwolle oder mittelfeinem Schleifpapier ab. Wenn die letzte GESSO-Schicht trocken ist, überstreicht man sie mit Schellack – ein Teil Brennspiritus zu zwei Teilen Schellack, um die GESSO-Schicht zu versiegeln und einen glatten Untergrund für weitere Farbaufträge zu erhalten.

Arbeitsmaterial für schwarze Lackoberflächen

Schwarze, matte Ölfarbe; Gebrannte Umbra Künstler-Ölfarbe; glänzender, klarer Kunstharzfirnis; Pinsel; Naßschleifpapier.

Arbeitsmethode für schwarze Lackoberflächen

Die ersten zwei oder drei Schichten bestehen aus schwarzer, matter Ölfarbe. Die letzte dieser Farbschichten wird mit Naßschleifpapier und Seifenwasser geschliffen. Die nächsten zwei Schichten mischt man aus fünf Teilen matter, schwarzer Ölfarbe, einem Teil Gebrannter Umbra und einem halben Teil Glanzfirnis. Diese zwei Anstriche schleift man wie die vorhergehenden.

Danach kann man Vergoldungen oder andere Verzierungen auftragen.

Firnis: Möchte man ein warmes Schwarz erzielen, mischt man ein wenig Gebrannte Umbra oder Lackbeize in der Farbe Dunkle Eiche unter die letzten zwei oder drei glänzenden Kunstharzfirnisschichten. Jeder Anstrich wird geschliffen und der letzte mit englischer Erde oder feinem Bimssteinpulver poliert. Soll die Oberfläche stärker glänzen, wachst man sie und poliert sie mit einem weichem Tuch.

Arbeitsmaterial für rote Lackoberflächen

Matte, weiße Ölfarbe; zinnoberrote Künstler-Ölfarbe oder Ölfarbe zum Eintönen der Grundfarbe; Terpentinersatz; glänzender Kunstharzfirnis; Künstler-Ölfarben oder Abtönpaste in Karminrot und Gebrannter Siena zum Tönen der Schlußanstriche.

Arbeitsmethode für rote Lackoberflächen

Mischen Sie die rote Ölfarbe mit der weißen, matten Farbe so zusammen, daß die Farbe gut fließt und nicht zu kreidig wirkt. Tragen Sie zwei, drei Farbschichten auf, und schleifen Sie diese ab der zweiten Schicht mit Naßschleifpapier glatt. Die nächsten zwei Anstriche bestehen aus Glanzfirnis mit ein wenig Karminrot und Gebrannter Siena. Letztere transparente Farbe verändert das opake Grundrot beträchtlich.

Firnis: Wenn das Rot zu strahlend oder grell wirkt, kann man es dämpfen, indem man entweder eine dünne Gebrannte-Umbra-Lasur aufträgt oder Sepia- bzw. schwarze Farbsprenkel aufspritzt. Man kann aber auch die zwei oder drei Firnisschichten, die mit drei Teilen Firnis zu einem Teil Terpentinersatz verdünnt werden, mit ein wenig Gebrannter Umbra oder mit der Lackbeize ›Eiche dunkel‹ vermischen, die einzelnen Schichten vorsichtig schleifen und die letzte wie oben beschrieben polieren.

Weitere Lackoberflächenfarben

Zusätzlich zu den klassischen Farben Schwarz und Zinnoberrot gibt es Japanlackoberflächen in vielen anderen Farbtönen – Weiß, Gelb, Oliv, Kastanienbraun, Blau und Purpur. Beim Imitieren dieser Flächen enstehen der Glanz und die Tiefe durch das Auftragen des getönten Firnis; oder, noch raffinierter, durch eine

Rechts: Eine Porphyroberfläche paßt gut zu modernen, rechtwinkligen Tischen. Hier wurde blaue Farbe über einen weißen Untergrund mit dem Schwamm aufgestupft und dann zunächst mit einem verdünnten Cremeton, danach mit Schwarz bespritzt. Zum Schluß wurden mehrere Schichten von mattem Kunstharzfirnis aufgetragen.

Unten: Ein modernes Klapptischgestell, das lackiert und vergoldet wurde, um zu dem antik bemalten Tablett zu passen.

Rechts: Die Tischplatte dieses Tisches aus dem 18. Jahrhundert ist mit einer witzigen, modernen Trompe-l'œil-Malerei verziert; zum Schluß wurde die gesamte Fläche mit Schellackschichten versiegelt, um den Glanz zu verstärken.

Öllasur, die einen von der Grundfarbe leicht verschiedenen Farbton hat. Man kann diese transparenten Schichten über die ganze Fläche auftragen oder sie mit einer gezogenen Pinsellasur als schmale Streifen aufstreichen, so daß die zwei Farben stärker miteinander wirken. So kann man ein mattes Gelb, das aus Indischgelb und weißer Ölfarbe gemischt ist, mit einer chromgelben Öllasur intensivieren; streicht man eine preußischblaue oder ultramarinblaue Öllasur über einen Untergrund, der aus Kobaltblau und einer weißen Ölfarbe gemischt wurde, erhält man ein strahlendes Blau.

Linienmuster

Linienmuster in kontrastierenden Farben verwendet man häufig, um farbige oder bemalte Möbel zu verzieren, ihre Formen und Konturen zu betonen oder zu verstärken und um die Aufmerksamkeit auf dekorative Details zu lenken. Ähnlich wie die Litzen bei einer Uniform dienen die gemalten Linien dazu, Strukturen und Proportionen zusammenzuhalten und zu akzentuieren. Traditionell richteten sich die Linienmuster nach dem Stil der Möbel. Auf geschwungenen französischen und italienischen Objekten liefen breite, wasserdünne Farbstreifen oft an den Außenkanten von Tischplatten und Stühlen entlang. Bei den zerbrechlich schmalen Objekten der Designer des 18. Jahrhunderts, wie zum Beispiel Robert Adam, wirkten die Linien wie strenge Kalligraphie. Doch die höchste Meisterschaft erreichten die Linienmuster auf Kutschenkarossen: Hier wurden die Streifen in akkuratester Perfektion freihändig aufgemalt.

Jedermann kann eine recht breite, dekorative Kantenlinie ziehen; um aber eine makellose feine Linie freihändig ziehen zu können, bedarf es eines gesunden Selbstvertrauens, viel Übung und einer ruhigen Hand. Doch gibt es einige Betrugsmöglichkeiten, mit denen man einen ähnlichen Effekt erzielen kann. So erlaubt eine Zwischenschicht aus weißem Schellack oder klarem Firnis, krumme Linien einfach abzuwischen und es noch einmal zu versuchen. Auf einem flachen Untergrund kann man mit einem Lineal und einem feinen Marderhaarpinsel recht gute gerade Linien ziehen. Ich kenne sogar einige Dekorateure, die dafür einfach einen Filzstift verwenden.

Vobereitung

Im allgemeinen werden Linien- und Streifenmuster nach den Lasuren, aber vor einer möglichen Antiklasur aufgetragen (siehe Seiten 207–210). So erhält man eine klarere Form und Oberfläche. Auch hier gilt – je glatter der Untergrund ist, um so einfacher läßt sich die Farbe auftragen. Wenn Sie Ihrer Malkünste ein wenig unsicher sind, tragen Sie am besten, bevor sie mit dem Malen beginnen, eine Sperrschicht auf (siehe Seite 169 f.).

Arbeitsmaterial für Linienmuster

Farbe: Für transparente, wässerig wirkende Kanteneinfassungen verwendet man mit Wasser verdünnte Künstler-Gouache- oder Acrylfarben. Damit die Wasserfarbe nicht davonläuft, mischt man einen Tropfen Reinigungsmittel unter. Diese Farben passen am besten zu Möbelstücken mit einer matten Oberfläche.

Professionelle Dekorateure ziehen feine Linien im allgemeinen mit einer mit Terpentinersatz verdünnten Künstler-Ölfarbe, der man, damit sie etwas mehr Substanz hat, klaren Firnislack beigemischt hat.

Pinsel: Für breite Linien verwendet man einen Marderhaar-Künstlerpinsel Nr. 6, für feine Linien einen Marderhaarpinsel Nr. 3. Professionelle Dekorateure verwenden oft einen Schwertschlepper (siehe Seite 234), da man mit den langen, dünnen Haaren gut freihändig Linien ziehen kann.

Weiteres Arbeitsmaterial: Verdünner für die Farben; Stofflappen oder Wattebäusche; eine Untertasse zum Farbenmischen; zusätzlich, wenn man möchte: einen eingekerbten kleinen Karton, um die Linie in gleichem Abstand vorzuzeichnen; einen Strichzieher; Filzstifte; Lineal.

Arbeitsmethode

Stellen Sie das zu bemalende Objekt in eine für Sie angenehme Höhe. Ein niedriger Tisch mit soliden Beinen ist für die meisten Objekte eine ideale Plattform. Probieren Sie Farbe und Pinsel auf einem Testbrettchen aus, um ein Gefühl für den Pinsel zu bekommen und zu sehen, ob die Farbe gut fließt und genügend deckt. Nehmen Sie nicht allzuviel Farbe auf den Pinsel, da sonst Ihre saubere Linie bei einem härteren Pinseldruck fleckig werden könnte. Die Dicke der Linie hängt vom Druck Ihrer Hand und der Breite des Pinsels ab. Professionelle Dekorateure ziehen eine freihändige Linie, indem sie ein wenig zurücktreten, den Pinsel ziemlich weit oben am Griff und nicht unten in der Nähe der Borsten halten und die Linie mit einer gleichmäßigen, entspannten Bewegung ziehen. Dabei sollten die Augen dem Pinsel immer ein klein wenig voraus sein – »das Auge führt, die Hand folgt«, wie die Experten sagen. Sonst kann es geschehen, daß man zögert, wodurch dann leicht Kurven und Unterbrechungen der Linien entstehen.

Korrigieren Sie alle Fehler, wenn Sie eine logische Unterbrechung erreicht haben – wie zum Beispiel eine Ecke –, und auf jeden Fall, bevor die Farbe hart wird. Ist die Farbe doch schon angetrocknet, läßt man sie ganz trocknen und reibt die Fehler mit feiner Stahlwolle vorsichtig ab. Retuschieren Sie die Linien, wenn die Farben trocken sind, aber vorsichtig, da leicht sichtbare Farbunterschiede auftreten können. Nach der Streifenbemalung kann man die Oberfläche mit klarem matten oder halbmatten Kunstharzfirnis versiegeln.

Kantenlinien: Grobe Bauernmöbel wirken mit einer wirklich breiten Kantenverzierung, die zwischen 12 und 25 mm breit sein kann, oft weniger klobig. Diese Streifen sind sehr einfach zu ziehen, da man den Pinsel mit dem kleinen Finger leiten kann. Man markiert sich vorher die Breite der Streifen mit einem eingekerbten Karton und kleinen Farbpunkten auf der Fläche. Leichte Unregelmäßigkeiten fallen zum Schluß gar nicht mehr auf, aber einige mechanische Hilfen stärken oft das Selbstbewußtsein.

Nachdem man eine erste Linie freihändig gezogen hat, kann man mit einer eingekerbten Karte parallele Abstände einzeichnen.

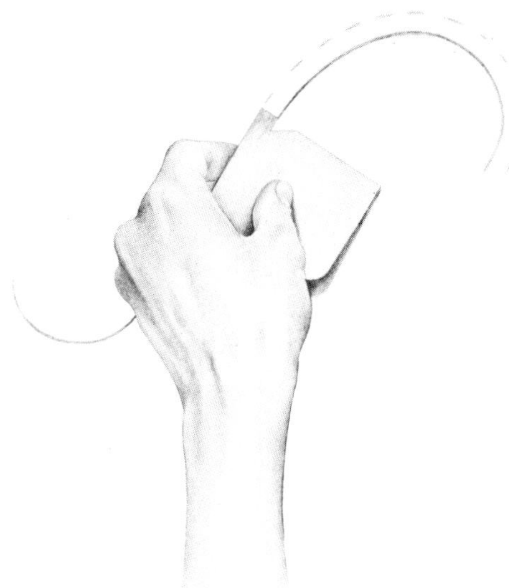

Wasserverdünnte Farben ergeben delikat verblichen wirkende Linien, die gut zu antiken Möbeln passen; beim Retuschieren dieser Farben muß man allerdings vorsichtig sein, da dünne Farben übereinandergestrichen schnell zu kräftig werden.

An geraden Kanten kann man sich mit einem in der richtigen Distanz zur Kante befestigten Klebeband behelfen. Bevor man zu malen beginnt, fährt man mit einem Messerrücken entlang der Klebebandkante, damit sie wirklich fest ist, und löst das Klebeband, sobald man die Linie gezogen hat, wieder ab, um saubere Ecken und Kanten zu erhalten. Soll die Oberfläche alt und verblichen wirken, sollte man eine matte Farbe verwenden, die aber nicht so dick aufgetragen werden darf, daß sie eine kleine Relieferhebung bildet. Zum Schluß überstreicht man die gesamte Fläche mit mattem Firnis.

Feine Linienmuster: Feine, dünne Linien liegen im allgemeinen ein wenig von den Kanten nach innen versetzt; sie folgen den Rundungen einer Rückenlehne oder den sich verjüngenden Kanten eines rechteckigen Stuhlbeines. Man bemalt eine Stuhlrückenlehne am besten, indem man den Stuhl in Tischhöhe auf den Rücken legt, so daß man ihn von drei Seiten gut bearbeiten kann. Bemalen Sie zuerst die Innenflä-

Links: Dieser Holztisch aus dem 18. Jahrhundert wurde vor nicht langer Zeit mit dunkelockerfarbiger Bambusmalerei auf hellockerfarbenem Grund bemalt.

Unten: Ein moderner Klapptisch mit Bambusmalerei.

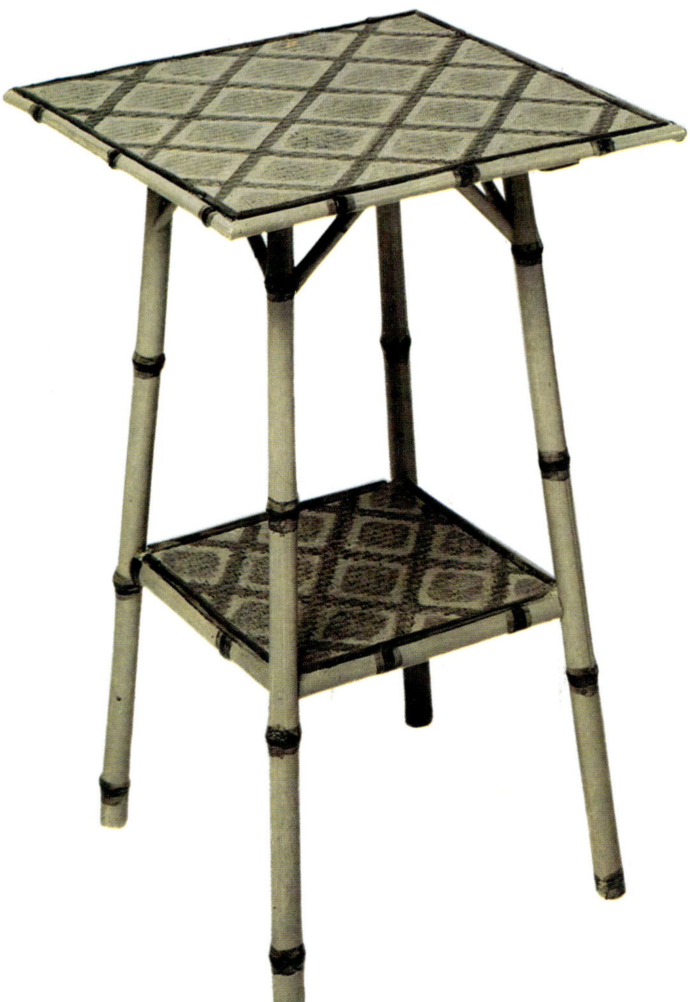

Links: Ein Trödeltisch aus der Jahrhundertwende, der mit Bambusstreifen aus getöntem und verdünntem Firnis bemalt wurde. Die geflochtenen Oberflächen wurden freihändig in den gleichen drei Blauschattierungen verziert.

Rechts: Bei diesem marmorierten Tisch wurde eine blaue Lasur mit dem Schwamm auf einen weißen Untergrund aufgestupft. Danach wurden weiße, rote und schwarze Marmoradern aufgemalt. Die Farben wurden anschließend mit einer Schicht aus getöntem Firnis gedämpft.

Unten: Ein Kaffeetisch mit einer gezogenen Lasuroberfläche und einer Linienverzierung in Dunkelbraun.

Rechts: Ein antiker Waschtisch mit aufklappbarer Deckplatte, der in gebrochenem Weiß lasiert und mit grünen Linien gemustert wurde.

Unten: Diese bemalte Kiste aus New England wirkt mit ihrer raffinierten farbigen Streifenverzierung überraschend modern, obwohl sie aus der Mitte des 19. Jahrhunderts stammt.

chen, damit man diese Linien nicht dadurch verschmiert, daß man sich über sie beugen muß, um weitere Linien zu ziehen.

Es hätte keinen Sinn zu behaupten, daß es einfach sei, eine feine, gerade Linie freihändig zu ziehen. Aber Übung macht den Meister. Überstreichen Sie den Malgrund zuerst mit einer Schellack- oder Firnisschicht, und gehen Sie mutig ans Werk, in dem Wissen, daß man Fehler mit einem mit Lösungsmittel befeuchteten Wattebausch am Ende eines Malabschnittes wieder abwischen kann. Retuschieren Sie die Farben, wenn sie trocken sind. Und wenn Sie jemand sind, der Unvollkommenheit nicht ertragen kann, sollten Sie überhaupt nur mit dem Lineal und Filzstift arbeiten.

Für feine Linienmuster gibt es keine dekorativen Grenzen: man kann Teller, Tabletts, Schachteln und Dosen, Bilderrahmen, Passepartouts und fast alle antiken Möbel damit verzieren. Man kann mit ihnen auf einfache und natürliche Weise eine optische Unterbrechung zwischen unifarbenen und gemusterten Flächen schaffen, Formen betonen und sie konzentrierter wirken lassen. Betrachten Sie, wenn Sie das nächste Mal in einem Museum sind, Beispiele für diese Art der Verzierungen einmal genau – Sie werden von der Vielfalt überrascht sein.

Bambusmalerei

Mit der Vorliebe für Chinoiserien im 18. Jahrhundert kam auch Bambus in Mode, der in Form von Möbeln und Nippessachen nach Europa importiert wurde. So billig und üblich er im Orient war, so selten und teuer war er im Westen. Und schon bald imitierten europäische Handwerker Bambus mit gedrechseltem und geschnitztem Holz. Im allgemeinen benutzte man dazu zweitklassiges Holz und bemalte es; zuerst wie wirklichen Bambus, aber später zunehmend mit Phantasiefarben.

Unterschiedliche Handwerker bevorzugten unterschiedliche Effekte, doch die meisten Bambusimitationen hielten sich an bestimmte Konventionen. Die auffallenden Verbreiterungen am Ende und Beginn der einzelnen Bambusabschnitte betonte man mit ein, zwei oder dreifarbigen Linien, und mit denselben Farben malte man kleine Augen und sich verjüngende Wirbel, die charakteristisch für weiblichen Bambus sind. Diese handgemalten Details gestaltete man entweder in zurückhaltend komplementären Farben, wie zum Beispiel Graugrün auf gelbbraunem Untergrund, oder in leuchtend konstastierenden Farben wie zum Beispiel Rosa auf Weiß oder Schwarz und Gold auf Zinnoberrot.

Die Bambusmalerei stellt eine einfache Möglichkeit dar, ein simpel bemaltes Objekt mit Farbe und Phantasie zu verschönern und einfarbige Oberflächen dekorativ und witzig zu verzieren.

Für Bambusmalerei geeignete Möbel

Am besten eignen sich natürlich Objekte mit gedrechselten Bambusimitationen. Für elegante Formen kann man kraftvolle Farben wählen – Schwarz, Rot, Kakadurosa und Grün – und die Bambusmalerei in helleren, kontrastierenden Farben ausführen. Bei Objekten, die nur wenig gedrechselte Bambusdekorationen haben – wie zum Beispiel an Stuhllehnen und -beinen, runden Tischplatten und Schubladen –, sollte man sich an neutrale Farben halten und die Details mit diskreten Farbtönen aufmalen: Sepia über Braungelb, Grün über Gelb, Dunkelgrün oder Braun über Grün und jede andere mittelstarke Farbe über einem Cremeton oder einem Grauweiß.

Jede simple, runde Holzform kann mit einer stilisierten Bambusbemalung reizvoller aussehen. Achtet man erst einmal darauf, ist es einfach, Dinge ausfindig zu machen, die durch diese Art der Bemalung schöner werden könnten – wie zum Beispiel Bilder- oder Paraventrahmen, einfache Bettgestelle und kleine Tische mit geraden, runden Beinen –, und abzuschätzen, wie weit man gehen kann, ohne daß das Ergebnis lächerlich wirkt. Will man Stühle mit geflochtenen Sitzflächen im Bambusstil bemalen, wählt man für die Sitzfläche eine zum Bambus passende Farbe und malt auf die geflochtene Struktur ein Gittermuster in der Farbe der Bambusdetails auf; ein Binsengeflecht schmückt man mit Streifen.

Mit Bambusmalerei lassen sich auch die gefleckten, aus richtigem Bambus gefertigten Objekte der Jahrhundertwende verschönern, die durch Hitze und Firnis braun gesprenkelt aussehen und die es zu unzählig vielen in Trödelläden zu kaufen gibt. Es wäre zu schade, schöne Exemplare zu übermalen, aber es gibt viele wertlose Stücke, die mit einer neuen, gereinigten, geschliffenen und bemalten Oberfläche besser aussehen.

Bambusmalereistile

Es gibt zwei gemeinhin verwandte Techniken der Bambusmalerei. Die eine kann man nur bei echtem oder gedrechseltem Bambus anwenden. Hierbei betont man die Bambusknoten durch feine Linien und kann, wenn man möchte, noch kleine Augen und Wirbel aufmalen.

Die zweite besteht im Aufmalen von Ringen. Diese Technik hat den Vorteil, daß man sie auch bei einfachen runden Holzformen anwenden kann. Die Streifen bestehen aus sich nach außen hin verbreiternden Ringen, die aneinderstoßen in einer Variante des Farbtons. In den Schlafzimmern englischer Landhäuser sieht man of grauweiße Möbelstücke, die mit zum Raum passenden Farben – Rosa, Blau, Grün – in Bambusart bemalt sind. An glatten, runden Formen wirken sepiafarbene Muster auf einem dem Bambus ähnlichen, strohfarbenen Untergrund besonders hübsch. Über dunkle Farben malt man Bambusringe in hellen Erdfarben, wie ein mit Umbra Natur, Siena Natur oder gelbem Ocker gemischtes Weiß sie ergibt; so erhält man ausreichende Kontraste, ohne daß die Bemalung grell wirkt.

Vorbereitung

Für die Bambusmalerei benötigt man eine glatte, sorgfältig gestrichene und geschliffene Untergrundfarbe, die auf einen ziemlich ebenen Untergrund aufgetragen wurde (siehe Seiten 160–165). Um die Jahrhundertwende geflämmter Bambus muß zuerst mit Stahlwolle und Brennpiritus abgerieben werden, um alte Möbelpolituren zu beseitigen.

Tragen Sie wenigstens drei dünne, in der Grundfarbe eingetönte Vorstrich- oder matte Ölfarbenschichten auf. Jede Farbschicht muß mit feinem Naßschleifpapier und Seifenwasser geschliffen werden.

Arbeitsmaterial

Farbe: Auf originalem oder gedrechseltem Bambus malt man am besten mit schnell trocknenden, gut deckenden Farben. Acrylfarben ergeben, wenn man sie mit ein wenig Wasser verdünnt, dichte, intensive Farben; verdünnt man sie stärker, werden sie transparent. Man kann auch matte, mit Abtönpaste oder Künstler-Ölfarben getönte Farben verwenden, doch brauchen sie eine längere Trocknungszeit.

Linien auf geradem, rundem Holz malen die meisten Dekorateure mit transparenten Farben auf. Dazu verwenden Sie einen klaren, matten Firnis, der mit in Terpentinersatz verdünnten Künstler-Ölfarben abgetönt ist. Das Verhältnis von

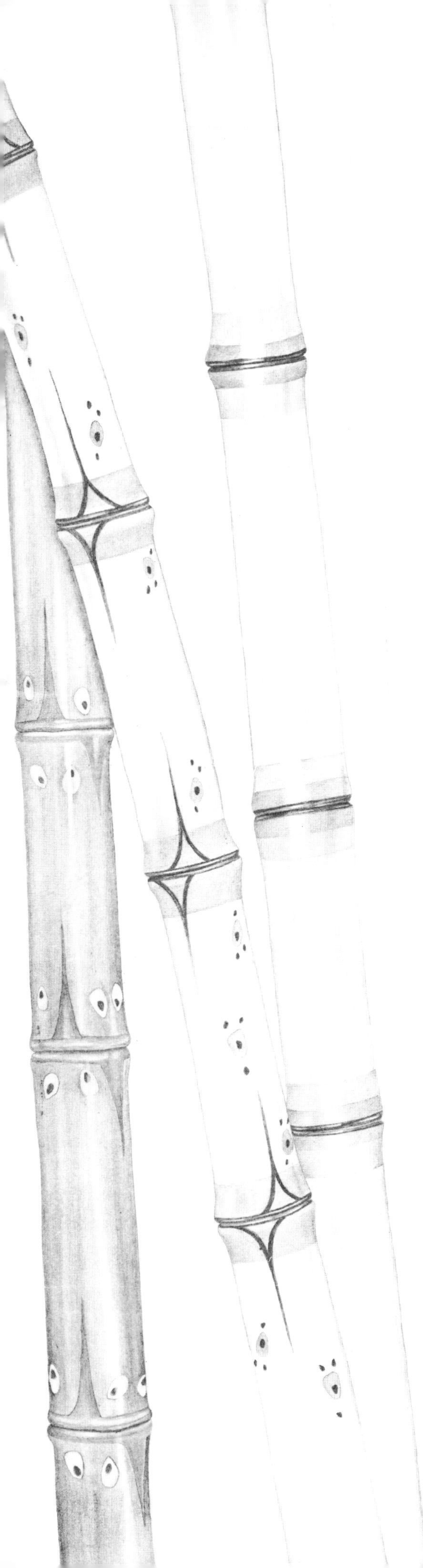

Verdünner zu Firnis beträgt bei der transparentesten Farbe etwa eins zu eins; für den dunkelsten Farbton vermischt man etwa einen Teelöffel Verdünner mit einem Eßlöffel Firnis. Die blasseste Farbe muß durchsichtig dünn sein und, damit man sie auf einem dunklen Untergrund wahrnimmt, sollte sie einige Weißpigmente enthalten. Diese transparente Farbe trocknet schnell, weil sie soviel Verdünner erhält; man kann also alle drei Ringe innerhalb weniger Minuten malen.

Pinsel: Feine, spitze Künstler-Marderhaarpinsel Nr. 3 und Nr. 6 um die Details zu malen; ein flacher Künstlerpinsel, um transparente Farben aufzutragen; für die Bambusstreifen benötigt man außerdem einen 17 mm breiten Malerpinsel oder einen dicken, weichen Künstlerpinsel sowie einen ähnlichen, 12 mm breiten Pinsel.

Weiteres Arbeitsmaterial: Klebeband; Stofflappen; Untertassen zum Anmischen der Farben.

Bambusmalerei auf echtem oder gedrechseltem Bambus

Mischen Sie ein wenig Farbe auf einer Untertasse an – einige wenige Eßlöffel reichen für einen Stuhl. Die Farbe sollte opak genug sein, um den Untergrund abzudecken, und flüssig genug, um gut streichbar zu sein.

Nun malt man mit dem dickeren Pinsel (Nr. 6) einen sauberen Farbstreifen um jeden Bambusknoten; dabei drückt man den Pinsel so stark auf, daß die Farbe noch ein wenig auf beiden Wülsten zu sehen ist. Danach setzt man die feinen Wirbel und Augen mit dem kleineren Pinsel (Nr. 3) ein. Die Wirbel zeichnet man als zwei gebogene, sich treffende Linien, die nicht mehr als ein Drittel des Bambusabschnittes lang sein sollten.

Bei echtem Bambus befinden sich die Augen auf beiden Seiten der Wirbel. Sie sind leicht oval und von winzigen Farbflecken umgeben. Malen Sie ein paar mehr auf die sichtbaren Seiten, und plazieren Sie sie asymmetrisch – also nicht in jeder Sektion zwei Wirbel und vier Augen. Und, so verlockend es bei der Arbeit auch ist, mehr und mehr Details einzumalen, so ist es doch besser, damit sparsam zu sein.

Wenn die Farbe trocken ist, kann man die Bambusmodellierung mit einem getönten Firnis noch betonen. Man trägt diese transparente Farbe mit dem Flachpinsel in feinen Streifen auf die unbemalten Flächen zwischen den Knoten auf.

Bambusmalerei auf geradem, rundem Holz

Man malt den breitesten Streifen mit dem hellsten Farbton der transparenten Farbe; er ist im allgemeinen etwa 25 mm breit und wird mit dem breitesten Pinsel aufgesetzt. Malen Sie ihn dort auf, wo ein Knoten sein müßte. Malen Sie alle breiten Ringstreifen auf einmal, und warten Sie einen Moment, bis sie trocken sind.

Tönen Sie die Farbe nun um einige Grade dunkler, und malen Sie in die Mitte der breiten Streifen einen schmaleren, etwa 12 mm breiten Ring. Danach tönt man die verbliebene Farbe noch dunkler und zeichnet mit dem feinen Marderhaarpinsel in die Mitte der Ringe einen weiteren, schmalen etwa 6 mm breiten Ring.

Mit diesem ganz dunklen Farbton sind dann auch die Augen einzusetzen sowie eventuelle farbige Linien, um die Form eines Objektes zu betonen – wie zum Beispiel auf Stuhllehnen und Tischplatten (siehe Seiten 184–188).

Um die Wirbel von weiblichem Bambus zu imitieren, zeichnet man zwei gebogene Linien, die sich treffen und in der gemeinsamen Linie ein Stück weiterlaufen. Drücken Sie Ihren kleinen Finger leicht gegen das Holz, um einen sicheren Strich ziehen zu können.

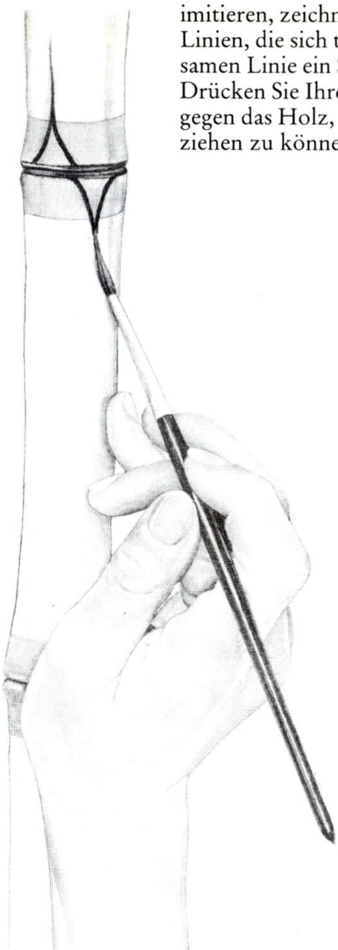

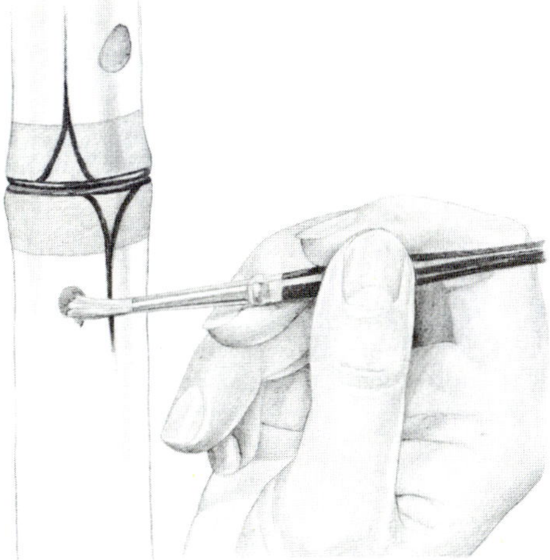

Malen Sie die Augen mit einem breiteren Pinselstrich – ovale Flecken auf beiden Seiten der Wirbel.

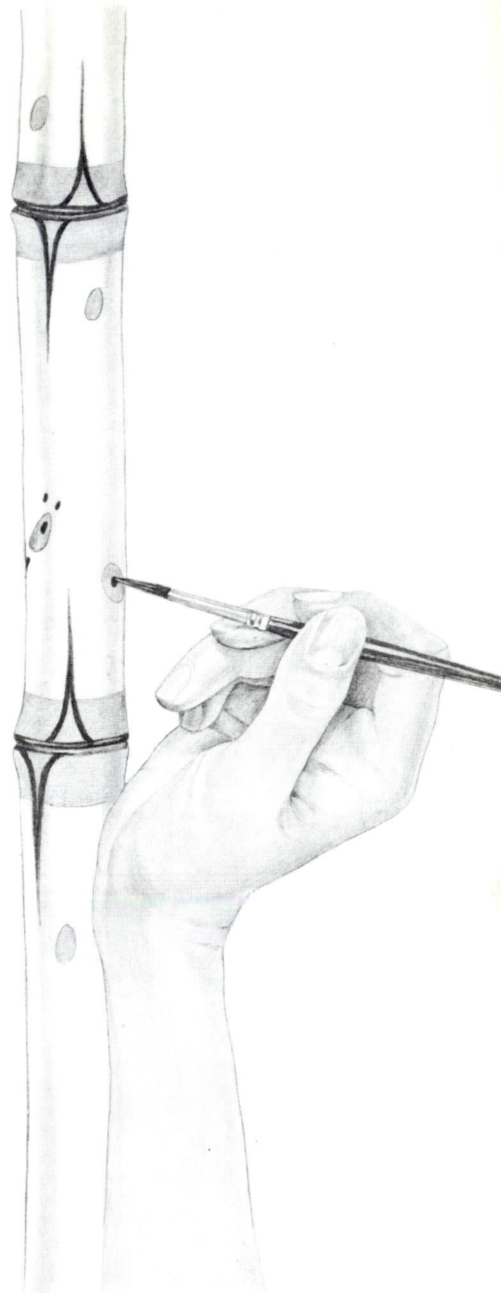

Verzieren Sie die Augen mit einigen winzigen Flecken in einer dunkleren Farbe.

Ist die Farbe trocken, überstreicht man sie mit einem dunkleren Firnis oder überzieht sie sogar mit einer gezogenen Lasur aus demselben Firnis (siehe Seiten 27–32).

Firnis

Nachdem die Oberfläche völlig getrocknet ist (hat man einen getönten Firnis aufgetragen, kann das drei oder vier Tage dauern), überzieht man das ganze Objekt mit zwei Schutzschichten aus klarem, mattem Firnis. Zum besseren Schutz oder um einen sanften Glanz zu erhalten, kann man noch eine dünne farblose Wachsschicht auftragen.

Dunkle Bambusobjekte mit orientalischen Farben sehen oft mit einem glänzenden Firnis besser aus.

Vergolden

Die Kunst des Vergoldens umgibt ein geheimnisvolles Flair – was ganz verständlich ist, wenn man an den Preis und die Fragilität von echtem Blattgold denkt sowie an die kunstvolle Technik des tradionellen Vergoldens. Blattgold ist zu teuer, um als Arbeitsmaterial für einen Amateur-Dekorateur in Frage zu kommen – es macht keinen Spaß, mit einem Material zu experimentieren, bei dem jeder Fehler kostspielig ist.

Es gibt andere Möglichkeiten, eine Oberfläche mit einem reichen metallischen Glanz zu verzieren, indem man weniger wertvolle Metalle in Form von Pulver oder Blättchen benutzt, die viel preiswerter und einfacher zu verarbeiten sind und doch mit einigen professionellen Tricks fast wie echte Vergoldungen erscheinen.

Die falschen Goldmaterialien sehen am besten aus, wenn man sie als ein glänzendes Element in einem unfassenden dekorativen Plan begreift, nicht als Goldimitation. Ein wenig Gold und Silber als Umrandung von Schubladen und Tischplatten, oder als Glanzlicht auf Reliefschnitzereien, gedrechselten Beinen oder Rückenlehnen geben dem Möbelstück ein sehr elegantes Aussehen. Noch verschwenderischer können Oberflächen aus Blattaluminium wirken, wenn man sie als leuchtenden Untergrund für Schildpattmalerei verwendet. Eine solche Oberfläche läßt kleinere Objekte wie Bilderrahmen und Schachteln wertvoll, ja prachtvoll aussehen. Die einfachen Vergoldungstechniken, die hier beschrieben werden, kann dennoch wirklich jeder mit einigermaßen geschickten Händen vollbringen.

Dekorationen mit Metallpulver

Bronze-, Silber- und Aluminiumpulver sind billig, so daß man mit ihnen beginnen sollte, wenn man irgendeinem Objekt ein Midas-Flair geben möchte. Es gibt sie in vielen Tönen – vom silbrigen Weiß bis hin zum reichen Bronzegold –, und sie wirken am eindrucksvollsten, wenn man unterschiedliche Farben gemeinsam verwendet. Man kann mit ihnen Schablonenmuster drucken, freihändig malen oder Linienmuster zeichnen.

Sie lassen sich direkt auf eine noch klebrige Oberfläche auftragen. Die Untergrundfarbe ist meistens dunkel, zum Beispiel Schwarz oder Rot, damit sich das Metall von ihr abhebt; oder man malt sie über Muster, die in ähnlichen Farben – wie zum Beispiel Gelbocker oder Venetianischrot – gehalten sind, um die Metalloberfläche zu bereichern.

Alle Metallpulver werden durch Luftkontakt schnell trübe, weshalb man sie zum Schutz schnell firnissen muß. Um Patina und Modellierung zu suggerieren, kann man sie mit getönten Firnissen oder einer Antiklasur überstreichen. Dadurch wird der Metallglanz etwas zurückgenommen, wodurch wiederum paradoxerweise die unbehandelten Flächen besonders glänzen.

Sauberes Arbeiten und Geduld sind die Hauptvoraussetzungen für die Arbeit mit Metallpulvern. Sie sind so leicht und haften so schnell, daß man vorsichtig mit ihnen umgehen muß, damit sie sich nicht dort festsetzen, wo man sie gar nicht haben will. Verwenden Sie sie nicht, um große, ebene Flächen zu vergolden, weil man dann ihre pulverige, dünne Konsistenz wahrnimmt; arbeiten Sie für diesen Zweck mit Schlagmetallen.

Vorbereitung Den Untergrund für Golddekorationen bildet eine opake, matte oder halbmatte Ölfarbe. Kraftvolle, dunkle Farben ergeben den besten Kontrast – bräunliches

Rot, gedämpftes Grün, Kastanienbraun oder Schildpattmalerei. Die Untergrundfarbe muß völlig durchtrocknen und darf auf keinen Fall klebrig sein.

Ist man unsicher, sollte man zur Beruhigung eine Sperrschicht aus klarem, halbmatten Firnis oder Schellack auftragen; so hat man nicht nur die Möglichkeit, Fehler zu korrigieren, sondern der als Kleber verwendete Firnislack trocknet auch gleichmäßiger auf. Diese Zwischenschicht schleift man vorsichtig mit feiner Stahlwolle, wischt sie dann mit einem terpentinbefeuchteten Lappen sauber und reinigt sie zum Schluß noch mit einem weiteren Lappen (siehe Seite 25).

Schablonenmalerei mit Metallpulver

Diese Alternative zu der auf den Seiten 65–68 beschriebenen Methode ergibt raffiniertere Schattierungen und Glanzlichter. Traditionell verwendete man goldfarbene Schablonenmuster für spitzenartige Ränder, doch sehen sie auch als große Einzelmotive oder über eine größere Fläche verteilt schön aus. Die Schablonen müssen sauber geschnitten sein, da man Unsauberkeiten bei Metallpulvern besser erkennt als bei Farben; und sie sollten klein genug sein, um gut mit ihnen arbeiten zu können. Pressen Sie die Schablonen flach, bevor sie zu malen beginnen; man kann sie unter ein Papier legen und sie mit einem warmen Bügeleisen glätten.

Arbeitsmaterial für Gold-Schablonenmalerei

Schablonen (siehe Seite 59–65); Metallpulver; klarer, halbmatter oder glänzender Kunstharzfirnis; kleine Seiden- oder Samtlappen oder ein Chamoisleder; Firnispinsel (siehe Seite 231); kleiner Pinsel für Schattierungen; Künstler-Flachpinsel, um Farbe aufzutragen; Künstler-Ölfarben, um den Firnis zu tönen; Untertassen oder Marmeladendeckel aus Kunststoff; Papier für überschüssiges Pulver; Stofflappen; Klebeband.

Arbeitsmethode der Gold-Schablonenmalerei

Streichen Sie zuerst die ganze Oberfläche mit einem halbmatten oder glänzenden Firnis. Lassen Sie diese Farbe trocknen, bis sie nur noch ein ganz klein wenig klebrig ist – wird die Schablone aufgelegt, sollte sie mit einem ganz leichten Ruck abgehen, ohne aber eine Spur in dem Lack zu hinterlassen. Der leicht klebrige Firnislack dient als Kleber für den Metallpuder.

Schütten Sie ein wenig Pulver in eine Untertasse oder einen Marmeladenglasdeckel – wollen Sie mehrere Pulver verarbeiten, bekommt jedes Pulver ein eigenes Gefäß. Legen Sie die Schablone auf die gefirnißte Oberfläche, und kleben Sie die Umgebung mit Papier ab, das mit Klebeband zusammengehalten wird. Die Schablone muß fest auf dem Untergrund liegen, damit kein Pulver darunter geraten kann.

Wickeln Sie ein Stück Samt oder Chamoisleder um Ihren Zeigefinger, ohne daß dabei Falten entstehen. Tauchen Sie diesen Finger nun in das Metallpulver, und reiben Sie überschüssiges Pulver an einem Blatt Papier ab – für jedes Muster benötigt man nur sehr wenig Pulver. Legen Sie den Finger nun an die Stelle des Musters, der Sie ein Glanzlicht aufsetzen wollen, und beginnen Sie, das Pulver dort mit kreisenden Bewegungen einzureiben. Arbeiten Sie sich von dort aus mit weiterhin kreisenden Bewegungen zu den Außenrändern vor. Dabei verringert man den Fingerdruck, so daß ein sanfter Verlauf vom Glanzlicht zu den Rändern hin entsteht. Benötigen Sie für das Muster mehr Pulver, nimmt man dieses von dem Blatt Papier ab.

Für jedes Muster benutzt man einen neuen Stofflappen. Blasse Farben lassen sich mit dunkleren Tönen abschattieren – verwenden Sie hellere Töne für die Glanzlichter, und lassen Sie die Farbtöne sanft ineinander übergehen, um so auch modellieren zu können.

Ist das Muster fertig, hebt man die Schablone ab und arbeitet an der nächsten Stelle weiter, bis das Design fertiggestellt ist. Lassen Sie nun den Firnis gut durchtrocknen – das dauert im allgemeinen etwa 24 Stunden. Waschen Sie dann die Oberfläche vorsichtig mit Seifenwasser und einem Tuch ab, um loses Metallpulver zu entfernen. Pulver, das an der falschen Stelle abgebunden hat, kann man vorsichtig mit etwas Haushaltsscheuerpulver abreiben.

Lockerer Farbauftrag: Nachdem die Schablonenmuster getrocknet sind, trägt man eine Sperrschicht mit klarem, glänzenden Firnis auf, um danach sorglos experimentieren zu können.

Für einen lockeren Farbauftrag verwendet man klaren Kunstharzfirnis, gemischt mit ein wenig Künstler-Ölfarbe. Tragen Sie diesen getönten Firnis mit einem weichen Künstler-Flachpinsel sanft und glatt über die Metallmuster auf. Dabei sollte die Farbe auf beispielsweise tieferliegenden Blüten oder in einer Blattfalte dicker sein und zu den Rändern hin dünn ausgestrichen werden. Diese Oberflä-

Diese einfache Werkzeugkiste wurde erst mit Rosenholzmaserung bemalt, dann mit Schablonen und Metallpulvern vergoldet. Das Muster stammt von einem osmanischen Stoff (links oben).

chen sollten ganz glatt und ein wenig melodramatisch wirken. Wenn ein wenig Farbe über die Musterkante hinaus geht, ist das nicht schlimm, da sie ja transparent ist und auf dunklen Flächen kaum auffällt.

Verwenden Sie für diese Technik Umbra Natur, Gebrannte Umbra oder Sienatöne, um die Metallmuster reicher wirken zu lassen, ohne daß sie sich allzu stark in den Vordergrund drängen.

Freihandmalerei mit Metallpulvern

Diese Technik empfiehlt sich für große, zentrale Motive, die mehr Arbeit und Modulation erfordern. Die Methode ist hierbei ein wenig anders: Anstatt die ganze Oberfläche mit einem leicht klebrigen Firnis zu bestreichen, bemalt man nur die Flächen, die vergoldet werden sollen, mit einer Mischung aus Firnis und Farbe. Beide zusammen ergeben eine ausreichend klebrige Oberfläche, um das Pulver zu halten und also das Motiv vom Untergrund abzuheben. Wenn Sie mit dem Metallpulver nur Glanzlichter auftragen wollen, muß die Untergrundfarbe natürlich die richtige sein. Soll das Motiv aber ganz vergoldet werden, kann man jede Farbe nehmen, die sich gut von der Untergrundfarbe abhebt – Schwarz auf hellem Grund oder Weiß bzw. Gelbocker auf dunklem Untergrund.

Vorbereitung

Zeichnen Sie auf den gestrichenen Untergrund mit weißer Kreide oder Wachskreiden einfache Umrißmuster. Komplizierte Muster überträgt man, indem man sie vorher auf ein Blatt Papier zeichnet, die Umrißlinien mit kleinen Löchern versieht und durch diese Löcher Talkum streut.

Arbeitsmaterial

Farbe: Die Farbe für die Muster sollte schnell trocknen und den Untergrund gut überdecken. Mischen Sie dazu klaren Glanzfirnis mit Pigmenten oder Plakat-Tempera. Man kann auch Künstler-Ölfarben verwenden, doch trocknen diese, auch wenn man sie mit Firnis mischt, langsamer. Ein wenig beigemischte matte, weiße Farbe macht den Anstrich deckender.

Weiteres Arbeitsmaterial: Die gleichen Arbeitsmaterialien wie für die Schablonenmalerei mit Metallpulvern; ein Teller oder ein anderes flaches Gefäß, um die Farbe zu mischen; ein gespitzter Kohlestift; ein Radiergummi.

Arbeitsmethode

Mischen Sie die Farbe oder Farben auf einem Teller an. Tauchen Sie den Pinsel hinein, und drücken Sie überschüssige Farbe am Tellerrand aus. Probieren Sie die Wirkung auf einem Blatt Papier aus.

Malen Sie die Muster glatt und sorgfältig aus, und warten Sie dann, bis sie fast trocken und noch ein wenig klebrig sind. Tragen Sie dann das Metallpulver mit einem Samttuch oder einem weichen Chamoisleder auf, wie bei der Schablonenmalerei, indem Sie die Glanzlichter mit größerem Druck einreiben und dabei zum Rand hin leichter werden. Möglichst wenig Metallpulver sollte über die Kanten hinausgehen, obwohl man es später mit einem Radiergummi abreiben kann. Kurze, feine Linien sind mit einem gespitzten, in Metallpulver getauchten Kohlestift einzuzeichnen. Für kleine Spitzlichter und winzige Pünktchen faltet man ein Stück Samt und stupft sie mit einer Ecke des Stoffs auf. Sobald die Muster trocken sind, überzieht man sie mit einem lockeren Farbauftrag (wie beschrieben), um den Metallmustern ein von innen heraus funkelndes Strahlen zu verleihen.

Linienmuster: Malen Sie farbige Linien freihändig oder mit Hilfe eines Lineals auf. Ist die Farbe fast trocken, trägt man das Metallpulver vorsichtig mit der Ecke eines gefalteten Samtläppchens auf die noch leicht klebrigen Linien auf. Verwenden Sie wenig Pulver, und achten Sie auf gleichmäßigen Druck. Es kann einfacher sein, zwei dünne Metallinien übereinander zu legen, als mit einer einzigen, dickeren Linie zu arbeiten, da die Pulverlinie zwischendurch ihre Breite verändern kann.

Firnis Wenn alle Malereien trocken sind und alle losen Pulverspuren von der Oberfläche abgewaschen, überzieht man die ganze Fläche mit einem klaren, glänzenden Kunstharzfirnis, den man dann abreibt und poliert (siehe Seiten 170–172).

Vergolden mit Kompositionsgold oder Schlagmetall

Bei dieser Technik arbeitet man mit etwa 15 × 15 cm oder 20 × 20 cm großen Metallfolien, die durch Seidenpapier voneinander getrennt, in einer Art Buch zusammengefaßt sind. Dieses sich am besten für Möbel eignende Material besteht aus ›Kompositionsgold‹, das aus Messing hergestellt wird und Gold in Farbton und Glanz sehr ähnlich ist, und Schlagaluminium. Schlagaluminium ist viel billiger als Kompositionsgold; es kann mit braunem Schellack überstrichen werden, so daß es wie Gold wirkt, oder mit ein wenig Umbra abschattiert, so daß es wie altes, angelaufenes Silber aussieht.

Diese Blattmetalle lassen sich sowohl als feine Linien wie über große und kleine Flächen auftragen, ebenso auf reliefierte wie auf ebene Oberflächen. Nachdem die Folie auf der Oberfläche haftet, kann man sie mit einem spitzen Stift oder einem anderen scharfen Instrument so abschaben, daß die Untergrundfarbe wieder zu sehen ist. Blattmetalle sind nicht besonders schwierig zu verarbeiten, wenn die spezielle Untergrundschicht, das Anlegeöl, richtig aufgetragen wird und man es nach Vorschrift bis zum richtigen Zeitpunkt trocknen läßt. Um möglichst wenig Material zu verschwenden, kann man die Metallblätter mit einem scharfen Messer (am besten einem Vergoldermesser) oder einer Schere auf die passende Größe schneiden.

Vorbereitung Wie für das Vergolden mit Metallpulvern.

Arbeitsmaterial Kompositionsgold (auch Schlagmetall genannt) oder Schlagaluminium; Anlegeöl und weiche Künstlerpinsel in passender Größe, um es aufzutragen; weiche Baumwollwatte; brauner Schellack.

Arbeitsmethode Zeichnen oder übertragen Sie Ihr Muster wie bei der freihändigen Goldmalerei mit Metallpulvern auf die Fläche. Bestreichen Sie die zu vergoldenen Teile mit eingetöntem Anlegeöl, damit Sie sehen, wo das Gold aufgetragen werden soll. Anlegeöl gibt es mit drei verschiedenen Verarbeitungszeiten: drei, sechs oder zwölf Stunden. Das bedeutet, daß die Oberfläche nach etwa drei, sechs oder zwölf Stunden so angetrocknet ist, daß sie gerade noch ausreichend klebt, um die Blattmetalle zu halten.

Die Schlagmetalle glänzen dann am schönsten, wenn man sie zur genau richtigen Zeit aufträgt. Ist das Anlegeöl noch zu naß, werden sie matt. Den exakt richtigen Zeitpunkt testet man am leichtesten mit einer Fingerprobe. Nehmen Sie dann ein Blatt Schlagmetall mit dem Seidenpapier aus dem Buch, und legen Sie es mit der Metallseite auf die Fläche; danach reiben Sie mit den Fingerspitzen oder einem Wattebausch über das Seidenpapier und heben es dann vorsichtig ab. Wenn der Untergrund die richtige Konsistenz hatte und das Anreiben gleichmäßig verlief, haftet das Schlagmetall auf dem Untergrund. Legen Sie das nächste Blatt ebenso, das vorher benützte Goldblatt etwas überlappend, auf die Fläche – und so weiter, bis alle gewünschten Teile vergoldet sind. Entfernen Sie erst dann alle losen Metallteile mit einem weichen Pinsel. Löcher repariert man mit kleinen Schlagmetallflicken, die man aufreibt, solange der Untergrund noch klebt. Wenn das Anlegeöl nach einigen weiteren Stunden durchgetrocknet ist, reibt man die Oberfläche, um sie zu glätten und lose Metallteilchen zu entfernen, mit weicher Watte ab, wobei man bei den Überlappungen besonders vorsichtig sein muß.

Um Schlagaluminium wie echtes Gold aussehen zu lassen, überstreicht man es mit ein oder zwei Schichten braunem Schellack, der in weniger als einer Stunde trocknet. Mit einer Mischung aus Gebrannter Umbra oder Umbra Natur und ein wenig verdünntem, klaren Firnis kann man zum Schluß noch einen Antikfirnis oder Schattierungen aufmalen.

Schlagmetalle auf Schnitzereien: Auf erhobenen oder geschnitzten Oberflächen (wie etwa bei Bilderrahmen) bemalt man den Untergrund erst mit einer matten, weißen Ölfarbe, die man mit Venetianischrot oder Gelbocker einfärbt. Ist dieser Anstrich trocken, überstreicht man ihn mit einer Schicht von klarem, glänzendem Firnis. Ist auch diese Schicht getrocknet, trägt man das Anlegeöl auf und wartet, bis man es weiterverarbeiten kann. Legen Sie dann das Schlagmetall auf die erhobenen Flächen – versuchen Sie nicht, jede Holzvertiefung zu bedecken: Die Oberfläche soll zum Schluß wie eine verwitterte, alte Vergoldung wirken. Nachdem das Anlegeöl ganz durchgetrocknet ist, kann man fleckige Stellen mit einer sehr feinen Stahlwolle vorsichtig abreiben, so daß hier und dort die rote oder gelbe Untergrundfarbe durchschimmert.

Firnis

Zum guten Schluß überstreichen Sie die ganze Fläche mit einem klaren, halbmatten Kunstharzlacks, der anschließend abgerieben und poliert wird (siehe Seiten 170–172).

Graphitoberflächen

Graphitoberflächen kombinieren die weiche Textur eines 4 B-Bleistifts mit der diskreten Eleganz antiker japanischer Lackarbeiten; sie entwickeln einen zurückhaltenden metallenen Glanz, der auf Wänden, Holzwerk und Möbeln sehr vornehm wirkt. Man erhält diese Oberfläche, indem man ein wenig Graphitpulver, das man in Geschäften für Künsterlerbedarf kaufen kann, mit Firnislack vermischt. So ergibt sich eine leicht zinnfarben schimmernde Oberfläche, die noch zu verstärken ist, wenn man den trockenen Firnis mit einem weichen Tuch poliert – und die dennoch einfach aufzutragen ist und vor allem fast nichts kostet.

Durch unterschiedliche Untergrundfarben und Firnistöne lassen sich viele verschiedene Farbeffekte erzielen, ohne den charakteristischen Garphitlook zu verlieren. Mischt man Graphit in einen klaren halbmatten Firnis und streicht ihn dann über eine blaßgraue Untergrundfarbe, so erhält man ein schimmerndes Zinngrau. Vermischt mit einem tiefblau getönten Firnis, entsteht auf einer mittelgrauen Untergrundfarbe ein weiches, metallisches Dunkelblau. Wieviel Graphit man verwendet, hängt davon ab, wie glänzend die Oberfläche sein soll – je mehr Graphit, um so mehr Glanz.

Graphit enthält kein Blei und ist deshalb nicht gesundheitsschädlich, wenn man vernünftig damit umgeht; man sollte allerdings darauf achten, das Pulver nicht einzuatmen.

Es ist sinnvoll, über die Graphitfarbschicht noch eine Schutzschicht aus klarem, halbmattem Firnis zu legen.

Vorbereitung Den Untergrund bildet eine gute, matte oder halbmatte Ölfarbe. Jede gefirnißte Oberfläche hebt Oberflächenunregelmäßigkeiten hervor; deshalb sollte man sich die Zeit nehmen, Holz gut vorzubereiten. Wie stets müssen Spachtelstellen glattgeschliffen und besonders sorgfältig grundiert werden, damit sie beim Schlußanstrich nicht mehr zu sehen sind.

Arbeitsmaterial 170 bis 225 g Graphitpulver sollten für eine mittelgroße Dose klaren, glänzenden Kunstharzfirnis ausreichen; Abtönpaste oder Künstler-Ölfarben zum Eintönen des Firnisses; ein langstieliger Pinsel zum Umrühren; ein 50 bis 100 mm breiter Firnispinsel; Stofflappen; Verdünner; ein Löffel für das Pulver; ein kleines Gefäß oder ein Farbtopf.

Arbeitsmethode Schütten Sie ein wenig Firnis in ein Gefäß. Soll der Firnis getönt werden, mischt man ein wenig von der gewünschten Farbe unter und probiert diesen Farbton an einer kleinen Stelle aus. Ist man mit dem Farbton zufrieden, gibt man einen Löffel Graphit hinzu, rührt sorgfältig um und probiert die Farbe wiederum aus. Diese Probeflecken kann man ohne weiteres mit einem Lappen und Verdünner wegwischen. Gefällt der Farbton, mischt man nun auf die gleiche Art eine größere Menge Farbe an. Um die Wände eines mittelgroßen Raumes zu streichen, benötigt man etwa eine große Dose Farbe.

Rechte Seite: Die schiefergraue Graphitoberfläche auf dieser kunstvollen Schreinerarbeit verwandelt das kleine, schlicht möblierte Badezimmer in einen eleganten Raum. Der Kamin auf der rechten Seite verbirgt eine Tür.

Dieses Detailfoto zeigt die elegante Farbzusammenstellung von Holz mit grauer Graphitoberfläche, grau gestupften Wänden und Füllungen in glänzendem, tiefen Rot.

Wie bei jedem Firnisanstrich ist es sinnvoll, den Raum vorher gut zu reinigen, damit sich möglichst wenig Staub und Schmutz auf der Lackfläche absetzen können. Die Raumtemperatur sollte um 21 Grad betragen, damit der Firnis nicht zu schnell fest und trocken wird (er wird sonst leicht spröde).

Man trägt die Graphitfarbe wie normalen Firnis mit leichten, aber gleichmäßigen Pinselstrichen auf und streicht sie so aus, daß sie nicht laufen kann. Ob man Stellen ausgelassen hat, ist zu kontrollieren, indem man die Fläche gegen Schräglicht ansieht. Nun läßt man die Oberfläche über Nacht trocknen; der Raum sollte nicht mit Gas- oder Paraffinöfen beheizt sein, da diese Öfen Feuchtigkeit abgeben, was Schwierigkeiten beim Trocknen des Firnisses bereiten könnte.

Wenn die Oberfläche trocken ist, kann man sie mit einem Tuch polieren. Danach kann man, muß aber nicht, eine zweite Firnisschicht auftragen, um die Oberfläche zu versiegeln.

Rosenholzmaserung

Die schnellste und einfachste Version einer Rosenholzmaserung besteht darin, eine gezogene, verdünnte, bräunlich-schwarze Lasur über einen intensiven bräunlichroten Untergrund aufzutragen. Wenn man diese Oberfläche gut firnißt, wirkt sie auch auf solchen Flächen, die zu groß sind, um sie in mühsamer Arbeit kunstvoll zu masern; sie eignet sich sehr gut als Untergrund für Schablonenmalerei. Die andere, kompliziertere Version eignet sich mehr für besondere Objekte. Sie erfordert mehr Vorbereitung und mehrere Schlußschichten aus transparenter Farbe. Daher dauert die Arbeit länger. Der Lohn ist eine leuchtende Farbintensität, die ein wenig von der Tiefe natürlichen Holzes hat. Diese aufwendigere und länger dauernde Methode finden Sie unten beschrieben.

Vorbereitung

Je makelloser der Untergrund, um so leuchtender und überzeugender wird die Oberfläche. Damit sich die dichte und feingemaserte Rosenholztextur ergibt, muß man billiges oder furniertes Holz zuerst ausspachteln. Verwenden Sie dazu Holzspachtel oder eine Allzweck-Spachtelmasse, die mit Wasser verdünnt wird, bis man sie wie Farbe aufstreichen kann, oder GESSO (siehe Seite 164f.). Je nach Beschaffenheit der Oberfläche oder nach Art der Spachtelmasse muß man zwei oder drei Schichten auftragen. Beenden Sie die Vorbereitungen mit einer Schicht Vorstrichfarbe, die, wenn sie trocken ist, glattgeschmirgelt wird.

Arbeitsmaterial

Matte rote Farbe: Matte weiße Ölfarbe vermischt mit vier Teilen Krapprot, zwei Teilen Gebrannter Siena und einem Teil Zinnoberrot (alles Künstler-Ölfarben), die man in Terpentinersatz zusammenmischt und, wenn gewünscht, mit einem Teelöffel flüssigem Trockenmittel verrührt.

Transparente rote Farbe: Die oben aufgezählten Künstler-Ölfarben in der gleichen Mischung rührt man in mit Lösungsmittel verdünnten transparenten Glanzfirnis ein – drei Teile Firnis zu einem Teil Lösungsmittel.

Dunkle Öllasur: Man vermengt zu gleichen Teilen glänzenden Kunstharzfirnis mit Terpentinöl und tönt diese Mischung mit Künstler-Ölfarben ein: vier Teile Umbra Natur, ein Teil Gebrannte Umbra und ein Teil Schwarz. Geben Sie nun ein wenig gekochtes Leinöl hinzu, etwa ein Achtel der Terpentinmenge (zum Abmessen dieser Mengen verwendet man am besten einen Eßlöffel) und einen halben Teelöffel flüssiges Trockenmittel. (Bemerkung: Leinöl gibt es roh oder gekocht. Man sollte nie versuchen, es zu Hause zu kochen).

Weiteres Arbeitsmaterial: Brauner Schellack; Brennspiritus; ein Pinsel für den Schellack; ein 50 mm breiter Malerpinsel für die rote Farbe; einen Flächenstreicher oder einen Staubpinsel (siehe Seite 232) bzw. ein anderer Malpinsel, um die Lasur aufzustreichen; Naßschleifpapier; sehr feine Stahlwolle; ein weiches, in Verdünner oder Essig getauchtes Tuch, um Fett abzuwischen.

Arbeitsmethode

Roter Untergrund: Tragen Sie zwei Schichten der matten, roten Farbe auf. Rühren Sie diese wie beschrieben an, so daß Sie eine kräftige rotbraune Farbe erhalten, die ein wenig dünner als gewöhnliche Farbe ist. Ein Teelöffel Trockenmittel beschleunigt das Trocknen der Farbe. Mischen Sie mehr Farbe an, als Sie für einen Farbauftrag brauchen, und heben Sie die restliche Farbe in einem mit durchsichtiger Haushaltsfolie verschlossenen Marmeladenglas auf. Streichen Sie danach zwei oder drei Schichten der transparenten roten Farbe auf. Wie üblich schleift man alle trockenen Anstriche – bis auf die ersten zwei – mit Naßschleifpapier und Seifenlauge, um eine möglichst glatte Oberfläche zu erhalten. Nun folgen zwei braune Schellackschichten, die halb und halb mit Brennspiritus verdünnt werden. Diese Anstriche versiegeln die rote Grundfarbe und gestatten, mehr mit der dunklen Lasur herumzuexperimentieren.

Öllasur: Bevor man mit der Lasur beginnt, reinigt man die Oberfläche mit einem in Essig oder Terpentinersatz getauchten Stoffbausch von Fett und Fingerabdrücken. Tauchen Sie die Pinselhaare in die Lasur, und testen Sie Farbton und Konsistenz auf einem Stück Papier. Mehr Gebrannte Umbra ergibt einen wärmeren Farbton, doch sollte man daran denken, daß die rote Grundfarbe durch die Streifen hindurchschimmert. Streichen Sie nun mit dem Pinsel fest über den roten Untergrund, um ziemlich gleichmäßig parallel verlaufende, dunkle Streifen zu erhalten. Streichen Sie auf diese Art die ganze Oberfläche. Versuchen Sie nicht, völlig regelmäßig zu sein – ein wenig mehr Farbe in den Ecken oder übereinanderlappende Farbschichten lassen die Fläche naturalistischer wirken. Lassen Sie die Öllasur wenigstens 24 Stunden trocknen. Wenn sie hart und trocken ist, bearbeitet man sie mit einem Bausch feiner Stahlwolle und Seifenwasser in Richtung der Maserung. So erhält man eine zwar etwas gedämpft glänzende, aber makellos glatte Oberfläche.

Firnis

Tragen Sie klare Glanzfirnisschichten auf. Reiben Sie die zweite mit Stahlwolle und Seifenwasser ab, und polieren Sie die trockene Fläche mit einem weichen Tuch.

Schnelle Methode

Für eine schnelle Rosenholzmaserung bei weniger kostbaren Objekten trägt man zuerst drei Schichten der matten roten Farbe auf. Darüber zieht man die dunkle Lasur und zum Schluß streicht man zwei Firnisschichten auf. Man läßt also die transparente rote Farbe und den Schellack ganz fort.

Schildpattmalerei

Die auf den Seiten 108–109 beschriebenen Schildpattoberflächen eignen sich mit ihren stark richtungsbetonten und leicht übertriebenen Mustern für große Flächen. Bei Möbeln und als Untergrund für weitere Dekorationen muß dieses Muster etwas verkleinert und vereinfacht werden. Es gibt eine Reihe tradioneller Methoden, um die reichen Farbtöne und unterschiedlichen Muster des natürlichen Schildpatts zu imitieren.

Streifiges schwarz-rotes Schildpatt

Diese kühne und überraschende Oberfläche findet sich oft bei frühen amerikanischen Lackarbeiten im Japanstil. Sie ist ein herrlicher Untergrund für Goldmuster und paßt am besten zu Möbeln, da sie auf der Wand zu aufdringlich wirken würde. Die Technik ist der vorherbeschriebenen ähnlich. Man sollte, wenn es möglich ist, auf horizontalen Flächen arbeiten. Legen Sie also Kommoden usw. auf den Rücken oder die Seite, um sie zu bemalen. Man kann auch vertikale Flächen streichen, aber das erschwert die Kontrolle über die Farbe. Malen Sie immer eine Fläche aus, und betrachten Sie jede Oberfläche als Teil eines Ganzen, so daß sich die schwarzen und roten Streifen über alle Schubladen und Türen fortsetzen.

Für goldene Muster verwendet man dunkles Bronzepulver und überstreicht mit einer Antiklasur in Erdfarben (siehe Seiten 207–210). Diese Oberfläche ist so atemberaubend schön, daß es sich lohnt, Mühe darauf zu verwenden, doch würde ich sie nur für Objekte reservieren, die ein leicht aristokratisches Flair ausstrahlen.

Vorbereitung

Den Untergrund bildet ein glatt gestrichenes, opakes, leuchtendes Orangerot. Man mischt es aus einer matten oder halbmatten Ölfarbe mit Siena Natur und scharlachroter Abtönpaste oder Künstler-Ölfarben.

Arbeitsmaterial

Glänzende Lackbeize im Farbton Dunkle Eiche (dies ist die wichtigste Zutat, denn nichts anderes hat die richtige Konsistenz, um die Streifen davon abzuhalten, sich über die ganze Fläche zu verteilen); schwarze Künstler-Ölfarbe; spitze Künstlerpinsel; ein 50 mm breiter Malerpinsel; ein breiterer, sauberer und trockener Malerpinsel; Terpentinersatz; Papiertaschentücher.

Arbeitsmethode

Verdünnen Sie die Lackbeize mit einem Teil Terpentinersatz auf zwei Teile Lackbeize. Streichen Sie diese Farbe auf den Untergrund auf. Dabei entstehen viele Blasen. Fahren Sie nun mit ›nervösen‹ Bewegungen mit dem Pinsel diagonal durch den nassen Lack, oder betupfen Sie ihn mit einem zusammengeknüllten Papiertaschentuch, um die Farboberfläche aufzubrechen und überschüssige Farbe zu entfernen. Damit die schwarze Ölfarbe sich streichen läßt, vermischt man sie mit ein wenig Lackbeize und malt sie dann mit dem spitzen Künstlerpinsel in die nasse Oberfläche ein, indem man den Pinsel seitlich in unregelmäßigen Streifen abrollt. All diese schwarzen Streifen sollten parallel zur Richtung der vorherigen Lack-in-Lack-Muster verlaufen und etwa fünf Zentimeter voneinander entfernt sein. Lassen Sie die Oberfläche zwei oder drei Minuten anhärten, und streichen Sie dann mit den Borstenspitzen des sauberen, trockenen Pinsels vorsichtig und leicht in Richtung der Diagonale über den noch feuchten Untergrund. Hier und dort wird die nasse schwarze Farbe über die rote fließen – das ist auch so in Ordnung. Streichen Sie nun mit dem Pinsel in der entgegengesetzten diagonalen Richtung. Dabei öffnen sich die schwarzen Muster etwas, manche verschmelzen miteinander, so daß die stark parallele Struktur etwas gebrochen wird. Man kann ausgelassene Flächen weiter so bearbeiten, um das Gesamtbild zu vervollkommnen, doch sollte man unbedingt darauf achten, daß das Ergebnis eine Oberfläche wird, die zu etwa drei Fünfteln schwarz und zu zwei Fünfteln rot ist. Lassen Sie die Farbe gut durchtrocknen, bevor Sie weitere Dekorationen auftragen.

Oben: Helle Schildpattmalerei auf Schlagmetall.

Mitte: Eine dunkelbraune Schildpattoberfläche auf Schlagmetalluntergrund. Hier wurde, nachdem die erste Schildpattmalschicht trocken war, noch eine weitere mit dunklem Eichenfirnis aufgemalt.

Unten: Ein rot-schwarz gestreiftes Schildpattmuster schmückt die Tischplatte eines Klapptisches.

Firnis Da Eichenbeize ein harter Glanzlack ist, muß die Oberfläche zum Schluß nicht unbedingt gefirnißt werden. Soll sich die Oberfläche aber schön anfühlen und lange halten, firnißt man die ganze Fläche und schleift und poliert sie danach wie gewohnt (siehe Seiten 170–172). Auf keinen Fall die direkte Oberfläche der Schildpattmalerei schleifen, da man sie beschädigen könnte!

Schildpattmalerei auf Schlagaluminiumgrund

Bei kleinen Objekten wie Schachteln, Rahmen und Tabletts, die auch mit einer verschwenderischen Oberfläche nicht überladen wirken, sieht Schildpattmalerei über goldenem Untergrund sehr schön aus. Schlagaluminium ist dabei ein preiswerter und befriedigender Ersatz für das traditionell verwendete Blattsilber.

Vorbereitung
Die Oberfläche des Objektes sollte so glatt wie möglich sein.

Arbeitsmaterial
Schlagaluminium – genügend Blätter, um das ganze Objekt zu bedecken, und ein wenig in Reserve; Anlegeöl, als Haftuntergrund für das Schlagaluminium; Lackbeize in der Farbe Dunkle Eiche; Gebrannte Umbra und schwarze Ölfarben; 50 mm breiter Malerpinsel; ein breiterer, trockener, sauberer Malerpinsel und ein spitzer Künstler-Pinsel; Baumwollwatte.

Arbeitsmethode Wie man Schlagaluminium aufträgt, ist auf den Seiten 196–197 beschrieben. Nachdem die Aluminiumoberfläche trocken, geglättet und poliert ist, trägt man eine schnelltrocknende, weiße Schellackschicht auf. Sobald dieser Anstrich fast trocken ist, beginnt man mit der Schildpattmalerei, die auf den Seiten 108–109 geschildert ist. Seien Sie nicht ärgerlich, wenn die übereinanderlappenden Teile des Schlagaluminiums auch in der endgültigen Oberfläche zu erkennen sind – das ist fast nicht zu vermeiden und hat seinen eigenen Charme. Glätten Sie aber alle Unregelmäßigkeiten in der Aluminiumoberfläche, da man auch sie zum Schluß sehen kann – was auf einer großen Fläche nicht weiter schlimm ist, auf einer kleinen Schachtel aber häßlich aussieht.

Soll das Objekt dunkel schimmern, bemalt man die Oberfläche zweimal – gerade dicht genug, um eine kühle, silbrige Tiefe zu erhalten, wie etwa das Licht eines von Wolken verdeckten Mondes.

Helles Schildpatt auf Schlagaluminiumuntergrund: Die hellere Version dieser Technik ergibt eine weichere, von der vorigen ziemlich verschiedene Oberfläche. Der einzige Unterschied ist hierbei, daß man einen Glanzfirnis im Farbton Helle Eiche verwendet. Malen Sie weniger und dünnere Muster aus Gebrannter Umbra und Schwarz ein, die auch nicht so sehr geglättet werden sollten.

Firnis Zwar ist eine Firnisschicht nicht unbedingt notwendig, doch wird die Oberfläche härter und stabiler, wenn man sie mit einigen klaren Firnisschichten schützt, die abgerieben und poliert werden sollten.

Essigmalerei oder Kittstempeloberflächen

Diese interessant klingende Technik ist eine der vielen Erfindungen fleißiger Handwerker des 19. Jahrhunderts, die dazu dienten, dem wachsenden Wunsch nach Möbeln und Holzwerk mit ›Phantasie-Maserungen‹ gerecht zu werden. Im Vergleich zu den überzeugenden Holzoberflächen der Holzmaserungsmeister wirken Essigmalereien wie wild gewagte Parodien, aber sie waren schnell und einfach herzustellen und die Materialien nicht aufwendig, billig und überall zu haben. Es ist eine Ironie des Schicksals, daß diese frühen amerikanischen Objekte mit ihren kühnen Mustern für uns heute attraktiver wirken als die handwerklich vollkommenen Holzmaserungen, die sie ursprünglich hatten kopieren wollen.

Diese Technik ermöglicht, große, flache Oberflächen schnell zu verzieren; sie wirkt am hübschesten in rein dekorativen Farbkombinationen: dunkle Farbtöne über hellem Rot, hellem Blau oder hellem Grün, oder jede dieser Farben über einem gebrochenen Weiß. Diese Technik macht viel Spaß, da sich in der Essigfarbe fast alles, was man gerade zur Hand hat, klar und deutlich abdrückt – ein Korken, Knetgummi oder der traditionell verwendete Kitt, geknülltes Papier oder Fingerabdrücke. Je verspielter und bizarrer die Muster sind, um so besser wirken sie auf großen Möbelstücken wie Kommoden und Küchenschränken, auf denen dichte, sich wiederholende Muster monoton erscheinen würden. Kleine Gegenstände wie Tabletts, Schachteln oder Tischlampenständer kann man unkompliziert mit eleganten, dichten Mustern aus Korkendrucken oder Knetgummi verschönern.

Lassen Sie Ihre Phantasie spielen. In den zehn bis fünfzehn Minuten, bis die Farbe trocknet, bleibt genügend Zeit, herumzuexperimentieren; und findet man die Muster nicht schön, sind sie schnell wieder abzuwischen. Essigmalereioberflächen müssen wie alle Wasserfarbenanstriche zum Schutz gefirnißt werden.

Vorbereitung

Den Untergrund bildet eine eingetönte matte Ölfarbe, die, sobald sie trocken ist, mit Naßschleifpapier und Seifenwasser abgeschliffen wird. Man kann auch halbmatte Ölfarbe verwenden, die man dann allerdings, um sie matter zu machen, gut abschleifen muß.

Arbeitsmaterial

Essig und Zucker (traditionelle Maserer verwendeten diese Mischung als Alternative zu abgestandenem Bier); ein wenig Reinigungsmittel; trockene Farbpigmente; zwei Marmeladengläser; ein normaler Malerpinsel; Dinge, mit denen man Muster machen kann: zum Beispiel Korken, Knetgummi oder Kitt, Musterkämme aus Pappe, Stofflappen oder zerknülltes Papier.

Arbeitsmethode

Mischen Sie eine Tasse Essig mit einem Spritzer Reinigungsmittel in einem Marmeladenglas. Schütten Sie nun ein wenig Pigmentpulver in das zweite Marmeladenglas. Geben Sie etwas von der Essigflüssigkeit hinzu, und verrühren Sie beides zu einer Paste. Gießen Sie dann die restliche Essigmischung über die Farbpaste und vermischen Sie das Ganze gut miteinander. Probieren Sie die Farbe auf einem Stück Papier aus. Halten Sie das Blatt ein oder zwei Minuten lang senkrecht – wenn die Mixtur läuft, ist sie zu dick. Verdünnen Sie die Farbe mit mehr Essig, und probieren Sie sie wieder aus.

Bevor Sie nun ernsthaft an die Arbeit gehen, sollten Sie einige Minuten lang mit verschiedenen Mustern experimentieren: Streichen Sie ein wenig Essigfarbe auf Pappe, und probieren Sie darin Stempeleffekte, verschiedene Kamm-Muster (einfache und gekreuzte, um einen Web-Effekt zu erhalten), Papierabdrücke oder kleine, delikate Strukturen mit einer Knetgummirolle.

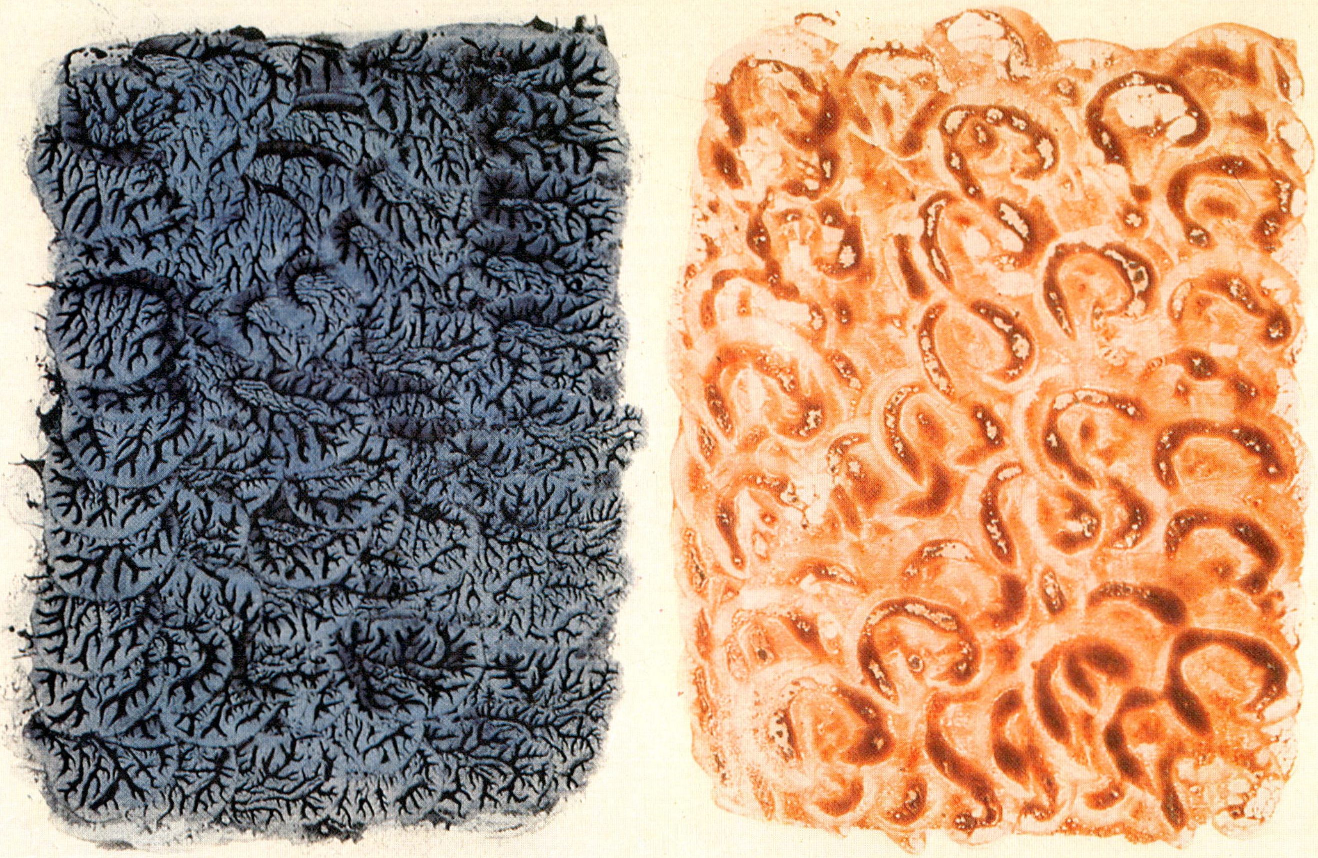

Mit in Essigfarbe gedrücktem Knetgummi kann man eine Vielzahl verschiedener Effekte erzielen.

Wenn Sie eine Musterkombination gefunden haben, die Ihnen gefällt, wird die Oberfläche mit einem in puren Essig getauchten Lappen gereinigt und angefeuchtet. Streichen Sie dann die Essigfarbe auf eine große Fläche auf, und beginnen Sie mit den Mustern. Da die Farbe so langsam trocknet, kann man in Ruhe auch große Flächen wie Schranktüren oder die Seitenteile einer Kommode bearbeiten. Beginnt die Farbe zu trocknen, überstreicht man sie einfach mit einer neuen Essigfarbenschicht und mustert diese Fläche neu. Das eigentliche Problem ist, zu wissen, wann man aufhören muß, und diszipliniert genug zu sein, das ganze Möbelstück mit einem zusammenhängenden Muster zu verzieren. Essigfarbe ist, wenn man sie dünn ausstreicht, eine halbtransparente Lasur, die man auch dazu benutzen kann, ruhige Flächen innerhalb der wilden Muster zu schaffen.

Firnis

Nach etwa einer Stunde ist die Essigfarbe fast trocken, und das ganze Möbelstück wird mit einem klaren, halbmatten oder glänzenden Kunstharzfirnis gestrichen – zwei oder drei Schichten für ein Objekt, das nicht allzuoft benutzt wird, und vier oder fünf Schichten für ein viel genutztes Möbel. Schleifen Sie die letzte Firnisschicht mit Naßschleifpapier und Seifenwasser sowie, wenn Sie möchten, mit feinem Bimssteinpulver und Öl (siehe Seiten 170–172). Zum Schluß poliert man mit einem weichen Tuch.

Antikeffekte

Antikeffekte, die durch Farbe entstehen – im Gegensatz zu den rauhen Methoden, den Anschein von durch die Zeit gealterten Antiquitäten mit Schlüsselbünden, Ketten und fallengelassenen Ziegelsteinen herzustellen – sind für alle interessant, die Möbel bemalen, da diese Techniken Möbel nicht nur im Handumdrehen alt aussehen, sondern sie gleichzeitig überzeugender wirken lassen. Die Imitation einer Patina, die sich über viele Jahre des täglichen Gebrauchs entwickelt hat, eignet sich gut dazu, ein altes, neu bemaltes Objekt authentischer erscheinen zu lassen oder ein neues zu verschönern. Man sollte diese Techniken mit einigem Wissen darum, wie Gegenstände altern, verwenden – sie an natürlich abgeriebenen Flächen auch abschmirgeln (wie zum Beispiel scharfen Kanten) und solche Stellen, an denen sich Schmutz und Fett ansammeln, abdunkeln. Das bedeutet aber nicht, daß Antikeffekte die Objekte schmutzig wirken lassen sollten. Wenn die Oberfläche schmierig und ungepflegt wirkt, sind diese Techniken falsch verstanden worden. Richtig eingesetzt geht es darum, subtile Halbtonschattierungen zu erhalten, Struktur und Modellierung zu betonen sowie Farb- und Oberflächenstruktur weicher erscheinen zu lassen.

Eine wohlüberlegte und sparsame Kombination dieser Techniken ergibt oft eine viel überzeugendere Wirkung von Alter und Patina als nur eine, aber dafür übertrieben angewandte Methode. Eine Möglichkeit sind gebrochene Oberflächen aus erdfarbenen Lasuren; eine andere liegt darin, in Spritztechnik feine schwarze oder braune Sprenkel aufzutragen; oder aber die letzte Firnisschicht wird mit Bimsmehl abgerieben und ein wenig von dem Schleifstaub in Ecken und Vertiefungen zurückgelassen.

Neue, strahlende Goldmuster wirken gedämpft besser, und scharf gemalte Linien oder Schablonenmuster sehen schöner aus, wenn man sie unauffällig hier und dort ein wenig abschmirgelt. Eine Isolierschicht aus Schellack oder Firnis über dem letzten Farbanstrich ermöglicht ein Experimentieren mit den unterschiedlichen Antikeffekten; wenn sie nicht gefallen, können sie abgewischt werden, ohne daß der Untergrund beschädigt wird.

Antikeffekte mit Lasuren

Antikeffekte erhält man mit Lasuren in gedämpften Erdfarben, doch auch Grau und stark verdünntes Schwarz werden verwendet. Diesen Lasuren kann man, um den Kontrast zu mildern, noch ein wenig der Grundfarbe beimischen. Man verdünnt die Lasuren, bis sie transparent sind, trägt sie über das gesamte Objekt auf und beginnt dann, sie zurückhaltend zu überarbeiten, um eine leicht schattierte Wirkung zu erzielen.

Arbeitsmaterial

Ölfarbenlasuren: Mit Ölfarbenlasuren erhält man kaum wahrnehmbare Farbabstufungen. Eine Öllasur, die eine matte, weiße Ölfarbe enthält, ist leicht opak (siehe Seite 225f.). Um eine völlig transparente Lasur zu erhalten, mischt man Künstler-Ölfarbe mit ein wenig gekochtem Leinöl (siehe Seite 200), viel Terpentinersatz und einem Spritzer Trockenmittel. Diese Lasur hat den Nachteil, daß sie lange Zeit braucht um zu trocknen – etwa eine Woche; möglicherweise hat man keine Lust, so lange zu warten.

Wasserlasuren: Für schnelle Antikeffekte auf einer matten oder gut abgeschliffenen Oberfläche verwendet man mit Wasser verdünnte Acryl- oder Gouache-Farben (siehe Seite 228). Sie haben allerdings zwei Nachteile: Man muß sie sorgfältig aufstreichen, um keine harten Kanten zu erhalten, und sie lassen sich nicht gleichmäßig auf einen halbmatten oder glänzenden Untergrund auftragen (ein wenig beigemischtes Reinigungsmittel kann helfen). Da sie aber schnell trocknen, sind sie einen Versuch wert.

Farben: Tönen Sie die Lasuren mit Erdfarben – Gebrannte Siena oder Siena Natur, Gebrannte Umbra oder Umbra Natur mit etwas Schwarz. Umbra Natur ist die

Standardfarbe für Antikeffekte, da sie fast alle Farbtöne mildert und älter wirken läßt, ohne sie einzutrüben; im Zweifelsfall kann man mit ihr nichts falsch machen. Siena Natur gibt kalten Farben einen wärmeren Ton. Ein wenig Schwarz intensiviert die Wirkung dieser beiden Farben. Mischt man eine kleine Menge Bimsmehl in die Lasurfarbe oder den Kunstharzfirnis, so ergibt sich ein überzeugender, staubfarbener Antikeffekt.

Die Lasuren sollten einige Nuancen dunkler sein als die Untergrundfarbe.

Weiteres Arbeitsmaterial: Weicher Pinsel; Stofflappen oder Naturschwamm; feine Stahlwolle. Nicht unbedingt notwendig: Schellack; Pinsel, um den Schellack aufzustreichen.

Arbeitsmethode

Auftragen der Öllasur: Man trägt die Öllasur mit einem weichen Pinsel dünn und gleichmäßig auf die gesamte Oberfläche auf. Je länger die Lasur trocknet (am besten über Nacht), um so stärker ist der Antikeffekt, der vor allem gut zu rustikalen Möbeln paßt. Leichte, städtische Möbel sehen mit sanfteren Farbtönen hübscher aus – diese erhält man, indem man die Lasur trocknen läßt, bis sie noch ein wenig klebrig ist, und sie dann abreibt.

Schleifen Sie die Lasur an den Stellen, die am meisten strapaziert werden, mit feiner Stahlwolle ab. Noch stärker schleift man Arm- und Rückenlehnen. Die Mittelteile von flachen Flächen, Seitenteilen und Schubladenfronten sollten ebenfalls abgeschliffen werden, ebenso wie die erhöhten Stellen von Profilleisten und Schnitzereien, so daß alle Vertiefungen dunkel zurücktreten. Die Lasur sollte sanft von hell zu dunkel übergehen, ohne daß Streifen oder plötzliche Übergänge sichtbar sind. Auch an stark abgeschliffenen Stellen bleibt ein feiner Farbfilm zurück. Treten Sie während der Arbeit hin und wieder zurück, und begutachten Sie das Ergebnis. Reiben Sie gemalte Muster nur vorsichtig ab, es sei denn, daß sie etwas verwittert und abgetragen wirken sollen. Wenn man das nicht möchte, kann man eine Sperrschicht aus klarem Firnis oder Schellack auftragen.

Gebrochene Antiklasuren: Man kann die Oberfläche auch mit einer fein gezogenen Pinsellasur versehen, sie mit dem Schwamm wolken oder in Stupftechnik bearbeiten, um eine stärkere Textur zu erhalten (siehe Seiten 27–30, 33–38 und 44–47). Schleifen Sie eine gebrochene Oberfläche wie gewohnt, um sie weicher erscheinen zu lassen.

Auftragen einer Wasserlasur: Eine Wasserlasur trägt man am besten mit einem Schwamm oder einem Stofflappen auf, läßt sie kurz antrocknen und reibt sie dann erst mit fusselfreien Stoffbäuschen, danach mit feiner Stahlwolle ab. Wasserlasuren lassen sich am sinnvollsten auf eine matte und leicht absorbierende Untergrundfarbe aufstreichen.

Antikeffekte mit Spritztechnik

Man hat es recht schnell heraus, einen gleichmäßigen, farbigen Sprenkelfilm auf eine Oberfläche aufzuspritzen, ohne gleichzeitig den ganzen Raum mit einzuklecksen. Mit der Spritztechnik bietet sich eine elegante Möglichkeit, ein schlankes, schön geformtes, helles oder mittelhelles Objekt kunstvoll antik wirken zu lassen, ohne daß es jemals grob erscheinen könnte.

Ein weiterer Trick ist die Kombination stark geschliffener oder gezogener Lasuroberflächen mit Farbsprenkeln in kontrastierenden Farben wie Braun oder Schwarz. Die Oberfläche wirkt dann wie die eines alten, besprenkelten Möbels.

Arbeitsmethode

Um Alter vorzutäuschen oder um eine Farbe oder ein Muster farblich zu dämpfen, sollte man den Sprenkelfilm nicht zu gleichmäßig verteilen – die Oberfläche wirkt natürlicher, wenn die Farbe an einigen Stellen dichter ist als an anderen.

Mischen Sie die Antiklasur wie oben beschrieben, aber verdünnen Sie sie noch stärker. Spritzen Sie die Lasur wie auf der Seite 177 beschrieben, mit einem steifen Pinsel auf – am besten üben Sie vorher auf einem weißen Blatt Papier. Wenn diese Schicht trocken ist, kann man eine zweite aufspritzen und sich dabei auf die Stellen konzentrieren, die besonders dunkel werden sollen. Zum Schluß, wenn die Farbschichten ziemlich trocken sind und die Untergrundfarbe genügend gedämpft wirkt, kann man die Sprenkelschichten ein wenig ineinander übergehen lassen, indem man sie vorsichtig mit feiner Stahlwolle bearbeitet.

Größere Sprenkel: Größere und unregelmäßigere Sprenkel spritzt man mit ein wenig schwarzer oder sepiafarbiger Zeichentusche auf. Haltbare Tusche trägt man entweder auf eine Firnis- oder Schellacksperrschicht auf oder verdünnt sie mit ein wenig Wasser, so daß man allzu dicke Kleckse und Fehler mit einem feuchten Lappen wegwischen kann. Nehmen Sie ein wenig Tusche auf die Pinselborsten und klopfen Sie den Pinsel mit einer schnellen, ruckartigen Bewegung auf einen kleinen Stock, um die Sprenkel in die richtige Richtung zu dirigieren. Diese gröbere Sprenkeltechnik kann man überall auf einem vorher antik gestalteten Objekt anwenden, um Kontrast und Textur zu betonen, aber man sollte diesen Effekt nicht übertreiben.

Rechte Seite: Rahmen eignen sich besonders gut für dekorative Oberflächen, da sie schnell zu bemalen und zu dekorieren sind und ihre vielfältigen Formen und Profile die Phantasie anregen. Eine gemalte Oberfläche gibt einem Rahmen ein spezielles, kostbares Aussehen und kann dazu dienen, ein favorisiertes Bild zu betonen und zu verschönern.

Von links nach rechts:
Schildpattmalerei auf einem mit Gummi-Arabicum angemischten Bronzepulvergrund.

Grün gemaserte Oberfläche mit Randlinierung in dunklerem Grün.

Feingefleckte Schildpattmalerei auf schilfgrünem Untergrund.

Imitation von Vogelaugenahornholz.

Essigmalerei – die nasse Essigfarbe wurde mit Knetgummi gemustert.

Firnis

Antiktechniken werden im allgemeinen vor den schützenden Firnisschichten angewendet. Der passendste Firnis ist bei antik gestalteten Stücken ein halbmatter oder matter Kunstharzfirnis, einen glänzenden Firnis sollte man abschleifen, um ihn matter zu machen. Will man das Objekt noch älter wirken lassen, kann man dem Firnis ein wenig von der Grundfarbe beimischen; will man keine weiteren Veränderungen vornehmen, verwendet man klaren Firnis. Besondere Objekte können zum Schluß mit Bimssteinpulver poliert werden (siehe Seite 172); man erhält so eine besonders schöne Oberfläche, und man sollte ein wenig von dem feinen Pulver in Rissen und Ecken stehen lassen.

Diese Trödelkiste wurde mit freihändiger Malerei und in Schwammstupftechnik mit matter Ölfarbe und Künstler-Ölfarben bearbeitet. Um sie alt aussehen zu lassen, wurde zum Schluß eine Antiklasur aus verdünnter, mit Umbra Natur eingetönter Ölfarbe aufgetragen.

Grundlagen

Farbe, Beize und Firnis

Ein wenig Wissen darum, woraus Farben, Beizen, Firnisse usw. bestehen und warum einige sich für bestimmte Zwecke besser eignen als andere, ist sehr hilfreich, wenn man vor den mit Farbdosen überladenen Regalen der meisten Farben- und Heimwerkerläden steht. Ich habe hier nicht versucht, eine vollständige Liste aller erhältlichen Farben zusammenzustellen, da viele Farben für andere Zwecke verwendet werden , als dieses Buch sie beschreibt – wie zum Beispiel zum Schutz vor Witterung, Rost oder Feuchtigkeit. Natürlich spielt auch der rein praktische Aspekt von Farbe eine Rolle, da niemand abblätternde oder blasenwerfende Farboberflächen haben möchte; aber bei dekorativer Malerei geht es zuerst einmal darum, wie sehr sie heißen Tellern, Alkohol oder schmutzigen, kleinen Fingern widersteht.

Deshalb habe ich die Farben, Firnisse usw. nach der Art ihrer Oberfläche aufgelistet – matt, halbmatt, glänzend und transparent. Grundierungen habe ich

MATTE ANSTRICHE

Farbart	Zusammensetzung	Erscheinungsform
Grundierfarbe	Pigmente, Trockenöl, Kunstharz	Ganz matte, leicht kreidige Textur, ergibt dünne, trockene Farbschichten.
Matte Alkydfarbe	Pigmente, Trockenöl, Alkydharz	Ganz matt, ergibt eine dicke, gleichmäßigere Farbschicht als Grundierfarbe. Deckt gut.
Matte Emulsionsfarbe Matte Latexfarbe	Pigmente, Kunstharze – meist Polyvinyl-Acetat oder Polyacrylharz – in Wasser aufgelöst.	Nicht so matt wie Grundierfarbe, ergibt eine dicke, leicht plastikartige Schicht, die in blassen Farben besser wirkt als in dunklen oder kräftigen.
Leimfarbe Kalkfarbe	Pigmente, Schlämmkreide, Leim, Wasser. Kalkfarbe enthält gelöschten Kalk statt Schlämmkreide.	Völlig matt. Weiche, pudrige Textur. Gute Deckkraft, klare Farben.
Buttermilchfarbe	Pigmente, Buttermilch	Ganz matt, aber nicht so pudrig wie Leimfarbe. Besonders klare Farben, da sie keine weißen Pigmente enthält.
Zementfarbe	Pigmente, Trockenöl, Alkydharz	Weder matt noch halbmatt. Sehr dicke, gummiartige Schicht. Gedämpfte Farben.

nicht aufgeführt, da sie nicht für Schlußanstriche verwendet werden: Beachten Sie daher bei ihrer Verarbeitung die Anweisung des Herstellers.

Das Geheimnis, wie man Farboberflächen mit den vielen heute vorhandenen, unterschiedlich zusammengesetzten Farben gestaltet, scheint mir darin zu liegen, daß man intelligent mit ihnen experimentiert und seinen gesunden Menschenverstand benutzt. Es gibt viele Möglichkeiten, einen ähnlichen Effekt zu erzielen – man muß selbst entscheiden, welche einem am besten gefällt, wie strapazierfähig das Ergebnis sein soll und wieviel Zeit und Geld man investieren kann.

Matte Oberflächen

Auf diesen beiden Seiten finden Sie Informationen über Anstriche, die eine matte Oberfläche ergeben. Die sinnvollsten und elegantesten Farben sind matte Öl- oder Kunstharzfarben, die sowohl für Wände als auch Holzwerk, Böden und Möbel verwendet werden können.

Lösungsmittel	Verwendung und Vorteile	Nachteile
Terpentinersatz	Eigentlich keine Schlußanstrichfarbe, wird aber als Ersatz für Emulsionsfarbe verwendet. Billig, einfach zu streichen, trocknet in 8–12 Stunden. Stark pigmentiert. Hübsche, matte, trockene Textur. Nimmt Farbtöne gut an. Überall erhältlich.	Benötigt matten Firnisschutz bei strapazierten Oberflächen. Schlechtere Grundierfarbe, ist absorbierender als Emulsionsfarbe, deshalb werden weitere Dekorationen weniger glatt und sauber.
Terpentinersatz	Kann für alle Innendekorationsmalereien verwendet werden; bei Böden Firnisschutz nötig. Der beste, matte Endanstrich – opak und elegant. Nimmt Farbe gut an, trocknet in 6 – 12 Stunden. Von Dekorateuren als Anstrichfarbe oder Lasur (mit Lösungs- und Trockenmittel vermischt) bevorzugt. Alkydfarbe ist in vielen Farbgeschäften erhältlich.	Ziemlich dicke Farbschicht, die leicht Kratzspuren zeigt. Nur auf Grundierung zu verwenden.
Wasser	Schnellster, billigster, einfachster und am schnellsten trocknender Wandanstrich. Überall erhältlich. Kann mit Abtönfarbe getönt werden. Läßt sich als Untergrund für einige dekorative Techniken und als Wasserlasur verwenden. Überstreichbar in etwa 4 Stunden, abwaschbar. Kann auf neuen Putz oder rauhe, poröse Wände wie Ziegelflächen gestrichen werden. Fast geruchlos. Einige Arten sind für einen Einschichtanstrich geeignet, andere gibt es in nichttropfender Gelkonsistenz.	Zu absorbierend für die meisten dekorativen Anstriche. Nicht so matt und weich wie Leimfarbe. Verschmutzt schnell ohne matte Firnisschicht. Nicht empfohlen in feuchten Räumen wie Küche und Bad. Kann nicht auf blankes Metall gestrichen werden, da sie Korrosion hervorruft. Unterschiedliche Marken sollten nicht miteinander vermischt werden. Eine stark verdünnte Emulsionslasur trocknet sehr schnell.
Wasser	Sehr billig – man kann sie selbst herstellen (siehe Seite 47). Einfach aufzutragen, schöne Oberfläche und besonders hübsche Farben. Kann mit Gouache-Farben, Pigmentpulver oder Abtönfarbe getönt werden. Geruchsfrei, angenehm sauber zu machen, kann abgerieben werden. Ideal für lockere Pinsellasuren und jede andere einfache rustikale Oberfläche.	Schwierig zu kaufen, da Farben- und Hobbyläden sie nicht führen, weil sie sich nicht lange halten, nicht abwaschbar sind und auf Feuchtigkeit reagieren. Reiben sich ab und müssen vor einem neuen Anstrich mit Öl- oder Emulsionsfarbe entfernt werden.
Wasser	Die einfachste, selbstzumachende Farbe – man mischt Pigmentpulver in Buttermilch mit ein wenig Fungizid, um Schimmel zu vermeiden. Gute, klare Farben. Einfach zu verarbeiten; riecht angenehm (nicht käsig). Wurde in Amerika für viele Schablonenmalereien verwendet und ist für diesen Zweck noch immer gut.	Besser in blassen Farbtönen – leuchtende und dunkle Farben wirken streifig. Nicht abwaschbar und feuchtigkeitsempfindlich. Muß vor einem Neuanstrich mit Öl- oder Emulsionsfarbe entfernt werden.
Terpentinersatz	Besonders harte, widerstandsfähige Farbe für Böden, Holz und Zement. Benötigt höchstens zwei Schichten. Kann mit einem Mop aufgetragen werden – der Boden muß völlig sauber und trocken sein. Abwaschbar, muß nicht gefirnißt werden. Ideal dort, wo eine stabile billige Farbschicht verlangt wird – wie in Bad und Flur. Fast überall erhältlich.	Wenige Farben, die man jedoch miteinander mischen kann. Kann nicht mit Abtönpaste oder anderen Pigmentstoffen getönt werden.

Halbmatte Oberflächen

Halbmatte oder seidenmatte Anstriche haben einen Oberflächenglanz, der zwischen Matt und Glänzend liegt.

HALBMATTE ANSTRICHE

Farbart	Zusammensetzung	Erscheinungsbild
Halbmatte Alkydfarbe	Pigmente, Alkydkunstharz, Trockenöl; gibt es auch auf tropffreier Gelbasis.	Dünne, cremige Farbe mit glatter harter, opaker Oberfläche.
Halbmatte Ölfarbe	Pigmente in Ölmedium, Trockenöl	Siehe vorhergehenden Eintrag. Verschiedene Oberflächen, wie zum Beispiel seidenmatt usw.
Halbmatte Emulsionsfarbe	Wie matte Emulsion mit mehr Polyvinyl-Acetat für mehr Glanz und Abwaschbarkeit.	Ein sanfter, aber wahrnehmbarer Glanz.
Halbmatte Latexfarbe	Wie halbmatte Emulsionsfarbe.	Siehe oben. Unterschiedlich glänzende Oberflächen, seidenmatt usw.

GLÄNZENDE ANSTRICHFARBEN

Farbart	Zusammensetzung	Erscheinungsbild
Lack und Emaillefarbe	Im allgemeinen auf ölmodifizierter Kunstharzbasis, leicht pigmentiert mit fein geriebenen, hoch deckenden Pigmenten.	Hochglänzende, harte, strapazierfähige Oberfläche.
Sprayfarbe	Pigmentierte Farbe auf Nitrozellulosebasis oder Acryllacke.	Sehr harte, glänzende, dünne Farbschicht, wie auf Autokarosserien.
Dispersionslack	Pigmente, Reinacrylat	Glänzende oder seidenmatte Oberfläche.
Fußbodenfarbe	Erhältlich auf Alkyd- und Latexbasis.	Alkydfarbe hat eine hochglänzende Oberfläche, Latexfarbe ist halbmatt.

Glänzende Oberflächen

Glänzende Oberflächenanstriche sind in der professionellen Innendekoration selten, es sei denn in Kinderzimmern, Küchen und Badezimmern oder Räumen, in denen eine harte, strapazierfähige Oberfläche absolut notwendig ist, da diese Farben sehr hart und abwaschbar sind. In der dekorativen Malerei erhält man glänzende Oberflächen, wie zum Beispiel lackierte Wände, indem man mehrere Glanzfirnisschichten über eine matte oder halbmatte Untergrundfarbe streicht – nicht mit einem einfachen Glanzlack. Das Ergebnis ist eine feinere, farblich subtilere Textur.

Lösungsmittel	Verwendung und Vorteile	Nachteile
Terpentinersatz	Anstrichfarbe für Innenwände, Holzwerk und Möbel; Untergrund für dekorative Techniken. Läßt sich gut tönen. Ergibt eine recht feine, unporöse, porzellanartige Textur, die hübsch aussieht und sich angenehm anfühlt. Muß nicht stark ausgestrichen werden. Überall erhältlich.	Nicht allzu starke Deckkraft.
Terpentinersatz	Siehe oben	Siehe oben
Wasser	Trocknet sehr schnell, überstreichbar in 2 – 4 Stunden. Besser geeignet für Wände als für Holzwerk, kann als Untergrund für dekorative Schlußanstriche verwendet werden. Härter als matte Emulsionsfarbe.	Nicht so strapazierfähig wie Öl- oder Alkydfarben.
Wasser	Siehe oben	Siehe oben

Lösungsmittel	Verwendung und Vorteile	Nachteile
Terpentinersatz	Farben für starkglänzende, schmutzabweisende Oberflächen, die besonders strapaziert werden – Außenflächen und Kücheneinrichtungen. Diese Farben sind haltbar, wasserresistent, leicht abzuwischen und ziemlich schlag- und kratzfest.	Müssen auf fertige Grundierung gestrichen werden, um Deckkraft zu zeigen. Trocknen zwischen 12 und 16 Stunden. Glänzende Oberflächen betonen Untergrundfehler, deshalb ist gute Vorarbeit notwendig. Manche Lacke enthalten weniger Öl; sie ergeben eine härtere Oberfläche, die eher abblättert, da sie nicht so elastisch ist.
Aceton, Waschbenzin	Für Reparaturen an Autokarosserien. Kann für große, einfache Schablonenmuster verwendet werden und ermöglicht einen sanft schattierten Farbeffekt.	Teuer, schwer gleichmäßig zu sprühen, neigt dazu, sich überall zu verteilen. Unangenehmer Geruch. Benötigt spezielles Lösungsmittel. Kann auf Emulsions- und Acryluntergründe gesprüht werden, aber nicht auf Ölfarben.
Wasser	Trocknet sehr schnell, praktisch geruchsfrei, Farbtöne sind miteinander mischbar.	Nicht so haltbar wie ein glänzender Ölfarbenanstrich.
Alkyd, Terpentinersatz Latex, Wasser	Trocknet recht schnell. Strapazierfähig. Latexfußbodenfarbe kann auf feuchte (nicht nasse) Untergründe gestrichen werden.	Ziemlich teuer.

Transparente Oberflächen

Die altmodischen Firnisarten wie Harzessenzfirnisse und Kutschenlack werden heute zunehmend durch Kunstharzfirnisse verdrängt, die einfacher zu verarbeiten sind und weniger gilben. Hin und wieder werden verschiedene Schellackarten als Schlußanstrich verwendet, obwohl sie keine besonders harte Oberfläche bilden. Man benutzt sie in der Möbelmalerei besser als Sperrschichten, um eine besondere Farbschicht zu schützen oder einen glatten Untergrund für weitere Dekorationen zu erhalten.

TRANSPARENTE ANSTRICHE

Farbart	Zusammensetzung	Erscheinungsbild
Kunstharzfirnis	Klarer oder pigmentierter Alkyd- oder Polyurethankunstharz.	Klarer, nur leicht gelblicher Firnis. Gibt es matt, halbmatt und glänzend.
Schellack	Schellack in Alkohol.	Transparent. Schellack gibt es ganz durchsichtig und in transparentem Braun.
Holzsiegellack	Alkydharz- oder Polyurethanbasis.	Klar, leicht gelblich, harte und glänzende Oberfläche.
Anlegeöl (Goldlack)	Schnell trocknender Ölfirnis mit hohem Trockenmittelanteil.	Klar, leicht gelblich.

BEIZEN

Farbart	Zusammensetzung	Erscheinungsform
Wasserbeize	Wasserlösliche Farbstoffe oder Pigmente, die in kochendem Wasser aufgelöst und dann auf die gewünschte Farbstärke verdünnt werden.	Klare, lebhafte Farben, wie alle wasserlöslichen Farben. Gibt es als fertige Holzfarben; man kann sie auch aus Pigmentpulver und Wasser selbst mischen.
Spiritusbeize	Spirituslösliche Farbstoffe in Schellacklösung mit Spiritus verdünnt.	Gibt es sowohl in Holz- als auch in anderen Farbtönen. Weniger leuchtend als Wasserbeize.
Ölbeize	Pigmente in Öl oder Kunstharz	Transparenter als Wasserbeize.
Firnisbeize	Mischung aus Ölbeize und hart trocknendem Ölfirnis.	Dickere opake Farbe, die der Holzmaserung nicht so schmeichelt.
Wachsbeize	Kann aus Künstler-Ölfarben und Bienenwachs oder Paraffinwachs in einem Wasserbad zusammengeschmolzen werden; danach läßt man die Beize zu einer weichen Paste abkühlen. Schuhpolitur ist ein praktischer, fertiger Ersatz.	Transparent und hat nach der Politur einen schönen Wachsschimmer.

Beizen

Es gibt eine Reihe unterschiedlicher Holzbeizen. Man kann aber auch Stoff- oder Lederfarben verwenden, die man nach Herstellungsanweisung anmischt, aber nur die Hälfte der angegebenen Wassermenge verwendet. Eine weitere Möglichkeit besteht darin sich ein Antikwachs selbst herzustellen – dieses Wachs gibt jedem Holz eine schön glänzende Oberfläche, die allerdings mühsam zu pflegen ist.

Lösungsmittel	Verwendung und Vorteile	Nachteile
Terpentinersatz	Der vielseitigste, am einfachsten zu verarbeitende und fast überall erhältliche Firnis für fast alle dekorativen Oberflächen – Wände, Holzwerk, Böden und Möbel. Hart, klar, kaum gelblich, stark. Staubtrocken in 6 – 8 Stunden, überstreichbar in etwa 12 Stunden. Einfacher zu verarbeiten und billiger als traditioneller Firnis.	Nicht so elastisch wie traditionelle Firnisse und weniger zum Abschleifen geeignet.
Spiritus	Fast sofort trocknender Firnislack, der zur Möbelpolitur und als Sperrschicht bei der Möbelmalerei verwendet wird. Brauner Schellack kann über Schlagaluminium gestrichen werden, um Gold zu imitieren. Schellack wird auch zum Versiegeln harziger Stellen bei Holz benutzt.	Sollte nicht in großen Mengen gekauft werden, da er sich nicht lange hält. Ergibt keinen strapazierfähigen Schlußanstrich, da er weder alkohol- noch wasserfest ist.
Terpentinersatz	Einfach mit Stofflappen oder Pinsel aufzutragen; wasserdünne Schutzschicht für bemalte Böden. Hart und haltbar, wenn 4 oder 5 Schichten gestrichen werden.	Benötigt trockene Bedingungen. Nicht so hart und langsamer trocknend als Kunstharzfirnis.
Terpentinersatz	Wird als Kleber für Schlagmetall und -aluminium verwendet sowie als Malmittel für einige schnell trocknende Farben.	Nicht besonders haltbar; wird über 40 Grad klebrig.

Lösungsmittel	Verwendung und Vorteile	Nachteile
Wasser	Billig, einfach aufzutragen, ermöglicht viele Farbvariationen, besonders auf hellem, dicht gemasertem Holz.	Läßt das Holz quellen, muß also geschmirgelt werden. Oberfläche muß fettfrei sein. Zieht in poröse weiche Hölzer unregelmäßig ein, muß mit Schellack oder Anlegeöl vor dem Wachsen versiegelt werden.
Spiritus	Die besten Beizen unter Möbelpolituren; ziehen tief ein. Ideal für öliges, feingemasertes Holz. Zwei oder drei blasse Schichten ergeben ein besseres Ergebnis als eine leuchtende oder dunkle.	Trocknen so schnell, daß es schwierig ist, sie gleichmäßig aufzutragen. Manchmal lassen sie das Holz ein wenig quellen.
Terpentinersatz	Einfacher aufzutragen als Spiritusbeizen; ergibt eine gleichmäßige, weniger einsinkende Farbe. Ideal für weiche Hölzer; läßt sich, wenn sie trocken ist, mit jedem klaren Schlußanstrich überstreichen.	Muß etwa eine Nacht lang trocknen.
Terpentinersatz	Billig, leicht erhältlich und schnell zu verarbeiten.	Ist manchmal nicht besonders haltbar. Sehr schwer wieder zu entfernen.
Terpentinersatz	Einfach aufzutragen – einreiben und polieren. Ergibt einen sanften, alten Eindruck. Restauratoren verwenden bei nicht zusammenpassenden Holzteilen Schuhpolitur.	Mühsam zu polieren, und noch mühsamer wieder zu entfernen. Kann mit keinem anderen Schlußanstrich überzogen werden.

Anrühren von Farben

Obwohl man heute fast jede Farbe fertig angemischt kaufen kann, liegt eine gute Schulung des Farbensinns darin zu lernen, wie man einen speziellen Farbton selbst mischen kann – und wahrscheinlich bedeutet dieses Können eine wichtige Voraussetzung für die dekorative Malerei. Mit einem kleinen Sortiment konzentrierter Pigmente und je einer Dose weißer und schwarzer Farbe kann man fast alle Farben zusammenmischen.

Pigmente oder Farbkörper gibt es in vielen unterschiedlichen Formen – als Pulver, gepreßt in Blöcke, mit Öl, Firnis oder einem anderen Bindemittel gebunden, in Tuben, Gläsern und Dosen. Eine Faustregel ist, daß man in Lösungsmittel

Farbart	**Zusammensetzung**	**Erscheinungsform**
Pigmentpulver in Künstler-Qualität	Fein gemahlene Pigmente	Matte Farben, klar (wenn sie nicht mit Weiß gemischt sind) und intensiv
Abtönfarbe	Pigmente in Öl	Matte, kräftige Farben
Abtönpaste	Pigmente in Öl	siehe oben
Künstler-Ölfarbe	Hochfein gemahlene Pigmente in Leinöl	Reiche Farben in vielen Farbtönen; mit Terpentin verdünnt werden sie matt, unverdünnt glänzen sie matt.
Studienfarbe	Pigmente in Leinöl	siehe oben
Gouache-Farbe (Plakatfarben)	Konzentrierte Farben auf Wasserbasis	Besonders klare und frische, matte Farben mit großer Färbekraft. Die weiß pigmentierte Farbbasis ergibt mehr Deckkraft als bei gewöhnlichen Wasserfarben.
Acrylfarbe	Pigmente in einer wasserlöslichen Kunstharzbasis.	Mit Wasser verdünnt transparent; kann auch für Impasto-Technik verwendet werden. Matte, ein wenig gedämpftere Farben als Gouache.
Schilderfarbe	Pigmente in schnell trocknendem Firnis	Matte, intensive, deckende Farben.
Kaseinfarbe	Pigmente in Kaseinbindemittel	Matte, pudrige, opake, sehr intensive, aber harte Farben, – es sei denn, man mischt sie mit Kasein-Paste.

gebundene Pigmente mit lösungsmittelverdünnter Farbe und wassergebundene Pigmente mit wasserverdünnter Farbe verwenden sollte. Aber auch hierbei gibt es Ausnahmen – die ölgebundenen Abtönfarben können mit wasserlöslichen Emulsions-, Leim- und Latexfarben gemischt werden. Allerdings sollte man nie mehr als einen Viertelliter Abtönfarbe oder -paste mit vier Litern Farbe mischen, da die Mischung sonst gelieren kann.

Die meisten unten genannten Farben erhält man in Geschäften für Künstlerbedarf; viele Farbgeschäfte führen Abtönpasten und -farben.

Lösungsmittel	**Verwendung und Vorteile**	**Nachteile**
Wasser	Kann zum Tönen von Öl- oder Wasserfarbe und Firnis verwendet werden. Dunkle Farben können zum Holzfärben benutzt werden. Blasse Farben ergeben schöne Wasserlasuren.	Benötigen fast immer eine Schutzschicht. Lassen sich schwer völlig auflösen.
Wasser (Terpentinersatz)	Billige, hochkonzentrierte Farben für alle wasserlöslichen Farben wie Dispersions-, Latex-, Leimfarben usw.	Begrenzte Farbauswahl. Nicht für Öl- und Kunstharzfarben.
Terpentinersatz	Billige, kräftige Farben für alle Farbtypen.	Begrenzte Farbauswahl.
Terpentinersatz	Dekorateure verwenden sie für kleinere dekorative Malereien, da die Farben brillant sind und eine feine Textur haben. Können mit Lösungsmittel, Öl oder klarem Firnis gemischt werden.	Nicht billig. Trocknen im Vergleich zu Acrylfarben ziemlich langsam.
Terpentinersatz	Preiswerter als Künstler-Ölfarben; siehe oben.	Pigmente sind von geringerer Qualität als bei Künstler-Ölfarben und nicht so haltbar
Wasser	Schöne Farben, besonders die starken Pastelltöne. Ideal, um Wasserfarben und Wasserlasuren zu tönen. Lassen sich leicht auflösen. Konzentriert sind sie sehr sparsam. Wurden früher oft bei Möbelmalerei auf Kreidegrund eingesetzt.	Teuer.
Wasser	Besonders schnell trocknende Farben, günstig für Schablonenmalerei. Mit Wasser verdünnt transparent, mit Acrylmalmittel weniger durchscheinend, direkt aus der Tube dick und opak.	Teuer. Weniger reiche Textur als Ölfarben und weniger sanfte Farben. Trocknen so schnell, daß man sie bei der Arbeit stets feucht halten muß (man kann auch ein Verzögerungsmalmittel verwenden) und daher oft Farbe verschwendet.
Terpentinersatz	Sehr gut deckende, dicke Farben – ideal für Fußbodenschablonenmalerei. Große Farbauswahl.	Nicht so reich oder sanft wie Künstler-Ölfarben. Damit die Farben leuchten, muß man sie firnissen. Heute nur noch schwer erhältlich.
Wasser	Wird für eine Lasur mit Wasser verdünnt (etwa 1 Teil Farbe zu 2 Teilen Wasser). Mit Kasein-Paste oder anderen wasserverdünnten Farben ergeben sich cremigere und pastellige Farben. Trocknet sehr schnell, sehr gute Deckkraft, sparsam im Verbrauch. Harte Oberfläche.	Vor einem zweiten Anstrich muß die Farbe gut trocknen und mit einer Sperrschicht versiegelt werden. Muß schnell verbraucht werden, da sie sonst hart wird. Unangenehmer Geruch.

Farbmischung

Beruht die Fähigkeit, Farben erfindungsreich miteinander zu kombinieren, hauptsächlich auf einem instinktiven Prozeß, so ist das Wissen darum, wie man einen bestimmten Farbton mischen kann, während der Arbeit zu erlernen, wobei man sich gelungene Kombinationen merken oder, noch besser, aufschreiben sollte. Hier folgen nun einige Hinweise, wie man Farben erhält, die Dekorateure gemeinhin als ›gut‹ bezeichnen (das bedeutet: geschmackvolle, lebendige, bemerkenswerte Farben). Es würde ein eigenes Buch erfordern, um dieses Thema in seiner gesamten Bandbreite abzuhandeln; aber ein Spatz in der Hand ist besser als eine Taube auf dem Dach, und vielleicht können die nachfolgenden Informationen Ihnen bei der Arbeit schon hilfreich sein. Einige Künstlerfarben enthalten winzige Mengen schädlicher Chemikalien – so zum Beispiel die bleihaltigen Chromfarben. Wenn Sie diese Farben nicht verwenden wollen, zum Beispiel in einem Kinderzimmer (in manchen Ländern sind sie gar nicht erst erhältlich), fragen Sie Ihren Farbenhändler nach Ersatzfarben aus organischen Pigmenten.

Haben Sie keine Angst mit Farben zu experimentieren, aber mischen Sie im Anfangsstadium keine großen Mengen an. Man kann kleine Mengen der möglichen Farbtöne auf einem Teller oder einem Blatt Papier mit dem Finger ineinanderrühren, um eine Vorstellung zu erhalten, wie sie gemischt aussehen. Wenn Sie genauer wissen was Sie wollen, können Sie getrost mit größeren Mengen operieren.

Es gibt meist mehrere Möglichkeiten, eine bestimmte Farbe zu erhalten. Ist die Endfarbe nicht präzise vorgegeben, gibt es mit Sicherheit ein halbes Dutzend und mehr Varianten, einen Farbton zu mischen. Die meisten interessanten Innendekorationsfarben sind, in wörtlichen Sinne, ›zusammengemischte‹ Farben; doch gibt es auch Ausnahmen unter den reinen und blasseren Farbtönen: So ergibt die Mischung aus Kobaltblau, Weiß und etwas Gelb nicht denselben himmelblauen Farbton wie die fertige Farbe Cölinblau, so ergeben die Farben Kobaltblau, Chromgelb und Weiß nicht dasselbe Grün wie Chromgrün. Es ist jedoch eine gute Übung, mit einer relativ geringen Standard-Farbpalette zu beginnen – wie zum Beispiel mit Abtönpastenfarben, Umbra Natur und Karminrot – und so herauszufinden, was man durch verschiedene Mengenmischungen erhalten kann. Einige Dekorateure schwören, daß sie alle Farben so ermischen können. Andere wiederum behaupten, daß manche Farbtöne nur mit gekauften Pigmenten zu erhalten sind. Sie aber können Ihre Farbsammlung stets mit speziellen Farben ergänzen, wenn Sie sie brauchen.

Schmutziges oder gebrochenes Weiß: Umbra Natur und Weiß ergeben ein kühles, grünliches Grau, eine sehr sichere Farbe. Ein klein wenig gelbes Ocker macht diese Farbe wärmer, ein wenig Schwarz intensiver – aber Vorsicht mit dem Schwarz, da schon ganz wenig oft genügt. Gelbes Ocker und Weiß ergeben eine warme Cremefarbe, die mit mehr Weiß ein Elfenbeinton wird. Ein wenig Umbra verwandelt sie in Pergamentfarbe. Weiß und Elfenbein ergeben ein kühles Grau.

Rosatöne: Ein schönes Rosa ergibt sich aus der Mischung von Gebrannter Siena und Weiß, ein angenehm warmes und kein kitschiges Rosa, das wie verwitterte Landhauswände aussieht. Mehr Weiß hellt die Farbe auf, ein wenig gelbes Ocker (Erdfarben sind austauschbar) ergibt einen Aprikosenton, ein wenig Kobaltblau und Schwarz dunkelt terrakottafarben ab. Auch Venetianischrot und Weiß bilden ein schönes starkes Rosa. Verwenden Sie Karminrot, um ein Rosa mit Blaustich zu erhalten.

Rot: Wirklich gute, fertige Rottöne sind selten, da sie im allgemeinen zu hart und grell sind. Es ist aber einfach, sich eigenes Rot zu mischen. Meiner Erfahrung nach erzielt man mit gemischten Rottönen auf Wänden, Böden, Holzwerk und Möbeln bessere Ergebnisse als mit reinem Rot. Gebrannte Siena, Alizarin-Krapplack und ein wenig Cadmiumrot, Zinnoberrot oder leuchtend rote Farbstoffe ergeben ein wunderbar lebhaftes, üppiges, aber nicht hartes Rot mit bräunlichem Stich. Mehr Krapplack macht das Rot tiefer und kühler, mehr Siena erdiger und brauner, mehr Zinnoberrot läßt es wie altes Japanlackrot wirken. Venetianischrot, Oxydrot und Indischrot sind starke, angenehme, leicht bräunliche Rottöne. Gibt man ein wenig Cadmiumrot oder einen der anderen Rottöne hinzu, werden sie heller und weniger erdig. Ein wenig Kobaltblau mildert starkes Rot, und Umbra läßt es älter wirken.

Gelb: Gelbes Ocker und Indischgelb sind warme, freundliche, erdfarbene Gelbtöne, die, mit Weiß gemischt, einen Cremeton ergeben, der sich als hübsche Wandfarbe empfiehlt. Chromgelb ist der kräftige, leicht orangenfarbene Ton der Sonnenblume. Es ist außerdem mit anderen Farben die bestdeckendste Mischfarbe. Wenn man aber bleifreie Farben bevorzugt, kann man Arylamidgelb benutzen. Für lackierte Wände mischt man eine Lasur aus verschiedenen Gelbtönen: Chromgelb zitron, Chromgelb und ein wenig Gebrannte Umbra auf einem blaßgelben Untergrund aus Weiß und Chromgelb.

Grün: Chromgelb mit Schwarz ergibt ein starkes, gelbliches Olivgrün, das im 18. Jahrhundert gern bei der Möbelmalerei verwendet wurde. Gibt man ein wenig Weiß hinzu, erhält man eine Senffarbe. Kobaltblau und Chromgelb ergeben ebenfalls einen Olivton. Indigo, Chromgelb, Umbra natur und Weiß bilden starke Grüntöne, die mit mehr Weiß einen chromoxydgrünen Farbton entwickeln. Manche Grüntöne kann man nicht ermischen, sondern muß sie fertig kaufen, wie zum Beispiel scharfe, helle Gelbgrüntöne – Chromgrün ist die saftigste Farbe (ein ungiftiger Ersatz ist die Mischung aus Arylamidgelb und Phtaloblau). Auch Saftgrün ist eine weitere, leuchtende Farbe.

Blau: Kobaltblau ist das am häufigsten verwendete Blau in der Innendekoration, ein hübsches, sauberes, weiches Blau, das weniger grell ist als Ultramarin oder Preußischblau. Ein wenig Umbra dämpft es, Chromgelb macht es wärmer und ein bißchen Rot läßt es zurücktreten. Ich mag Indigo; es ist ein ganz besonderes Blau, dunkler als Kobaltblau, mit einem leichten Purpurschimmer. Mischt man es mit den obengenannten Farben, erhält man ähnliche, aber gedämpftere Farbtöne. Um ein zartes Himmelblau zu erhalten, beginnt man am besten mit einem gekauften Cölinblau, dem man ein wenig Chromgelb und Umbra Natur oder gelbes Ocker und sehr viel Weiß beimischt, um einen leicht grünlichen Farbton zu erhalten. Für ein leuchtendes, lebhaftes Glasblau mit leicht grünlichem Ton verwendet man Ultramarin, das man als getönte Lasur in mehreren Schichten über einen leicht andersfarbigen Untergrund aufträgt. Um ein reines Violett zu erhalten, mischt man Ultramarin und Karminrot; Preußischblau und Scharlachrot eignen sich nicht so gut, da beide Gelb enthalten.

Rot
Siena gebrannt + Alizarin-Krapplack +
Cadmiumrot =
Siena Natur + Cadmiumrot =
Venetianischrot + Cadmiumrot =
Rosa
Siena gebrannt + Weiß =
Gemischtes Rosa Nr. 1
Gemischtes Rosa Nr. 1 +
Gelbes Ocker = Gemischtes Rosa Nr. 2
Gemischtes Rosa Nr. 1 +
Schwarz +
Kobalt = Gemischtes Rosa Nr. 3
Karminrot + Weiß =
Gelb
Gelbes Ocker + Weiß =
Chromgelb zitron + Chromgelb
+ Umbra gebrannt =

*Diese hellen Grüntöne kann man nur schwer aus anderen Farben ermischen; sie sind aber in Geschäften für Künstlerbedarf zu kaufen.

Öl- und Wasserlasuren

Lasur ist ein Wort, das in diesem Buch immer wieder vorkommt, da diese eine der wichtigsten Bestandteile der meisten dekorativen Oberflächen ist, ob es sich nun um Wände, Holzwerk oder Möbel handelt. Im wesentlichen ist eine Öllasur eine halbtransparente Farbschicht auf Ölbasis, während eine Wasserlasur eine halbtransparente Farbschicht aus wasserlöslichen Farben ist. Beide wirken optisch unterschiedlich; Ölfarben sind im allgemeinen kräftiger, glatter und transparenter, während Wasserfarben frischer, reiner, zwar durchsichtig, aber strukturierter wirken. Man kann beide dazu verwenden, bemalte Oberflächen weicher erscheinen zu lassen, sie farblich anzureichern oder die Untergrundfarbe zu modifizieren.

Da Öllasuren langsamer trocknen als Wasserlasuren, kann man sie einfacher manipulieren. In der klassischen Malerei verwendete man Öllasuren, um Haaren und Haut delikate Tönungen zu geben, Schatten zu vertiefen, die Fragilität von zarten Blüten zu betonen und den Glanz von Perlen nachzuahmen. Im dekorativen Bereich sind die Anwendungen von Lasuren unbegrenzt. Holzmaserer und Marmorierer verwenden Öl- oder Wasserlasuren, um Patina, Tiefe und die komplexen Farbschichten und Muster natürlicher Materialien zu imitieren. Möbelrestauratoren verwenden oft dunkle, leicht trübe Lasuren, um neue Möbel alt und verwittert aussehen zu lassen. Dekorateure arbeiten immer mit Öllasuren – hin und wieder auch mit Wasserlasuren, um subtile Farbeffekte oder gebrochene Oberflächen zu erhalten, die jedes Interieur weicher, reicher und größer erscheinen lassen. Wasserlasuren wirken besonders lebhaft und spontan. Beide Lasuren ergeben auf einem weißen Untergrund leuchtende Pastelltöne; auf getönten Untergründen verstärken sie die Wirkung der Untergrundfarbe; auf einer kontrastierenden Farbe ergeben sich überraschend raffinierte Effekte. Lasuren sind auch eine Hilfe, um Farben zu verändern – ist man mit einer Wandfarbe nicht zufrieden, kann man sie fast immer mit einer gebrochenen oder glatt aufgetragenen Lasur im richtigen Farbton korrigieren. Und da man Lasuren in kürzerer Zeit auftragen kann als einen kompletten neuen Anstrich, stellen diese Techniken einen wissenswerten Trick dar.

Öllasuren

Je nachdem, wie viele weiße Pigmente eine Öllasur im Verhältnis zu ihren anderen Ingredienzien enthält, kann sie matt, glänzend oder mehr bzw. weniger transparent werden. Eine Öllasur sollte nicht mit einem Firnis verwechselt werden. Firnis ergibt eine harte, klare Schutzschicht, und auch, wenn er hin und wieder eingetönt ist, um wie eine Lasur zu wirken (etwa bei lackierten Wänden oder in der Möbelmalerei), so ist er für gebrochene Oberflächen nicht zu verwenden.

Öllasuren können fertig gekauft – man muß sie dann nur noch abtönen – oder aus einigen Grundelementen ermischt werden.

Transparente Öllasur

Transparente Öllasur ist eine fertig angemischte Lasur, die nur noch abgetönt werden muß. Das kann man mit den farbstarken Abtönpasten, die preiswert und in den Grundfarben lieferbar sind, oder mit Künstler-Ölfarben, die eine größere Farbpalette bieten, aber teurer sind und langsamer trocknen. Fertige Öllasur ist praktisch, einfach zu verarbeiten und so zusammengesetzt, daß sie lange genug naß und verarbeitbar bleibt, bis alle dekorativen Arbeiten auf einer großen Fläche erledigt sind.

Je nach Hersteller gibt es Öllasuren in verschiedenen Farbtönen – vom dickgoldenen Honigton bis hin zu einem weißen Cremeton. Streicht man sie auf der Wand aus, werden sie transparent. Man kann sie unverdünnt verwenden, doch mit Terpentinersatz verdünnt ergeben sich weichere und subtilere Effekte – und man kann eine größere Fläche streichen. Öllasur trocknet je nach Menge der Verdünnung mehr oder weniger glänzend auf; sie ist für alle Wandoberflächen, außer bei lockerer Pinsellasur, zu verwenden. Einige Dekorateure bemängeln, daß sie mit der Zeit gelblich wird. Im großen und ganzen aber erzielen Anfänger mit ihr am einfachsten ein professionelles Resultat. Techniken wie gezogene Lasuren, gestupfte Oberflächen und Stoffwickelmethoden lassen sich mit einer Öllasur ziemlich unproblematisch verwirklichen.

Rezept für eine selbstgemachte Öllasur: Mischen Sie folgende Zutaten in einen passenden Behälter: ein Teil gekochtes Leinöl (siehe Bemerkung auf Seite 200), ein Teil reines Terpentinöl, ein Teil Trockenmittel und (nach Belieben) etwas Schlämmkreide – am besten etwa ein Eßlöffel pro Liter.

Da man transparente Öllasur nur bei auf Innendekoration spezialisierten Farbgeschäften erhält, ist es einfach immer gut, ein Rezept zu haben, wie man sie selbst herstellen kann. Dieses traditionelle Rezept ergibt eine besonders weiche und transparente Wandfarbe, die sanft glänzend auftrocknet. Schlämmkreide gibt der Farbe mehr ›Substanz‹ – besonders gut für gezogene Lasuroberflächen, damit die Streifen nicht ineinander verlaufen. Der einzige Nachteil dieser Lasur ist, daß sie wegen des hohen Leinölgehalts langsam trocknet, bei ungünstigen Witterungsbedingungen einige Wochen.

Untergrund: Eine transparente Öllasur sollte auf einen unporösen Untergrund aufgetragen werden. Spitzendekorateure schwören auf zwei Schichten halbmatter Ölfarbe, heute aber verwenden die meisten eher zwei Schichten halbmatter Vinylfarbe, die preiswerter und einfacher aufzutragen ist und eine ähnlich unporöse Oberfläche bildet.

Verdünnen: Fertige Öllasur muß mit Terpentinersatz verdünnt werden, damit sie nicht zu dick und ›klebrig‹ wird. 50 % Terpentinersatz und 50 % Öllasur sind für Anfänger eine gute Mischung. Viele professionelle Dekorateure verwenden mehr Verdünner und weniger Lasur, um einen delikateren Anstrich zu erhalten, doch das erfordert Übung, da dünnere Lasur schneller trocknet. Ein Eßlöffel weißer Vorstrichfarbe pro Liter Lasur macht die Farbe optisch weicher. Probieren Sie die Lasur auf Schrankbrettern oder einer Stelle im Schrank aus. Gefällt sie Ihnen nicht, können Sie sie mit einem mit Verdünner befeuchteten Lappen wieder abwischen.

Lasur aus verdünnter Ölfarbe

Diese Lasur besteht aus einer stark verdünnten Ölfarbe – meist eine weiße, eingetönte Farbe –, und viele Dekorateure setzen sie bei gebrochenen Farbflächen ein; einerseits, so vermute ich, aus Bequemlichkeit, aber andererseits, weil sie die ziemlich matte, unaufdringliche Textur, die sich bei der Bearbeitung mit Pinsel, Schwamm usw. ergibt, schätzen. Da diese Farbe weiße, deckende Pigmente enthält, ist sie nie völlig transparent (wie fertige Öllasuren), dafür aber weicher in der Wirkung. Für Anfänger könnte diese Lasur etwas schwieriger zu verarbeiten sein, da sie sehr viel schneller als Öllasur trocknet und stärker auf Witterungen und Raumtemperatur reagiert. Das Verarbeiten dieser Lasur ist jedoch eine Arbeit für zwei Personen, weshalb man unbedingt einen Helfer anheuern sollte.

Eine ganz matte Oberfläche erhält man mit einer matten weißen Vorstrichfarbe oder einer matten Kunstharzfarbe. Halb- oder seidenmatte Öl- oder Kunstharzfarbe trocknet leicht glänzend auf. Eine halbmatte Oberfläche bildet einen weniger eleganten Hintergrund für Bilder und Möbel als eine matte Fläche, hat aber andererseits den praktischen Vorteil, abwaschbar zu sein, was besonders in Badezimmern, Kinderzimmern, Fluren und Eingangshallen sinnvoll ist.

Untergrund: Dekorateure verwenden eine matte Lasur über einem Untergrund aus halb- oder seidenmatter Farbe. Die Erfahrung hat gezeigt, daß dies die ideale Verbindung ist – der halbmatte Untergrund ist glatt, nicht porös und die Lasur bleibt darauf lange bearbeitbar. Verwenden Sie diesen Untergrund auch für halbmatte Lasuren. Man kann eine Lasur aus verdünnter Ölfarbe ohne Schwierigkeiten auch auf einen matten Untergrund, sogar auf Emulsionsfarbe legen und wunderschöne Ergebnisse erzielen, die allerdings nie so ganz professionell wirken.

Verdünnen: Eine Lasur aus Ölfarbe verdünnt man auf einen Teil Farbe zu zwei Teilen Terpentinersatz. Beginnen Sie auch hier zuerst mit einer Mischung aus gleichen Teilen, und geben Sie dann nach Bedarf mehr Verdünner hinzu. Wird die Farbkonsistenz zu dünn, hilft ein wenig Trockenmittel. Ich mische einen Teelöffel Trockenmittel in einen halben Liter verdünnte Lasur.

Diese Mischung ist mit Pinsel, Schwamm, Stoffwickeln usw. aufzutragen. Für eine lockere Pinsellasur verdünnt man die Lasur stark – etwa ein Teil Farbe auf acht oder neun Teile Verdünner.

Tönen der Öllasur

Transparente Öllasuren und Lasuren aus verdünnter Ölfarbe tönt man mit Abtönpaste oder Künstler-Ölfarben. Geben Sie einen Klecks Farbe in eine Blechdose, und lösen Sie die Farbe mit ein wenig Terpentinersatz durch gutes Umrühren auf. Schütten Sie als nächstes etwas unverdünnte Lasur hinzu, und vermischen Sie das Ganze gut. Danach mischt man unter ständigem Rühren den Rest der Lasur unter. Sodann verdünnt man die Lasur (wie oben beschrieben).

Wenn Sie verdünnte Ölfarbe verwenden, rühren Sie die aufgelösten Farben ebenso in die unverdünnte Farbe, und verdünnen Sie die getönte Farbe anschließend mit Terpentinersatz. Für blasse Lasuren nimmt man weiße Farbe, für dunkle Lasuren eine Grundfarbe, die der Endfarbe ähnlich ist (siehe Seiten 218–219 über das Anrühren von Farben).

Auftragen von Öllasuren

Die Lasurschicht sollte, um möglichst transparent zu sein, dünn aufgetragen werden. Nehmen Sie ein wenig Lasur auf die Haarspitzen eines Malerpinsels, streichen Sie sie schnell auf, und glätten Sie die Lasur leicht mit den Haarspitzen. Auf einer glatten, halb- oder seidenmatten Fläche kann man die Lasur mit einem zusammengeknüllten Tuch dünn auftragen. Ist eine verdünnte Farblasur zu flüssig, läßt man sie einige Momente härten, bevor man sie bearbeitet. Wenn auch das nichts nützt, muß man die Lasur mit mehr Farbe eindicken. Eine verdünnte Farblasur macht mehr Schmutz als eine transparente Öllasur – bereiten Sie sich darauf vor.

Wenn die Lasur, vielleicht an einem heißen Tag, allzu schnell zu trocknen droht, kann man ein wenig gereinigtes Leinöl beifügen – ein Teelöffel auf einen halben Liter. Diese Lasur muß man allerdings etwa 48 Stunden trocknen lassen.

Obwohl professionelle Dekorateure, zum Beispiel in England, gerne Markenfarben verwenden, bin ich der Meinung, daß Do-it-yourself-Farben ein guter Ersatz sind. Diese trocknen im allgemeinen schneller, was möglicherweise bei der Verarbeitung ein wenig schwierig werden kann, doch habe ich das in der Praxis noch nie erlebt. Die einzige Schwierigkeit scheint mir zu sein, daß die Lasur nicht ineinander verläuft und Streifen und Schwammstupfspuren verwischt. Das liegt möglicherweise an der Zusammensetzung der Farbe; wenn das geschieht, läßt man die Farbe, bevor man sie weiter bearbeitet, einen Moment trocknen. Probieren Sie die Lasur in einer dunkleren Ecke aus, bevor Sie sie im ganzen Raum verteilen.

Wasserlasuren

Lasuren aus wasserlöslichen Farben sind schwieriger zu verarbeiten als Öllasuren, wie es auch schwieriger ist, mit Wasser- als mit Ölfarben zu malen; aber sie ergeben derart strahlende Farben und eine solch luftige Transparenz, daß einige Dekorateure ihnen nicht widerstehen können. Wände, die mit klaren, blassen Wasserlasuren bearbeitet werden, haben die Zartheit alter Freskomalerei.

Eine Wasserlasur kann verschiedene Konsistenzen haben – von verdünnter Emulsions- oder Latexfarbe, die so flüssig wie Milch ist, bis hin zu einer Mischung, die so dünn wie Wasser ist und nur ein wenig Emulsionsfarbe enthält, damit sie ›Substanz‹ hat. Verdünnte und getönte Emulsionsfarbe kann man auf allen möglichen, gefleckten Oberflächen verarbeiten, ob es nun gewolkte, gestupfte oder mit Stoffwickeln gestaltete Farbflächen sind. Die Wirkung ist nie so moduliert und kontrollierbar wie auf einer Öllasur, doch erhält man einen streifigen, selbstgemachten Effekt und eine pudrige Textur, die Ihnen vielleicht sogar besser gefällt. Verwenden Sie ganz dünne Wasserlasuren nur für lockere Pinsellasuren – nie für andere gebrochene Oberflächen, da sie zu schnell trocknen, um sie noch zu bearbeiten. Außerdem ergeben sie schon von sich aus eine gewisse gebrochene Struktur, eine Unregelmäßigkeit des Farbauftrags – besonders, wenn man kräftige Farben aufstreicht. Wenn Sie diesen Effekt nicht mögen, sollten Sie matte Farben verwenden – Gelb, Rosa, blasse Blau- und Grüntöne.

Dekorateure verwenden stets die reinsten Farben für Wasserlasuren und bevorzugen dabei Künstler-Gouache-Farben wegen ihrer Lebhaftigkeit besonders. Ich finde, daß Pulverfarben, ob in Künstlerqualität oder als einfache Plakafarben, mit denen Kinder malen, ebenfalls hübsche Lasuren ergeben, wenn sie auch vielleicht ein wenig gröber aussehen. Doch sie erinnern an die zwanglos bemalten, alten Interieurs, die man in Frankreich und Italien findet. Auch mit Wasser verdünnte Acrylfarben ergeben schöne Lasuren, sind aber recht teuer.

Untergrund: Am besten läßt sich eine Wasserlasur auf einen matten Emulsions- oder Latexuntergrund auftragen. Auf einem Ölfarbengrund kann sie leicht abperlen. Je stumpfer die Emulsionsbasis ist, um so absorbierender ist sie meiner Erfahrung nach, weshalb es einfacher ist, eine Emulsionslasur auf sie aufzutragen. Wenn Sie eine Emulsionslasur auf eine halbmatte Oberfläche aufstreichen, kann ein Tropfen Spülmittel die Lasur besser haften lassen. Doch am besten verwendet man auf einem halbmatten oder glänzenden Untergrund eine matt trocknende Öllasur.

Verdünnen: Eine Emulsions- oder Latexlasur, die man für Techniken wie gezogene Lasuren, Stoffwickeltechniken und gewolkte Oberflächen verarbeiten will, sollte auf ein Teil Farbe mit drei oder vier Teilen Wasser verdünnt werden. Viel dünnere Farbe verwendet man für lockere Pinsellasuren: ein Teil Farbe zu acht oder neun Teilen Wasser.

Bei wasserdünnen Lasuren hängt die Mischung von der gewünschten Farbintensität ab. Eine Richtlinie für diese Art der Lasur ist: eine kleine Tube Gouachefarbe auf einen halben Liter Wasser, plus einen Eßlöffel Emulsionsfarbe.

Tönen der Wasserlasur

Tönen Sie verdünnte Emulsions- oder Latexlasuren mit Gouachefarben, Acrylfarben, Pulver- oder Abtönfarben. Lösen Sie die Farben in Wasser auf, und vermischen Sie sie dann mit der noch unverdünnten Emulsionsfarbe. Es ist wichtig, die Farben gründlich ineinanderzurühren, da unaufgelöste Farbelemente sich beim Malen in riesige Farbstreifen verwandeln.

Auftragen von Wasserlasuren

Beim Auftrag einer Emulsionsfarbe ist es wichtig, daß der Untergrund schmutz- und fettfrei ist. Wasserfarbe hält nicht auf fettigem Untergrund. Verwenden Sie einen milden Verdünner, oder wenn Sie fürchten, die Wandfarbe abzureiben, Wasser mit einem fettlösenden Mittel – Salmiak, Sodalauge, Essig. Wischen Sie mit klarem Wasser nach, und lassen Sie die Fläche völlig durchtrocknen, bevor Sie eine Wasserlasur auftragen.

Das größte Problem, das beim Verarbeiten einer Wasserlasur entstehen kann, ist, daß die Farbkanten zu schnell trocknen – besonders bei warmem Wetter – und sich schlecht verbergen lassen. In diesem Fall kann man einen Löffel Glyzerin, das in Drogerien zu erhalten ist, in die Farbe mischen; so bleibt die Wasserlasur länger feucht. Beginnen Sie mit einem Teelöffel auf einen halben Liter Wasserlasur, und geben Sie, wenn nötig, mehr hinzu.

Tragen Sie zwei Lasuren übereinander auf, um eine reichere Farbigkeit zu erhalten, lassen Sie die erste Schicht wenigstens 24 Stunden trocknen, damit Sie mit dem neuen Anstrich die erste Farbschicht nicht wieder abheben und so an manchen Stellen die Untergrundfarbe klar durchscheinen lassen. Passiert das doch einmal, können Sie versuchen, die zweite Lasur mittels Schwamm mit schnell klopfenden Handbewegungen aufzustupfen, damit die Untergrundfarbe möglichst wenig strapaziert wird. Wenn die zweite Lasur zu dünnflüssig ist, tropft oder davonläuft, mischt man ein wenig mehr Emulsionsfarbe unter, um sie dickflüssiger werden zu lassen. Eine übereinandergelegte, gezogene, lockere Pinsellasur muß ebenfalls leicht und schnell gestrichen werden, damit die darunterliegende Wasserlasur nicht aufgeweicht wird und sich auflöst.

Keine Panik

Wenn eine Öl- oder eine Wasserlasur sich nicht so verhält, wie Sie es geplant haben – keine Panik. Überdenken Sie die verschiedenen möglichen Fehlerquellen – ist die Lasur zu dünn, zu dick, ist der Untergrund zu glatt oder fettig, ist das Wetter besonders heiß, sind die Wände feucht? Wenn die Lasur sich nicht regelmäßig ausstreichen läßt und unschön fleckig aussieht, kann man sie mit einem Schwamm oder einem Stoffbausch aufstupfen und retuschieren – ist eine Öllasur schon angetrocknet, verwendet man einen mit Verdünner befeuchteten Schwamm. Wirklich fleckige Oberflächen können egalisiert werden, indem man eine hellere oder dunklere Farbe mit einem Schwamm auf die gesamte Fläche aufstupft, die Fläche mit einer cremefarbenen Öllasur überzieht, eine gezogene Lasur in einer dunkleren Farbe aufmalt oder eine Zierkante mit Schablonenmuster hinzufügt. Doch bevor Sie sich für irgendeine dieser Rettungsaktionen entscheiden, sollten Sie ein paar Bilder an die Wand hängen und einige Möbel in den Raum stellen – es ist überraschend, wie sehr die Möblierung eines Raumes die Fehler der Wandoberfläche zurücktreten läßt. Alle Dekorateure geben zu, daß einige ihrer schönsten Effekte zum Teil zufällig entstanden sind – unvorhergesehene Ergebnisse, die von ihnen dann geistvoll eingearbeitet wurden.

Pinsel

Ein Pinsel besteht aus einem Griff, an dessen Ende sich eine in Harz oder vulkanisiertem Gummi eingelegte Füllung befindet. Diese Füllung bezeichnet man im allgemeinen als ›Borsten‹ obwohl es viele andere Füllungen gibt, wie zum Beispiel Schweineborsten, Dachshaare, Marderhaare und synthetische Materialien. Ein guter Pinsel zeichnet sich durch eine dicke, flexible Füllung und einen gut ausbalancierten, angenehm zu haltenden Griff aus. Vergleicht man einen solchen Pinsel mit einem billigeren, so hat dieser auf jeden Fall mehr Zwischenraum zwischen den Borsten.

Mit richtigem und gutem Werkzeug zu arbeiten, ist ohne Zweifel angenehm und zeitsparend. Sie sollten wo möglich zu einem Spezialgeschäft und nicht in einen Heimwerkermarkt gehen, um sich dort von einem Fachmann beraten zu lassen, welche Pinsel für Ihren Zweck die richtigen sind. Es lohnt sich, die besten Pinsel zu kaufen und sie gut zu pflegen – ein guter Pinsel hält doppelt so lange wie ein billiger und erfüllt seine Aufgabe effizienter.

Es lohnt sich auch, das richtige Reinigungsmittel zu kaufen, da diese Reiniger stärkere Lösungsmittel als Terpentinersatz enthalten und die Pinsel damit schneller und gründlicher reinigen. Amateure neigen fast immer dazu, das lästige Reinigungsritual – Einweichen und Ausspülen – zu vernachlässigen; das richtige Reinigungsmittel verkürzt diese unbequeme Arbeit. Halten Sie viele gut ausgewaschene Gefäße dafür bereit; ein gut schließender Deckel verhindert das Verdunsten, und das Reinigungsgefäß ist immer wieder zu verwenden. Pinsel mit Emulsions- oder Latexfarben müssen sofort nach Gebrauch mit Seife und warmem Wasser oder einem speziellen Reinigungsmittel gesäubert werden. Lassen Sie einen Pinsel niemals lange in Flüssigkeit stehen, da sich die Borsten dabei verbiegen und geschwächt werden. Der professionelle Trick liegt darin, durch den Pinselgriff ein Loch zu bohren und den Pinsel mit einem Draht oder einem Bleistift so in das Gefäß zu hängen, daß die Pinselborsten, ohne das Gefäß zu berühren, in der Flüssigkeit hängen. Es ist überhaupt sinnvoll, ein Loch in den Pinselgriff zu bohren, da man Pinsel besser hängend aufbewahrt. Für eine längere Lagerung wickelt man sie in Pack-, Zeitungspapier oder Folie und legt sie flach hin.

Um lose Haare aus neuen Pinseln zu entfernen, schlägt man sie hart auf die Kante einer horizontalen Fläche (wie zum Beispiel eine Tischkante) oder klopft sie gegen die Handfläche. Die losen Borsten zeigen sich dann, so daß man sie einfach herausziehen kann.

Flächenstreicher: Alles, was man zu Beginn einer großflächigen Malarbeit benötigt, sind drei oder vier einfache Flächenstreicherpinsel in verschiedenen Größen. Beginnen Sie mit einer minimalen Grundausrüstung, und kaufen Sie neue Pinsel je nach Bedarf hinzu. Für Wände muß man einen dickborstigen, 100 oder sogar 125 mm breiten Pinsel (1) haben – je nach der Größe Ihrer Hand. Holzwerk bemalt man mit einem mittelgroßen, 50 oder 75 mm breiten Pinsel (2). Für kleinere, komplizierte Flächen wie Fensterrahmen oder Türpaneele verwendet man einen 25 mm oder noch schmaleren Pinsel (3). Sie sind einfacher zu handhaben und auch zum Bemalen von Möbeln oder anderer präziserer Malereien zu verwenden. Diagonal geschnittene Pinsel (4) empfehlen sich ebenfalls für komplizierte, feine Malereien.

Firnispinsel: Firnis erfordert einen makellos sauberen Pinsel; deshalb sollte man einige Pinsel nur für diesen Zweck benutzen. Schon ein wenig alte Farbe, die noch in den Pinselborsten hängt, reicht aus, um einen Firnisanstrich zu verderben. Man kann einen einfachen Flächenstreicher verwenden oder einen speziellen ovalen Firnispinsel (5), den es in fünf verschiedenen Größen von 25 mm bis 75 mm breit gibt. Professionelle Dekorateure bevorzugen diese Firnispinsel, da ihre luxuriös dichten Pinselhaare mehr Firnis aufnehmen und ihn besser ausstreichen.

Die meisten synthetischen oder natürlichen Firnisse reinigt man mit Terpentinersatz oder einem speziellen Reinigungsmittel; um sicher zu gehen, sollte man die Hinweise des Herstellers auf der Dose beachten. Nachdem man den Pinsel gründlich gereinigt hat, umwickelt man die Borsten mit einem Papier und einem Gummiband, damit sie dicht beieinander bleiben – auseinanderstehende Borsten behindern das Verstreichen des Firnisses.

Künstler-Pinsel: Die Pinsel, die man für Öl- und Wasserfarbenmalerei einsetzt, sind auch für feine dekorative Arbeiten notwendig. Die praktischsten sind die weichhaarigen Pinselarten (Marder, Kamel, Eichhörnchen) mit sich verjüngenden Spitzen (6 und 7); für Impasto-Effekte sind möglicherweise stumpfe Pinsel mit härteren Schweineborsten (8) besser. Wenn ich die Wahl zwischen Wasserfarbenpinseln und Pinseln für Ölmalerei mit den gleichen Borsten habe, bevorzuge ich die Wasserfarbenpinsel, da sie kürzere Stiele haben; das ist beim Bemalen von Möbeln angenehmer – ein langer Stiel stört oft bei der Arbeit. Nach und nach entdeckt man die Eigenheiten des Striches bei den verschiedenen Pinseln – viele blatt- oder kommaförmige Striche der Bauernmalerei ergeben sich von ganz allein durch die Pinselform. So hinterlassen sich verjüngende Pinselborsten dünne Blattformen und dickere Pinsel breite, saftigere Spuren.

Kaufen Sie drei Künstlerpinsel, angefangen von einem bleistiftdünnen Pinsel (Nr. 2 A) bis hin zu einem Pinsel, der etwa halb so dick ist wie ein Rasierpinsel (etwa Nr. 10). Die weichesten und besten Pinsel haben Marderhaarborsten, sind aber auch teuer; deshalb würde ich ein oder zwei feine Marderhaarpinsel kaufen und die breiteren mit Kamel- oder Eichhörnchenborsten. Künstler-Pinsel lagert man wie Küchenlöffel – man stellt sie mit dem Stil nach unten in ein Gefäß.

Dachshaarvertreiber: Diese Pinsel haben die feinsten und weichesten Dachshaarborsten und sind deshalb sehr teuer. Sie werden zum Glätten von Pinselspuren und Mustern von Öl- und Wasserlasuren verwendet; man sollte sie nach Gebrauch gründlich auswaschen. Man benutzt sie nur für die feineren und subtileren Oberflächen; hat man aber das Glück, einen solchen Pinsel zu besitzen, möchte man ihn sicher für alle möglichen Arbeiten verwenden, da die Arbeit mit ihm so angenehm ist. Traditionell verwendet man diese Pinsel bei der Holzmaserung, um eine Wasserlasur dünn und gleichmäßig aufzustreichen oder farbige Holzmaserungsstreifen zu produzieren; doch auch für andere dekorative Arbeiten sind sie nützlich: So geben sie Wasserlasuren eine besonders weiche und transparente Oberfläche, da man mit ihnen Pinselspuren, Flecken und harte Kanten zu einem gleichmäßigen Farbschleier glätten kann. Nach Gebrauch reibt man die Pinsel auf einem sauberen Tuch trocken, wäscht sie in lauwarmem Wasser und mit reiner Seife, spült sie mit klarem Wasser gründlich aus, schüttelt sie gut und läßt sie flach liegend bei Raumtemperatur trocknen.

Ein Staubpinsel ist ein recht guter und viel billigerer Ersatz.

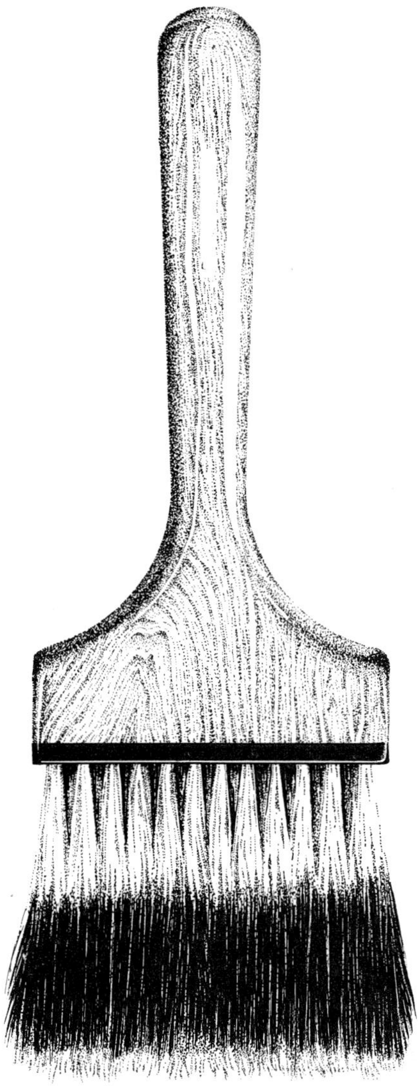

Strukturpinsel: Wie schon der Name sagt, verwendet man diesen Pinsel für Strukturen wie zum Beispiel Holzmaserungen. Die ein wenig auseinanderstehenden Borsten unterteilen die Lasur in feine Streifen. Auch wenn man mit diesem Pinsel Zeit spart, bevorzugen einige Maler dennoch einen einfachen Malerpinsel oder Flächenstreicher, den man mit mehr Druck und daher kontrollierbarer über die nasse Lasur zieht. Strukturpinsel gibt es nur in Spezialgeschäften. Man kann sich aber einen Ersatz selbst basteln: Man schneidet aus einem nicht zu dicken, langhaarigen Flächenstreicher in regelmäßigen Abständen Borstenbüschel heraus.

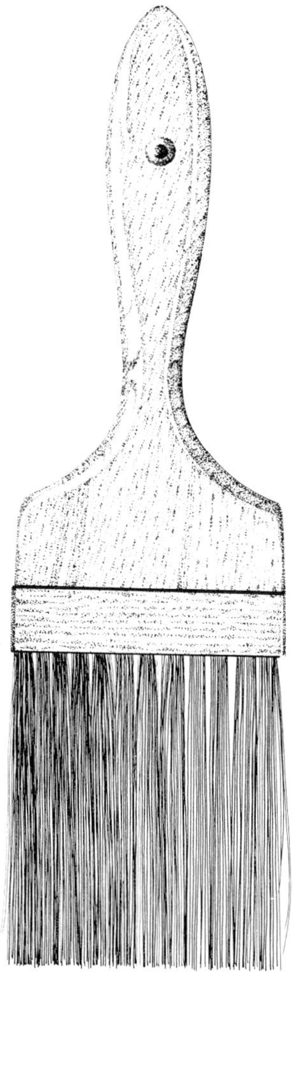

Schläger: Als gezogene Pinsellasuren wieder populär wurden, entstand einige Verwirrung, da viele Leute annahmen, man müsse für diese Technik einen besonderen Pinsel wie zum Beispiel einen Schläger verwenden. Diese Pinsel wurden für Masertechniken entwickelt, da man mit ihren langen, weichen Borsten Maserungen malen konnte, die mit leichtem Schlenkern des Pinsels zu variieren waren.

Für eine gezogene Pinsellasur braucht man gerade, vertikale Streifen, und für viele stellt ein billiger Pinsel mit nicht allzuvielen Borsten das beste Werkzeug dar, um gute Streifen zu ziehen. Ein einfacher Tapezierpinsel mit kurzen Borsten ist recht ideal, da er die ›Streifen‹ fast von selbst zieht.

Auch ein breiter Flächenzieher ist brauchbar; er sollte allerdings möglichst keine allzu dichten Borsten haben – gute Pinsel sind allgemein dazu da, Pinselspuren zu vermeiden und nicht, sie zu betonen. Billige Pinsel neigen dazu, Haare zu verlieren; wenn man sie aber gründlich ausklopft und dann hart über eine rauhe Oberfläche streicht, lösen sich die lockeren Borsten von selbst.

Man kann eine gezogene Lasur variieren, indem man aus einem Flächenstreicher in regelmäßigen Abständen mit einem Skalpell oder einer Rasierklinge Borstenbüschel herausschneidet. So entstehen interessante dicke und dünne Pyjamastreifen. Schneiden Sie die Borsten am Borstenblock ab, nicht in der Mitte.

Staubpinsel: Ein sehr nützlicher, vielseitig verwendbarer und preiswerter Pinsel. Er hat weiche, mittellange Borsten und einen Holzgriff. Dekorateure verwenden ihn zum Stupfen kleiner Flächen – Möbel, Holzwerk – doch ist er nicht groß genug, um Wände mit ihm zu stupfen (es sei denn, man hätte viel Geduld). Man kann ihn auch zum Glätten von Lasuren benutzen, obwohl er keine derart weiche Oberfläche erzeugt wie ein Vertreiber. Man sollte ihn stets gründlich reinigen und unbedingt darauf achten, daß der Borstenblock nicht in die Reinigungsflüssigkeit getaucht wird, da, weil der Pinsel eigentlich trocken benutzt wird, die Flüssigkeit das Bindeharz auflöst und die Borsten herausfallen.

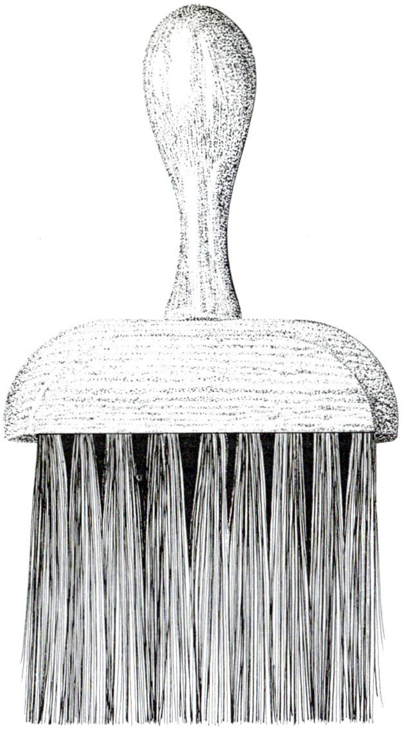

Zackenpinsel: Dieses kleine Werkzeug, das zwischen 25 bis 100 mm breit ist, hat einzelne, weiche Borstenbündel. Man verwendet es, um auf eine gemaserte Oberfläche dunklere Maserungen oder andere feine Details zu malen. Anders als mit vielen der breiteren Pinsel trägt man mit diesem Farbe auf, anstatt sie abzunehmen, und es entstehen feine, präzise Linien. Der Borstenblock ist gleichzeitig der Pinselgriff, so daß man die Pinselstriche gut kontrollieren kann.

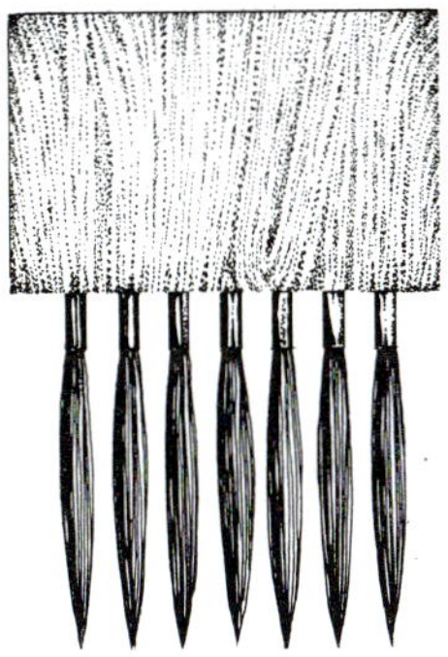

Tupfbürste: Für diesen rechteckigen Pinsel gibt es unterschiedliche, austauschbare Griffe – einen langen, um Wände zu stupfen, und einen querverlaufenden für die Decke. Billigere Ausführungen haben einen festmontierten Griff. Diese Pinselsorte wird 100 × 75 mm und 175 × 125 mm breit geliefert. Man benutzt sie zum Abstupfen kleiner Farbflecken aus einer nassen Farbe oder Lasur. Diese Pinsel sind zwar teuer, doch erhält man mit keinem anderen Werkzeug eine vergleichbare Wirkung. Man kann sich aber auch mit einer alten Kleiderbürste, einer weichen alten Haarbürste oder mit einer Farbrolle behelfen. In einigen Ländern gibt es Tupfbürsten mit härteren Borsten, die stärkere Muster erzeugen.

Säubern Sie die Tupfbürste in Reinigungsmittel, lassen Sie sie trocknen und lagern sie den Pinsel mit den Borsten nach oben.

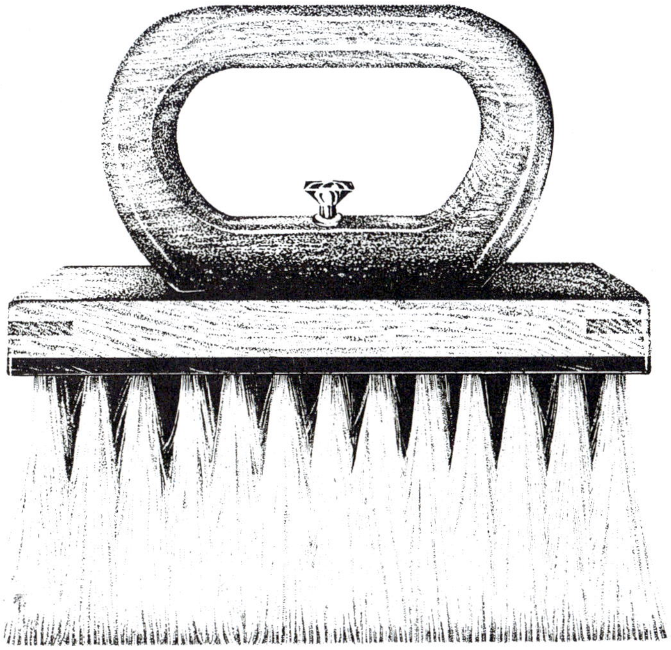

Linierpinsel: Es gibt eine Reihe von Pinseln, mit denen man dünne, dekorative Linien ziehen kann. Ich verwende häufig einen feinen Marderhaar-Künstlerpinsel oder einen billigeren Ochsenhaarpinsel – beide erfüllen die Aufgabe gut, wenn man eine ruhige Hand hat. Ein Schrägstrichzieher (11) mit diagonal geschnittenen Borsten hat den Vorteil, daß man ihn in Verbindung mit einem Lineal benutzen kann.

Ein exotischerer Pinsel ist der Schwertschlepper (10), dessen Borsten wie ein japanischer Bart aussehen. Man sagt, er sei der beste Pinsel, um freihändig feine, gerade Linien zu ziehen, doch benötigt man eine Menge Übung. Nach der üblichen, gründlichen Reinigung erfordern die eigenwilligen Borsten eine kleine Sonderbehandlung: Formen Sie die Borsten mit Ihren feuchten Fingern (professionelle Maler verwenden Spucke) zu einer spitz zulaufenden Kurve, und halten Sie diese Form mit ein wenig Seife zusammen. Lagern Sie den Schwertschlepper flach liegend.

Stupfpinsel: Stupfpinsel (12) sind runde Pinsel mit ziemlich steifen Borsten. Es gibt sie in den Breiten von 4,5 mm bis zu 30 mm. Man setzte sie traditionell für die Malerei komplizierter, kleiner Details ein, kann sie aber auch zur Spritztechnik, zum Einstupfen dekorativer Details oder für kleine Schablonenmalereien benutzen. Da sie nicht teuer sind, sollte man immer einige zur Hand haben.

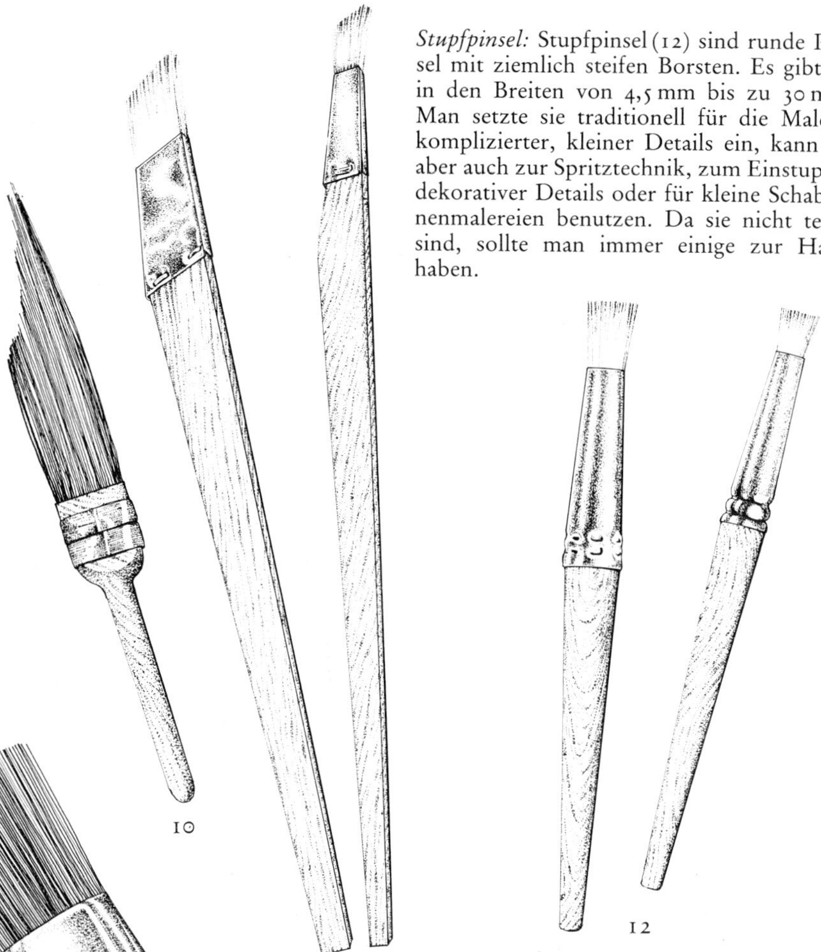

10

11

12

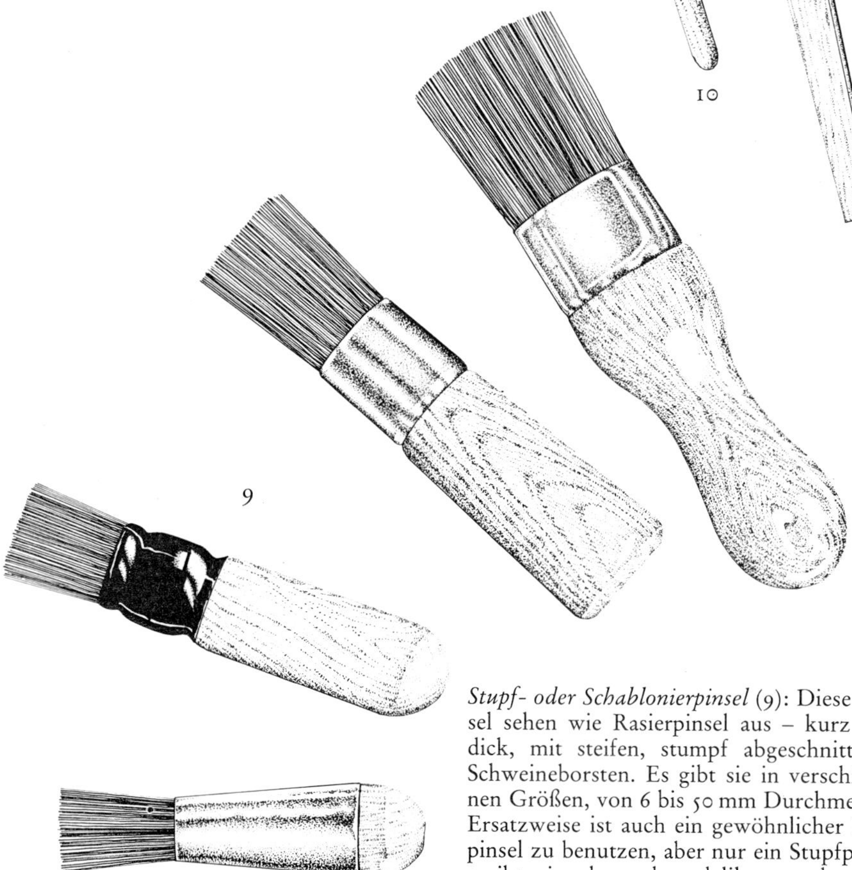

9

Stupf- oder Schablonierpinsel (9): Diese Pinsel sehen wie Rasierpinsel aus – kurz und dick, mit steifen, stumpf abgeschnittenen Schweineborsten. Es gibt sie in verschiedenen Größen, von 6 bis 50 mm Durchmesser. Ersatzweise ist auch ein gewöhnlicher Malpinsel zu benutzen, aber nur ein Stupfpinsel ergibt eine besonders delikate und reiche Oberfläche. Man kann die Farbe mit ihm durch Schablonenlöcher stupfen und erhält so eine weichere Textur, da die Farbe aufgeklopft wird. Außerdem gelangt sie nicht so schnell unter die Schablonenränder, so daß das Muster schärfere Konturen hat. Man muß Stupfpinsel nach Gebrauch gründlich reinigen, damit die Farbe von gestern nicht in die Schablone von heute gerät.

Wenn Sie Schwierigkeiten haben, einen echten Stupfpinsel aufzutreiben, ist ersatzweise auch ein Künstler-Pinsel mit Schweineborsten zu verwenden. Es gibt sie ebenfalls in verschiedenen Größen. Dabei sollten die Borsten am Ende so gerade wie möglich sein – eine kleine Rundung ist nicht so schlimm. Kaufen Sie ihn bei einem guten Künstlerbedarfsgeschäft.

Register

Danksagung der Autorin

Dieses Buch zu schreiben, war, vor allen Dingen des großen Engagementes vieler Menschen wegen, eine ungewöhnlich wertvolle, hin und wieder hektische Erfahrung. Daß die ursprüngliche Begeisterung für das Projekt nicht verloren ging, lag auch an ihrem lebhaften Interesse. Zuerst möchte ich dem begabten Dekorateur, dem guten Freund und geduldigem Mentor Graham Carr danken, der irgendwie immer Zeit fand, etwas zu erklären, zu zeigen oder einen Ratschlag zu geben, und dessen Umgang mit Farbe und wagemutiger Geschmack mir eine Richtschnur waren. Ebenso möchte ich Stewart Walton danken, dessen loyale Mitarbeit das Experimentieren und Recherchieren zu einer angenehmen Angelegenheit werden ließen und dessen hervorragendes handwerkliches Können alle Aspekte der ›Zauberei mit Farben‹ hier und heute möglich machte. Bedanken möchte ich mich auch bei meiner Schwester Miranda, deren dekorative Begabung sich in einigen zauberhaften neuen Schablonenmustern entfaltete. Was die Herstellung angeht, möchte ich mich bei Frances für die Ideen bedanken, bei Felicity und Karen, die meinen etwas ungestümen Text sicher und klug kontrollierten, und bei Marianne und Roger, die mit Bildern für die magische Zutat Farbe sorgten.

Für diese überarbeitete Ausgabe danke ich allen Freunden und Kollegen, die mir auf irgendeine Art geholfen haben – sei es durch Kritik, Ermutigung oder Information. Roger Seamark und Karl Wizard waren mir eine große Hilfe beim Erkunden des gustavianischen Stils. Jeffrey Ratcliffe überprüfte meinen Text mit exemplarischer Gründlichkeit auf technische Fehler; sein Beitrag an der neuen, überarbeiteten Ausgabe ist wichtig, und ich weiß ihn zu schätzen. Zum Schluß noch ein Dankeschön an beide Annes und an Gian fürs Zusammenfügen.

Danksagung des Verlages Frances Lincoln Publishers Ltd

Der Verlag möchte sich bei Berger Decorative Paints, Petherton Road, Hengrove, Bristol BS 99 7JA für ihre Hilfe bedanken; bei Graham Carr für alle seine Ratschläge; des weiteren bei Colefax & Fowler Designs Ltd, 39 Brook Street, London W1; der Abteilung für Möbel und Holzwerk, Victoria and Albert Museum; John Dinkel vom Royal Pavilion, Brighton; E. P. Dutton Publishers für die Erlaubnis, Fotografien aus »American Painted Furniture 1660–1880« von Dean A. Fales Jr. abzudrucken; Elizabeth Macfarlane und Felicity Binyon, Hand Painted Stencils, 6 Polstead Road, Oxford; Ina Brosseau Marx; George Old; Isabel O'Neil; John Wilson Jr. von Floorcloths Inc., P.O. Box 912, Severna Park, Maryland 21146 und Stephen L. Wolf. Besonders bedanken wir uns bei Jeffrey Ratcliffe von J. Ratcliffe & Co (Paints) Ltd für Hilfe und Beratung; bei den Dekorations-Spezialisten Patricia Boulter; Toby Kalitowski; Francesca Cullen; Nemone Burgess und John und Gabrielle Sutcliffe. Wir sind allen dankbar, die uns erlaubten, in ihren Wohnungen zu fotografieren, besonders Patricia Boulter, Mr und Mrs R. Enthoven, Toby Kalitowski, Richard MacCormac, Shirley Mitchard und Anrew Speak.

Fotonachweis

(FLP = Frances Lincoln Publishers, e = entworfen von, g = gemalt von, o = oben, u = unten, l = links, r = rechts, m = Mitte)

2 und Titel-Foto: Michael Dunne/ © FLP/g Nemone Burgess
6 Sköna Hem/ Camera Press
11 Foto: Julie Phipps/g Christopher Drew
14–15 Foto: Michael Boys/g John Sutcliffe
18–19 Foto: James Mortimer/ © FLP/e&g Graham Carr
26 Foto: Bay Hippisley/ © FLP/e&g Graham Carr
31 Foto: Michael Dunne/ © FLP/g Francesca Cullen
34–35 Foto: Michael Boys/g John Sutcliffe
39 Foto: James Mortimer/ © FLP
42–43 Foto: Michael Dunne/ © FLP/g Patricia Boulter und Toby Kalitowski
46 Foto: Michael Dunne/ © FLP/g Francesca Cullen
50–51, 54 Fotos: James Mortimer/ © FLP/ e&g Graham Carr
59 Fotos mit Genehmigung von The American Museum in England, Bath
66, 67 Fotos: James Mortimer/ © FLP/ e&g Elizabeth Macfarlane und Felicity Binyon
70–71 Foto: James Mortimer/ © The World of Interiors/g George Oakes
71 Foto: Derry Moore
74–75 Foto mit freundlicher Genehmigung von The Henry Francis du Pont Winterthur Museum
78 Foto: Michael Boys/g Christopher Boulter
79 Foto: ARCAID/Richerd Bryant/g Simon Brady
82–83 Foto: Bay Hippisley/ © FLP/e Prue Lane Fox, g John Cox und Martin Lane Fox
86 Foto: Bay Hippisley/ © FLP/e Prue Lane Fox, g John Cox und Martin Lane Fox
91 Foto: James Mortimer/ © FLP/e Stanley Falconer, g Graham Carr und Jean Hornak
94 (ol) und (or) Foto: Bay Hippisley/FLP/ e Prue Lane Fox, g Martin Lane Fox; (ul) und (um) Foto mit freundlicher Genehmigung The Royal Pavilion, Art Gallery and Museums, Brighton
95 Foto: Michael Dunne/ © FLP/g Nemone Burgess
98 Foto: James Mortimer/ © FLP/e Stanley Falconer, g Graham Carr, Trompe l'œil von George Oakes von Colefax & Fowler Designs Ltd
101 Fotos: Bay Hippisley/ © FLP/g Stewart Walton
102–103, 106, 107 Fotos: Bay Hippisley/ © FLP/g Graham Carr

110–111 Foto: James Mortimer/ © FLP/e Colefax & Fowler Designs Ltd, G Graham Carr
114 (o) Foto: James Mortimer/ © FLP/e Stanley Falconer, g Jean Hornak
115 Foto: John Hall/e Mark Hampton
118 Foto: Michael Boys/Susan Griggs
122 Foto: James Mortimer/ © FLP/e&g Graham Carr
126 Foto: Fritz von der Schulenburg/ © The Condé Nast Publication Ltd/g Jim Smart
127 Foto: Ianthe Ruthven
130 (l) Foto: Adele Bishop/USA exklusiv vertrieben von Carolyn Warrender; (r) Foto: Photo Syndication International/e&g Lyn le Grice
131 (l) Foto: James Mortimer/ © FLP/e&g Judith Gardiner; (r) Foto: James Mortimer/ © FLP/e&g Graham Carr
134–135 Fotos: Bay Hippisley/ © FLP/g Stewart Walton
138 Fotos: Bay Hippisley/ © FLP/g Graham Carr und Stewart Walton
139 Foto: James Mortimer/ © FLP/e Colefax & Fowler Designs Ltd, g Graham Carr
140–141 Foto: Bay Hippisley/ © FLP/g Stewart Walton
143 Fotos: Bay Hippisley/ © FLP/e&g Jocasta Innes und Stewart Walton
146–147 Foto: Ron Solomon/ © FLP/ Fußbodenbeläge von Floorcloths Inc.
150–151 Foto: Bay Hippisley/ © FLP/e&g Jocasta Innes und Stewart Walton
154–155, 158–159 Fotos: © E. P. Dutton
162 Foto: Hilding Mickelsson
163 (ol) und (r) Fotos: Schöner Wohnen/ Camera Press; (u) © E. P. Dutton
166 Foto: Karl-Erik Granath
171 Foto: David Brittain/ © Good Housekeeping/The National Magazine Co. Ltd
174 Foto: James Mortimer/ © The World of Interiors/g George Oakes
179 Fotos: Bay Hippisley/ © FLP/g Graham Carr
183 Foto: Bay Hippisley/ © FLP/g Graham Carr; (l) Foto: Bay Hippisley/ © FLP/g Jill Saunders; (r) Foto: Bay Hippisley/ © FLP/g John Fowler und Graham Carr
186 (o) Foto: Bay Hippisley/ © FLP/g Salvatore Titian; (ul) Foto: Bay Hippisley/ © FLP/g Jocasta Innes; (ur) Foto: Bay Hippisley/ © FLP/g Colefax & Fowler Designs Ltd
187 (ol) Foto: Bay Hippisley/ © FLP/g Colefax & Fowler Designs Ltd; (or) Foto: Bay Hippisley/ © FLP/g Graham Carr; (ul) © E. P. Dutton; (ur) Foto: Bay Hippisley/ © FLP/g Graham Carr
194 Foto: Bay Hippisley/ © FLP/g Jocasta Innes und Stewart Walton
198–199 Fotos: Michael Dunne/ © FLP/g Tony Gillman
203 Fotos: Bay Hippisley/ © FLP/g Graham Carr; (ul) Foto: Bay Hippisley/ © FLP/g Stewart Walton
206–207 Foto: Bay Hippisley/ © FLP/g Stewart Walton
210 Foto: Bay Hippisley/ © FLP/g Jocasta Innes und Stewart Walton
211 Foto: Bay Hippisley/ © FLP/g 1 und 5 Stewart Walton, 2 Judith Gardiner, 3 Graham Carr, 4 Nicholas Herbert
222–223 Foto: Bay Hippisley/ © FLP/e Roger Walton, g Stewart Walton

Illustrationen
Umschlag: Francesca Cullen
1, 2–3, 4–5, 29, 40, 45, 48 Alicia Durdos
35 Gabrielle Sutcliffe
60–61 Jennie Smith
62 (o) Mirinda Innes, (ml) und (u) Stewart Walton
63 Mirinda Innes
66–67 Jennie Smith nach einem Entwurf von Elizabeth Macfarlane und Felivity Binyon
73, 80–81, 88–89, 92, 96 Jennie Smith
97 (o)Miranda Innes, (u) Jennie Smith
105 Alicia Durdos
125 Tim Foster/Aardvark Design
128–129 Jennie Smith
132–133 Miranda Innes
145, 149, 150–151, 180 Tim Foster, Aardvark Design
185, 190–191 Alicia Durdos
194 Tim Foster/Aardvark Design